초월자의 감각

교회력에 따른
감각적 성경 읽기
01

초월자의 감각

| 심광섭 지음 |

예술목회연구원
Institute for Artistic Ministry

초월자의 감각으로의 초대

손원영 박사(서울기독대학교 교수)

새해는 늘 기대와 희망 그리고 설렘으로 시작하기 마련이다. 특히 교회는 더 그렇다. 그래서 교회력은 기다림을 절기화하여 대림절로부터 새해가 시작된다. 대림절은 달로 치면 손톱만 한 초승달도 되기 전의 모습이요, 해로 치면 일출 전 아직 어둠 속에서 꿈틀거리며 붉은 기운만 온 세상 가득한 형국이다. 그러나 우리는 저 동쪽 수평선 너머에 붉은 해가 곧 밝게 웃으며 불쑥 솟아오르리라는 것을 알고 있다. 어린 왕자도 그 비슷한 말을 했다. 사막이 아름다운 것은 저 멀리 오아시스를 품고 있기 때문이라고 말이다. 그렇다. 대림절이 아름다운 것은 비록 현실은 어두운 밤의 모습이지만, 곧 그리스도의 탄생이 다가오고 있고, 또 인류를 구원할 초월자의 무한한 자비가 마치 오아시스처럼 숨어 우리를 기다리고 있기 때문이다. 이처럼 저자는 이 책에서 희망의 절기 대림절로부터 시작된 교회력에 따라 성탄절을 가로질러 주현절까지 성서화를 중심으로 복음을 묵상하고 있다. 특히 그는 예술신학자답게 갤러리의

도슨트처럼 멋진 그림과 또한 그에 화답하는 시를 통해 우리에게 하나
님의 무한한 구원의 드라마를 친절하게 안내하고 있다. 따라서 독자들
은 그의 안내를 따라 책장을 한 장씩 넘기면서, 말씀과 교회력이란 오솔
길을 따라 걸으며 하루하루 신실하게 살아가는 신자의 삶을 살게 될 것
이다.

이 책의 책장을 즐겁게 넘기기 위해 이 책에 어떤 특징이 있는지 머릿
속에 대략적인 그림을 그려놓는다면 큰 도움이 된다. 따라서 세 가지로
그 특징을 설명한다면, 첫째, 이 책은 교회력에 따른 말씀묵상집이다.
따라서 각 장은 교회력과 관련된 말씀으로 시작한다. 그렇기에 독자들
이 이 책을 읽을 때 먼저 교회 절기에 따른 성경의 말씀을 오감을 총동
원하여 천천히 읽고 묵상하면서 독서를 하면 좋을 것 같다. 물론 읽을
때 그냥 눈으로 읽기보다는 크게 소리 내어 읽고 또 다음으로 말씀을
상상하면서 스스로 화가가 된 느낌으로, 내가 화가라면 이 본문의 말씀
을 어떻게 그렸을까를 구상하면서 머릿속으로 스케치를 해본다면 더할
나위 없이 좋을 것이다.

둘째, 이 책은 성서화이다. 소개된 그림은 모두 본문 말씀과 관련된
유명한 화가의 작품들이다. 그래서 독자들은 이 책을 통해 수많은 화가
들과 자연스럽게 대화를 하게 될 것이다. 그런데 저자는 성서 화가로서
가톨릭 화가나 개신교 화가 모두를 초대하고 있다. 말하자면 우리는 여
기서 저자가 가톨릭과 개신교를 넘나드는 에큐메니칼 사고 위에 서 있
음을 발견하게 된다. 따라서 독자들은 이 책을 통해 자신의 종교 전통을
넘어서는 이웃의 다양한 신앙 전통을 자연스럽게 배우는 행운을 누리
게 될 것이다.

셋째, 이 책은 미술과 문학의 대화 특히 시와의 만남을 강조하고 있

다. 저자는 성서화를 감상한 뒤 거기서 멈추지 않고, 그 감흥을 아름다운 시와 연결한다. 그것이 바로 이 책의 백미가 아닌가 싶다. 말하자면 이 책은 네댓 명의 이야기꾼이 등장하여 그림을 가운데 두고 초월자의 감각을 화두로 솔직하게 수다하는 대화록 같다. 물론 이야기꾼은 성경 저자와 성서 화가, 시인 그리고 저자와 독자 자신들이다. 따라서 교회에서는 이 책을 교재로 하여 너덧 명이 한 조가 되어 매주 한 번씩 역할극을 하면 어떨까 상상해본다. 그렇게 이야기꾼들이 살롱같은 편안한 공간에 모여 오순도순 이야기를 나누며, 어떤 때는 환희와 기쁨의 비명을 지르고 또 어떤 때에는 인간 고통의 한계를 나누며 손을 맞잡고 기도한다면 더욱 좋을 것 같다.

결국 이 책은 우리에게 시각의 호사를 누리다가 어느 순간 홀연히 시를 읽어주는 시인의 음성에 귀를 세우면서 교회력의 말씀 속으로 더욱 깊게 침잠해 들어가도록 만든다. 말하자면, 오감으로 다가가는 초월자에로의 여행이다. 모쪼록 이 책을 통해 교회에서 예술목회가 더욱 활성화되기를 바라며, 또 그리스도인들은 오감을 통해 초월자와 만나는 은총이 가득하기를 빌어 마지않는다.

하나님의 아름다움을 향유하다

신사빈 박사(이화여자대학교 신학대학원, 기독교문화예술 초빙교수)

예술신학자 심광섭 교수의 글은 예술작품에 대한 글이라기보다는 글 자체가 예술이다. 그림 속에 담긴 신학적 교리학적 내용을 말하는데도 곳곳에서 빛나는 시적(詩的)인 표현들이 어우러지며 마법을 부리듯 딱딱한 신학을 부드럽고 친근한 것으로 만든다. 『초월자의 감각』은 심 교수가 구상하고 있는 네 권의 시리즈 중 두 번째 책으로 알고 있다. 그리스도인들이 매주 드리는 예배에서 어쩌면 습관적으로 반복하고 있을지 모르는 교회력(Liturgical year/Kirchenjahr)을 시각예술을 통해 새롭게 이해하고 하나님의 시간을 일상에서 내면화하도록 인도하는 책이다. 첫 번째 책 『십자가와 부활의 미학』에서는 사순절과 부활절의 시간을, 『초월자의 감각』에서는 대림절-성탄절-주현절로 이어지는 시간을 그림이 선물하는 새로운 영성으로 묵상하게 한다.

심 교수님을 처음 만난 것은 심사받을 논문을 드리러 방문했던 감신대의 교수 연구실에서였다. 창문을 통해 따스한 햇살이 비쳐오던 오후,

창가에 자리한 책상에서 주섬주섬 일어나 환한 웃음으로 나를 맞아주
시던 해맑은 얼굴이 아직도 기억난다. 사위를 가득 채운 책장에는 장식
용이 아닌 손때가 묻은 책들이 첩첩이 쌓여 있었고 나는 그 책들을 바라
보며 문득 '아, 이분은 미술을 정말 좋아하시는 분이구나'라고 생각했
다. 그 생각은 대화를 나누는 가운데 더욱 또렷해졌다. 미술을 공부했던
내가 무색해지리만큼 그림에 대한 열정과 애정이 가득한 분이셨다. 『예
술신학』(2010)이라는 책에서는 개신교 신학에서 불모지와 같은 예술과
미학의 영역을 신학과 연결해 소개하셨고 그 후로도 여러 논문과 책을
통해 신학과 예술, 미학을 접목하는 노력을 해오신 것으로 안다. 짧지
않은 인연으로 심 교수님의 신간 『초월자의 감각』에 추천글을 쓰게 되
어 영광으로 생각한다.

　원고를 받고 설레는 마음으로 페이지를 열자, 첫 장에서부터 반가운
그림이 나를 맞아주었다. 플랑드르 미술의 대가인 한스 멤링(Hans Mem-
ling, 1430~1494)이 그린 〈대림과 그리스도의 승리〉(1480)라는 작품인
데, 독일에서 서양미술사를 공부할 때 "이야기하는 예술"(Erzählende
Kunst)이라는 세미나에서 다루었던 그림이라 각별한 마음이 앞섰다.
〈성모 칠락〉(Maria Lätitia)으로도 알려진 이 그림에서 화가는 마리아의
'수태고지'에서부터 '승천'에 이르기까지 종교개혁 이전 화가들이 가장
많이 그렸던 기독교 도상들을 시간의 흐름에 따라 '이야기'하듯 그리고
있다. 나는 H. 메믈링의 그림이 『선사된 시간』이라는 책의 머리글에 딱
맞는 그림이라고 생각했다.

　'시간'은 신학과 철학에서 사유하기 가장 까다로운 주제 중 하나이다.
자연의 시간과 영원을 연결하는 문제는 이성의 한계를 노출시키는 부
분이기 때문이다. 그 시간의 문제를 저자는 화가가 그림을 그리듯, 시인

이 시(詩)를 짓듯 물처럼 유연하게 이야기하며 풀어간다. 폴 리쾨르
(Paul Ricœur, 1913~2005)는 "이야기"(narrative/Erzählung)를 통해서
만이 시간은 "인간의 시간"이 된다고 말한다. 저자는 바로 그 "인간의
시간"을 책에서 '이야기'하고 있다. 이야기의 출발이 신학적·철학적 개
념이 아닌, 화가의 상상력이 빚어낸 그림이기에 그의 글에는 상상력이
넘쳐난다. 그림 안에 내재하는 "상징의 힘"은 우리를 잠시 일상으로부
터 멀어지게 한다. 그러나 새로운 힘으로 무장하여 다시 일상을 친다
(Émile Benveniste). 이것을 리쾨르는 "세계 밖으로 물러섬과 세계에로
붓기" 혹은 "기호의 이중적 본성"이라고 말한다. 그림에서 나온 사유와
말에는 상징의 힘이 있다. 이 힘이 하나님의 시간과 일상의 시간을 통
(通)하게 하여 일상을 새롭게 바라보고 변화하게 한다. 심 교수의 사유
와 글에는 그러한 힘(Kraft)이 있다. 시간과 영원을 연결하는 "인간의
시간"이 그의 글에는 살아 숨 쉰다.

　저자가 선별한 그림 중에는 네덜란드 화가 렘브란트(Rembrandt Har-
menszoon van Rijn, 1606~1669)의 작품이 가장 많다. 프로테스탄트 신
학자이기 때문에 신교국가의 화가인 렘브란트를 선호하였을까? 라고
도 생각했지만, 24장의 "땅 위에 선 예수님"에서 나는 그 이유를 나름
이해하게 되었다. 저자는 렘브란트가 인간의 관념이 만들어놓은 추상
적 신(神)이 아니라 사람 가운데 계시는 신(神)을 그렸다고 말한다. 금
빛 배경에 후광이 번뜩이는 초자연적 하나님이 아니라 "살아 있는 생생
한 신앙에 집중"하여(243) 우리 가운데 살아 계시며 함께 호흡하시는
하나님을 그렸다고 평한다. 이 문맥에서 나는 저자가 왜 렘브란트의 그
림을 그토록 각별히 선호했는지의 마음을 읽을 수 있었다.

　종교개혁과 격렬했던 성상파괴운동(iconoclasm)이 어느 정도 잠잠

해질 무렵 신교국가였던 네덜란드의 미술은 아이러니하게도 최고의 황금기를 맞는다. 루터와 달리 성상 파괴를 옹호한 칼뱅주의가 지배적이었던 네덜란드의 경우 화가들은 전통적인 가톨릭 성화를 더 이상 그리지 못했고 그림 주문도 급격하게 끊긴 상황에서 새로운 그림 소재를 찾아야 했다. 이렇게 궁여지책으로 생겨난 그림들이 우화, 풍속화, 정물화, 초상화, 풍경화 등의 일상화였다. 그런데 이 그림들은 오히려 '새로운 미술'로의 활로를 열며 네덜란드 미술의 역사에 다시없을 황금기를 도래하게 한다. 렘브란트는 이 시기의 화가였다. 미술에서의 일상화와 세속화를 크게 한번 거친 뒤였기 때문에 렘브란트의 성화에는 전통 가톨릭 성화에서 볼 수 없는 일상적이고 따뜻한 분위기가 배어 나온다. 아마도 이러한 따뜻하고 인간적인 느낌 때문에 저자는 렘브란트의 그림을 선호했을 것이고, 책을 읽으며 나는 저자의 글과 렘브란트의 그림이 무척 닮아 있다고 느꼈다. 그리고 그 느낌은 13장 "아기 예수님을 품에 안고"에서 소개된 렘브란트의 〈시므온의 노래〉(137)라는 작품을 이야기하는 부분에서 감동으로 밀려왔다.

　개인적으로 나에게 이 그림은 다른 렘브란트의 유화 작품들과 비교해 투박하고 완성도가 떨어진다는 이유로 수업에서 보여주지 않고 보류만 해오던 작품이었다. 그런데 심 교수의 글을 읽으며 나는 스스로가 부끄러워졌다. 렘브란트가 세상을 떠나기 직전 마지막으로 붓질을 하며 미완성으로 남긴 작품! 이 작품에서 저자는 시므온과 렘브란트를 오버랩했다(139). 오랜 기다림 끝에 아기 예수를 품에 안은 시므온은 이제 죽어도 여한이 없을 만한 감격으로 벅차올랐을 것이다. 렘브란트는 그러한 시므온의 마음으로 마지막 숨을 다해 이 그림을 그렸던 것이다. 그림을 통해서나마 마지막 숨이 붙어 있을 때 그리스도를 품에 안아보고자 한 간절한 화가의 마음… 이 마음이 〈시므온의 노래〉에 절절이 담겨 있다는 심 교수의 글을 읽으며 나는 미완성의 그림으로만 여겼던 작품을 다시 보게 되었고 투박함 속에서 오히려 화가와 시므온의 그리스도를 향한 간절한 마음을 진하게 느낄 수 있었다.

심 교수의 글은 공감각적(synästhetisch)이다. 그의 글을 통해 나는 시므온과 렘브란트가 느꼈을 감격을 촉각으로도 느낄 수 있었다. 아기 예수의 살이 느껴지고 좋은 냄새가 전해지는 것만 같았다. 어느 지상의 요리도 줄 수 없는 천상의 풍미를 맛보는 느낌도 있었다. 그림을 '공감각적'으로 읽으면 이야기가 넘쳐난다. 넘쳐나는 이야기의 향연에서 독자는 하나님을 만나고 은혜를 향유한다. 은혜의 향유(frui)에는 다함이 없다. 향유하면 할수록 넘쳐난다. 그래서 독자인 나는 페이지를 넘기며 새로운 그림이 등장할 때마다 설레었다. 이번에는 어떤 풍부한 이야기의 향연 속에서 하나님의 은혜를 향유하게 될지 기대하는 마음으로 책장을 넘겼다. 신학을 정(情)과 감(感)으로 한다면 이렇게 하는 것이겠구나 하는 생각을 하며 글을 읽었고, 글을 읽을수록 은혜가 차오름을 느꼈다.

22장 "감각, 너를 구원할 몸빛"에서 저자는 급기야 "오직 은총"(sola gratia), "오직 믿음"(sola fide)에 "오직 감각"(solus sensus)을 더하며 예수가 인간을 사랑하는 방식을 감각(Sense)이라고 과감하게 말한다. 성육신 사건이야말로 하나님이 인간과 소통하시는 방식이기에 "말씀의 방향(Wohin)은 육신(Sarx)"이며 "육신의 출처(Woher)는 말씀"이라고 저자는 힘주어 말한다(224). 저자의 이러한 과감한 사유는 렘브란트의 스케치 작품 〈예수님께서 나병환자를 치유하시다〉(213)에서 출발한다. 부정(不淨)하여 세상에서 버림받고 격리된 나병환자에게 예수님은 조용히 다가가신다. 그리고는 몸과 허리를 "한껏" 굽혀 손을 내밀고 그를 만지신다. 렘브란트의 그림에 묘사된 예수님의 모습에서 저자는 "감각적 사랑"을 본다. 관념이 아니라 실제 나에게 다가오시어 당신의 몸처럼 나를 대하고 접촉하시고 치유케 하는 사랑이다. "말씀(logos)은 감각적 터치를 통해 새살이 돋게 한다"(221)라고 저자는 말하며 렘브란트의 그림과 함께 교회가 오랜 세월 외면해온 '몸'의 문제, '감각'의 문제를 이슈화하고 "이웃을 네 몸처럼 사랑하라"는 말씀을 미학의 관점에서 새롭게 사유하도록 한다.

이처럼 심 교수의 글은 예수님을 기존의 사유 틀에서 해방시킨다. 인간이 만든 도덕적 관념의 틀 안에 우리는 예수님을 얼마나 오래 가두어 왔던가? 그러나 저자는 화가의 손끝에서부터 예수님을 해방시킨다. 생기(生氣) 넘치는 붓 터치 하나하나에서 새로운 예수를 발견한다. 그렇게 예수님은 그림 안에서 매번 새롭게 태어나신다. 도덕적 관념의 틀에서 해방되어 우리에게 더욱 가깝고 친근한 모습으로 다가오신다(247). 죄를 묻지 않고 아무 말 없이 품어주는 어머니의 모습으로 다가오신다. 그림 속 선(線)의 결을 따라 다시 숨 쉬고 살아나시어 우리와 함께 호흡하신다. 그렇게 저자는 생명의 표출인 그림에서 생명의 기원인 예수님을 새롭게 만나 우리의 곁으로 오시게 한다.

그림을 미술사적 관점에서 바라보고 해석한 나에게 심 교수의 글은 솔직 담백하고 자유롭게 다가온다. 미술사적 관점에서 그림을 바라보면 양식(Style)의 변화를 분석하고 새로운 양식이 어디서 나와 어떻게 전개되었는지를 밝히는 데에 집중하는 글을 쓴다. 그러나 심 교수의 글은 양식의 분석을 초월해 바로 신학적 사유로 간다. 그에게 그림은 신학적 사유를 더욱 풍요롭게 하는 미학적 "계기"(Anlass, 키에르케고어)인 듯 보인다. 이것이 가능한 것은 그림에 대한 믿음이 있기 때문이다. 믿음으로 그림의 세계(Welt)에 들어가기 때문에 양식과 형식을 초월하여 신을 만나고 '놀이'를 하듯 자유롭게 신학을 '이야기'할 수 있다. 하나의 예가 21장 "반권력과 빈천의 영광"에 나온다. 여기에 소개된 렘브란트의 스케치 작품 〈악마가 예수께 천하의 영광을 보여주다〉(205)에서 저자는 그림을 이야기하다가 어느새 기독교 신학의 "두 왕국설"을 이야기로 술술 풀어내고 있다. 그림의 세계에서 '유희'하듯이 신학을 '이야기'할 수 있는 것은 그림을 믿기 때문이다. 믿음으로 그림을 신학하고, 신학을 이야기화(化)하며 텅 빈 시간을 "인간의 시간"으로 채워간다. 그렇게 점차 그림을 통해 하나님의 시간에 다가간다.

책을 모두 읽은 뒤 나는 무한한 은혜와 감동을 한아름 선물 받은 기분이 들었다. 미술 작품은 보이지 않는 아름다움을 가시화한다. 그것은 아름다움의 근원자인 하나님을 가시화한 것이기도 하다. 하나님은 진(眞)과 선(善)의 근원자일 뿐만 아니라 미(美)의 근원자이기도 하시다. 그러나 프로테스탄트교는 종교개혁 이후 진과 선만을 강조해왔고 그 결과 지금은 아름다움을 어떻게 회복해야 하는지에 대한 감각조차 잃어버린 상태. 일상에서는 미술관이나 갤러리를 방문하며 그림을 향유하지만 교회만 가면 그 문화적 향유는 뚝 끊긴다. 아이러니하다. 이천 년의 미술사가 기독교 문화의 영향에서 형성되었다고 해도 과언이 아닌데 정작 기독교인들은 그 문화적 자산을 애써 외면하고 있다. 아름다움을 회복할 때만이 인간은 신 앞에서 진·선·미를 골고루 갖춘, 하나님의 형상을 닮은 온전한 인간으로 되어갈 수 있다. 그것을 현대 신학은 잘 알고 있다. 그럼에도 불구하고 오랜 기간 방치해온 미감(美感)을 회복하는 일이 쉽지만은 않다. 해야 하지만 아무나 할 수 있는 일이 아니기에 용기가 필요하다. 이러한 개신교 신학의 현실에서 심 교수의 글은 메마른 사막에 단비와도 같다. 미술은 아름다움을 통해 하나님과 관계하고 잃어버린 미감을 회복하는 데에 탁월한 매개가 되어준다. 문제는 "어떻게"이다. 이코노클라즘은 항상 미술을 '숭배'의 대상으로 삼았을 때 일어났다. 미술을 '숭배'가 아닌 '해석'의 대상으로 바라볼 때 미술 작품은 오히려 일상 속에서 하나님을 만나는 계기가 되고 신앙을 풍요롭게 하는 매개가 된다. 심 교수의 책은 미와 예술을 통해 그 길을 가고자 하는 사람들에게 좋은 안내서가 되어줄 것이라고 믿어 의심치 않는다. 미술을 통한 신학적 사유의 길을 가고 있는 나에게 심광섭 교수는 동지이자 선배 같은 분이시다. 책의 서평도 아닌 추천사를 믿고 맡겨주신 심 교수님에게 깊은 감사를 드리며 이 책으로 아름다운 복음의 씨앗이 세상 곳곳에 뿌려지길 기도하는 마음이다.

2021년 10월
가을이 무르익는 창조 절기에

그동안 학술적인 논문, 연구 저술, 설교문 등의 글을 썼다. 이런 글은 모두 그 목적이 외부에 있었다. 그런데 이번 책은 전적으로 내부에 있다. 흔들리며 꺼질 듯한 생의 터전을 붙잡기 위해서 썼다. 어둠 속에서 어둠을 견디기 위해 썼다. 나 자신을 멸망시킬 태풍처럼 일어나는 슬픔과 고통을 끌어안기 위해 썼다. 쓰면서 생의 용기, 존재의 용기를 얻었다. "존재의 용기란 하느님이 의심의 불안 속에서 사라질 때 나타나는 하느님 안에 뿌리내리고 있다"라는 폴 틸리히의 말을 가슴에 새길 수 있었다. 불안과 절망을 이길 원천은 나에게 성경이었고 그중에서도 복음서였다.

설교를 하기 위한 것도 아니고 논문의 성서적 근거를 대기 위해 한두 구절을 인용하기 위함도 아니다. 다시 성서를 통째로 읽자. 성서 앞에 나를 세우고 그 속에서 한번 녹아보자는 심정으로 성서를 읽었다. 생의 긴장과 위협이 생길 때마다 보편적 의식과 주어진 도덕, 전례와 교리,

신앙의 관습으로써 생긴 틈과 허물들을 꿰매면서 살지 않았나 싶다. 이번에는 서둘러 봉합하지 않고 아프지만 피부 밑으로 내려가 몸살을 앓더라도 내 몸과 살 속으로 스며오는 말씀을 읽고 싶었다. '삶을 배신하는 삶'(니체)이 아니라 태어난 삶을 보듬고 돌보고 양육하여 세우고 걸으면서 험한 세상 속에서도 체험적 생의 아름다움을 일궈내는 새로운 감각, 자기감정에 충실한 성령의 감각을 생각했다.

오래전부터 보아왔던 성화를 자세히 들여다보고 성서를 다시 읽었다. 성서 본문에 해당하는 성화를 찾아보기도 했다. 그리고 최선을 다해 매일 한 꼭지를 썼다. 그렇게 200여 편이 되었다. 책으로 낼 생각은 아예 없었다. 그런데 어느 날 전체 글을 살펴보니 예수님의 삶이 중심이어서 대림절로부터 시작되는 교회력에 따라 대림절-성탄절-주현절의 순서로 쓴 글을 선택하여 구성했다.

'예술신학'을 공부하면서 감각적인 성경 읽기를 시도해왔다. 시편은 오감이 죽은 대상을 우상이라 말한다(시 115:4-8, 135:16-17). 깨어 있으란 말씀은 감각이 깨어 있음을 말하는 것이라 생각한다. 사람은 오감이 깨어 있을 때 가장 총명하다. 살아 있는 감각으로 세상을 볼 때 다채롭고 싱그럽다. 감각의 섬세함을 통해 잘 보지 못하고 지나치는 것까지 볼 수 있다. 예수께서 주신 사랑하라는 두 계명은 모든 감각을 가지고 사랑하라는 말씀으로 읽는 것이 최선이겠다.

그림과 성서의 본문을 더 감각적으로 이해할 수 있을 것 같아 한국 시인들의 일반 詩와 신앙시를 중간중간 인용하고 또한 시편의 시로 공명을 얻으려 했다. 시편의 빛 안에서 예수 그리스도가 해석되었다. 그리스도가 시편을 합법화하는 것이 아니라 오히려 시편이 그를 정당화해준다(에리히 쳉어). 시에 대한 여러 가지 이해가 있지만 여기서는 C. S.

루이스의 이해가 울림을 준다. "詩란 보이지 않고 들리지 않던 것에 몸을 주는, 하나의 작은 성육신이다."

언제부턴가 글을 쓰면서 '예수' 대신 존칭 어미를 붙여 '예수님'이라고 쓰게 되었다. '예수' 그러기가 너무 가볍고 허전한 느낌이 들었다. 그래서 '예수'라 쓰지 않고 '예수님'이라 쓰고 있다. 신학을 배우면서부터 '예수'라는 발음이 입에 붙게 되었지만 '예수님'이라 발음하고 써야 되지 않나 싶다. 고정화된 용어, '예수운동'이나 '역사적 예수' 같은 것은 예수님이라 하는 것이 좀 어색하지만, 교회 안에서 '예수'라고 발음하지 않고 '예수님'이라 하듯이 신학적인 글을 쓸 때도 예수님이라 하는 것이 맞지 않나 생각한다. 그래서 이 책에서는 '예수님'이라 썼다. 성경은 새 번역을 사용하였음을 밝힌다.

2021년 4월 1일 충무로에 한국영성예술협회 연구와 활동 공간을 얻어 예술신학, 예술목회를 연구하고 지원할 수 있는 일들을 활발하게 하고 있다. 예술목회연구원을 지원하는 후원자들에게 감사의 말씀을 올린다. 출판 환경이 점점 어려워지는 상황 속에서도 동연출판사의 김영호 사장의 기술적 도움으로 이번 책도 수월하게 낼 수 있어 감사하다. 추천사를 써준 손원영 교수와 신사빈 교수에게 깊은 감사의 말씀을 드린다. 손원영 교수는 본 협회에서 함께 연구하고 활동하는 동지이며, 신사빈 교수는 신학과 철학을 공부했을 뿐 아니라 작품 활동을 하는 화가이다. 두 분의 추천사가 졸작의 의미를 한층 빛나게 하는 것 같다.

2021년 10월 30일(창조절기)

의왕 모락산 자락 至樂齋 又玄 沈光燮

차 례

제3부 ┃ 주현절: 모시는 삶

I. 가지 않을 수 없었던 길

II. 초월자의 감각

III. 믿음의 꽃, 영광

한스 멤링, 〈대림과 그리스도의 승리〉, c.1480

[15]때가 찼다. 하나님의 나라가 가까이 왔다. 회개하여라. 복음을 믿어라.

〈묵상본문: 막 1:15〉

1장

선사된 시간

1. 교회력의 의미

교회력(Christ's Time for the Church)은 교회의 일 년 삶의 시간표다. 교회력은 대림절(강림절, 대강절, Advent)에서부터 시작한다. 대림절은 성탄을 앞둔 4주의 기간이다. 따라서 일 년의 마지막 달인 12월이 대림절의 대부분을 차지한다.

세상의 달력이 일 년을 분주하게 끝내는 마지막 달인 12월에, 교회력은 대림절로부터 새로운 한 해를 기다림 속에서 조심조심 새롭게 시작한다. 세상 사람들이 송년과 망년이라 여겨 소비하며 헛된 분망함 속에서 시간을 보내는 달에, 교회는 새로운 한 해를 시작하는 삶을 살 것이라는 벅찬 기대와 새로운 낮의 꿈으로 설렌다. 그리스도인은 내가 짠 스케줄(schedule)에 따라 사는 것이 아니라, 오실 구원의 주님을 기다림이라는 선사될 곱고 고은 시간을 산다. 우리는 그 시간 앞에서 마음을 고요하게 가다듬고 사물을 그윽하게 조율하며 정을 붙인다. 평화의 주님을 기다리는 시간, 곧 메시아적 시간이 교회의 삶을 인도한다.

주님, 내 영혼이 주님을 기다립니다.
나는 종일 주님만을 기다립니다.

내 눈은 언제나 주님을 바라봅니다.

주님, 나는 주님만 기다립니다.

내 영혼이 주님을 기다림이

파수꾼이 아침을 기다림보다 더 간절하다.

(시 25:1, 5, 15, 21; 130:6)

만남과 대화(마주이야기)의 종교사상가 마르틴 부버는 시간은 곧 인간 존재의 속성이라고 말한다. "시간의 깊이 속에서 세계를 구성하는 잡다하고 다양한 요소들이 서로 관계를 맺고, 그들의 만남이 의미와 방향을 지닌 새로운 종합과 통일을 낳는다. 세계가 탄생하는 것은 시간에 의해서이며, 시간이 세계를 낳는다. 시간의 과정에서 의미와 방향이 발생한다"(『나와 너』).

흔히 우리가 내일 혹은 미래(futurum)라고 말할 때 그 시간은 아직 오지 않고 경험되지 않은 시간이다. 현대인에게 이 시간의 의미는 인간 주체인 내가 형성해갈 수 있는 것, 만들어갈 수 있는 것으로서의 미래다. 근대 이후의 인간은, 미래를 과거로부터 일어나는 인과적 영향력의 결과를 바탕으로 설계하고 만들어갈 수 있는 것으로 이해한다. 미래는 이미 과거로부터 발전하고 현재하고 있는 가능성을 현실화하는 것에 다름 아니다. 하느님 나라도 그렇게 이해했다. 하느님 나라는 인간의 도덕적 성숙과 사회적 정의의 실현이라는 세계내적 발전에서 성취된 윤리적 왕국이다. 결국 미래는 인간이 파악하고 장악하며 완성할 수 있는 대상이 된다. 미래는 과거의 역사와 현재의 추진력의 여하(如何)에 달려 있기 때문에 미래보다 과거의 역사와 현재의 일이 중요하다.

그러나 대림절 속에 녹아 있는 교회의 시간 이해는 매우 독특하다. 기독교적 미래의 시간 이해는 도래(adventus, 到來)가, 아직 도착하지 않은 시간이 그 고갱이다. 그것은 인간이 주체가 되어 대상을 대하듯이 불러내어(표상) 세우고, 주문하여 장악할 수 있는 것으로서의 미래가 아니다. 그것은 내가 붙잡으려고 쫓아가는 시간이 아니라 나에게 다가오는 시간이다. 그 시간은 시간까지 계량화하고 대상화하여 미래마저 장악하려는 무장된 인간 주체의 오만함을 해체하려는 부드럽고 연약한 아름다운 힘으로서 도래의 시간 체험이다.

그리스도의 오심을 기다리는 인간은 자기가 성취할 미래에 대한 기대 속에서 자기 확장의 욕망에 부푼 삶을 사는 것이 아니다. 이러한 미래는 현재의 확장이거나 미래로의 도피로 비판받거나 의심된다. 그렇기 때문에 그리스도인은 "환한 얼굴"(시 4:6), "빛나는 얼굴"(시 44:3, 80:3, 89:15), "밝은 얼굴"(시 119:135)로 오실 주님을 기다림으로써 "늙어서도 여전히 열매를 맺으며 진액이 넘치고 늘 푸르고"(시 92:14) 싱싱하게 사귀는 예감에 사로잡혀 기쁨과 즐거움, 감사와 노래로 충만할 생생한 삶을 산다.

이러한 삶의 특정한 시간 체험은 자기중심의 능동과 행위에 있는 것이 아니라 타자 중심의 수동과 겪음의 성찰에서 나온다. 도래의 주인공은 인간이 아니라 메시아의 오심, 그리스도의 다시 오심(parousia), "지금도 계시고 전에도 계셨고 앞으로 오실 전능하신 주 하느님"(계 1:8)이기 때문이다. 예수 그리스도의 삶은 구유의 탄생에서부터 십자가와 부활에 이르기까지 수동적 능동의 삶의 전형이다. 모든 생명은 수동적 능동의 속성을 지닌다. 예수님께서는 처음에 그의 탄생을 경배하는 자들에 의해 둘러싸여 있었고, 마지막에는 당시 종교, 정치 세력들의 행동에 대한 수동적 내어 맡김으로 십자가형을 감당하셨다.

'도래'(아드벤투스)는 단순히 과거에 축적된 원인들의 결과적 산물이거나 이미 존재하고 있는 가능태가 현실태가 된 것이 아니다. 예수님의 선포 전체의 중심에 있는 '하느님 나라'는 과거와 현재의 연장이 아니다. 개선이나 개혁 혹은 진화도 아니다. 또한 두 세계가 있어, 이 세상이 완전히 끝나고 난 다음에 올 저세상으로서의 하느님 나라도 아니다.

하느님 나라는 도래로서의 새로운 시간 체험에서 시작된다. 하느님 나라는 이 세상과의 대척점에서 창조를 완전히 새롭게 하는 하느님의 은총의 행위이다. 하느님 나라는 도래로써 일어나는 특정한 시간 체험으로서 지금 여기에서 일어나는 사건으로, 인격과 역사가 황홀해지는 일회적 현존의 사건이다. 진정한 혁명은 공간적 '세계의 변화'로서만 일어나는 것이 아니라 그에 앞서 '시간의 변화'에서 시작된다. 하느님 나라는 이 세상의 소금이며, 이 세상 빵의 누룩으로 오신 예수 그리스도 사건이기 때문이다. 이 사건은 사진이나 영화처럼 기술에 의해 복제될 수 있는 사건은 아니지만 성령 안에서 기억되고 반복해서 재현된다.

인간은 시간을 어떤 일정한 리듬 속에서 체험한다. 일 년을 봄-여름-가을-겨울의 리듬 속에서, 하루를 아침-점심-저녁 그리고 밤의 리듬 속에서 체험한다. 태양력이나 태음력은 자연의 흐름과 생성에 따라 인간의 삶의 시간을 구분한다. 사도 바울은 "여러분이 날과 달과 계절과 해를 지키고 있으니, 내가 여러분을 위하여 수고한 것이 헛될까 염려"(갈 4:10-11)된다고 말한다. 이것은 너무 지나친 기우(杞憂)가 아니다. 우리는 때로 스스로 시간의 리듬을 만들어 삶을 아름답게 체험하고 싶어 한다. "어떤 날을 다른 날과 다르게, 어떤 시간을 다른 시간과 다르게" 체험하고 싶어 한다(어린 왕자). 삶에 맛과 멋이 깃들어야 한다. 혼자

만의 아기자기한 재미를 넘어 나의 삶에 너희들을 초대하여 함께 어울리며 에너지를 뿜어내는 흥미 있는 이야기가 있는 삶이 의미 충만한 삶이다. 재미로 시작된 삶이 흥미의 숲을 이룬다면 사회적 의미를 만들어 낸다.

레위기 23장에 언급된 구약의 절기(유월절-무교절-초실절-오순절-나팔절-대속죄일-초막절)는 자연의 흐름을 따른 것이 아니라 하느님의 구원 행위와 언약이 근거가 된 것이다. 대림절로부터 시작되는 교회력의 시간도 자연적 시간의 흐름을 그리스도(메시아)론적이고 종말론적 시간으로 변형시킨 것이다. 성경에 근거된 시간 이해는 매우 사건적이다. 종말론적 시간 이해의 핵심은 시간과 역사 완성의 주체인 그리스도와 하나가 되는 생생(生生)한 느낌을 불러오는 충만한 시간 체험에 있다.

교회력은 일 년의 삶의 무늬를 그리스도의 삶의 중요한 사건을 중심으로 깊이 음미하는 시간이다. 일 년의 시간 속에서 그리스도와 하나가 되어 살겠다는 의지의 표현이다. 과거의 업적 쌓기에 닫히고 현재의 과도한 일에 매인 시간을 열린 시간을 통해 푸는 새로운 시간 짜기이다. 그리스도의 이름으로 한 시간을 살고, 하루를 살고, 일주일을 살고, 한 달을 살고, 일 년을 살면서 시간 자체를 그리스도의 이름으로 느끼면서 살도록 지은 것이 교회력이다. 예수 그리스도 안에서 변화된 삶의 체험을 일 년을 주기로 기억하는 절기들이 교회력이다. 그런데 우리가 그리스도인이라고 하지만 시간 자체를 그리스도적으로 느끼고 살 만큼 철이 들었을까?

① 대림절(그리스도의 오심을 기다림)—② 성탄절(그리스도의 태어남)—③ 주현절(그리스도께서 세상에 나타나심)—④ 사순절(그리스도의 공생애 및 수난과 십자가)—⑤ 부활절(그리스도께서 부활하심)—⑥ 성령강림절(그리

스도께서 성령을 보냄)—⑦ 왕국절 혹은 창조절(그리스도께서 승천하시어 세
상을 정의, 평화 그리고 창조의 보전으로 다스리심)로 이어지는 교회력은 모
두 예수님 생애의 중요한 사건과 연관되어 시간의 의미를 새롭고 흥미
롭게 만들어낸다. 물론 그 시간의 의미가 지금 여기서 자동적으로 재현
되는 것은 아니다. 그 본래적 시간 체험이 차이나는 반복 속에서 어떻게
사건화될지는 전적으로 성령의 역사와의 조응(照應)에 달려 있다.

그리스도의 오셨음을 기억하는 대림절은 역사적이다. 그리스도(메시
아)의 오심을 기다림에서부터 시작되는 교회력은 종말론적이다. 기독
교의 종말론은 그리스도의 오심에 대한 기다림이며 희망이다. 그러므
로 기독교의 종말론은 희망론이다. 희망의 원형은 먼 미래가 아니라 새
로운 생명, 메시아의 탄생이다. 그리스도의 오셨음을 끄집어내어 기억
하기와 앞으로 달려가 다시 오심의 기다림 사이에서 지금의 순간들을
사는 우리는 일회적이며 현재적이다.

철학자 마르틴 하이데거는 가장 초기의 종말론적 본문인 데살로니가
전서 4:13~5:11을 해석하면서 처음 그리스도인들의 생의 경험을 "현
사실적 생의 경험"(faktische Lebenserfahrung)이라 했다. '현사실적'이
란 근원적이며 깨어 생생하다는 뜻이다. 마음과 몸의 깨어 있음은 현재
의 시간을 사후의 세계로 밀어내어 선형적으로 연장하지 않고 시간 경
험의 민감함을 통해 현재 영원무궁하게 됨을 의미한다. 위험에 처했을
때 인간의 감각은 가장 민감해진다. 그리스도께서 임박하게 여기로 오
시며, 이 오심에 대한 기대가 그들의 삶과 시간을 규정하는 시간은 위험
한 시간이다. 대림절에서 시작하는 교회력의 아름다움은 위험한 그리
스도에게로 이끌리고 일치되어가는 삶에서 생성된다.

임박한 그리스도의 오심 앞에서 인간 중심의 "모든 개념 분석들 / 모

든 논리실증주의들 / 모든 경험론들 / 모든 좌우 도그마들 / 모든 관념들"(고은)은 허물어지고 아슴아슴 사라진다. 그들의 삶은 설렘과 기대 속에서 생생하게 깨어 있는다. 그들에게 게으름과 현상 유지의 안정은 하나도 없다. 경험 상실, 경험 파괴, 경험의 축소, 경험 망각의 시대, 경험이 정보화되어 경험을 관찰할 뿐인 시대, 실험 속에서 조작되고 꾸며진 경험을 간접적으로 구경하며 웃음 흘리는 시대, 경험이 상품화되는 시대, 사회적 체면과 마취로 인한 경험의 마비 속에서 냅다 생생한 경험이 생긴다.

이 시간 체험 속에서 이제 나는 또랑또랑 살기 시작한다. 그 삶은 요구가 아니라 그리스도의 삶에 아름다운 초대(invitation)인즉, 영원한 삶(vita)에 머무름(in)이다. 그것은 명령이 아니라 기회이며, 도덕적 계명이 아니라 기꺼운 즐김이다. 이제 예술적 삶이 시작된다. 그것은 시간을 다르게 체험함으로써 삶을 다르게 보고 내 삶이 그리스도의 새 창조 사역의 표징이 됨을 보는 시간 체험이다. 대림절로부터 시작되는 교회력은 우리의 삶을 안팎으로 새롭게 형성한다.

일상적인 시간을 사는 "사람은 한낱 숨결과 같고, 그의 일생은 사라지는 그림자와 같다"(시 144:4). 그의 시간은 지리하고 권태롭다. 그러나 깨어 있는 시간은 시계의 시간(chronos)에 따라 사는 시간이 아니라 '선사된 시간'(kairos)을 사는 시간이며, 선사된 시간에 고조된 기쁨으로 흠뻑 젖은 충만한 시간이다. 그래서 그 시간은 "하루가 천 년 같고, 천 년이 하루"(벧후 3:8) 같은 시간이다. "주님의 집 뜰 안에서 지내는 하루는 다른 곳에서 지내는 천 날보다 나은"(시 84:10) 시간이다. "천년도 지나간 어제와 같고, 밤의 한 순간과도 같은"(시 90:4) 시간이다.

이때 시간은 의미가 충만해지면서 초월자를 향하여 투명해진다. 성사적 시간(sacramental time)이다. 이 시간 속에서 초월자의 감각, 초월자에 대한 감각, 비가시적인 것에 대한 감각까지도 예민하게 깨어난다. 인간은 비로소 시간 안에서 시간을 통해 시간과 함께 영원에 참여한다. 종말의 시간은 처음 창조의 시간이다. 태초의 시간이다. 무시무종(無始無終)의 시간이다. 하느님의 시간이다. 온갖 모순과 부조리, 고통과 고난으로부터 양육되고 성장한 살아 계신 하느님의 영광으로 충일한 시간이다. 존재가 참(眞) 선(善)한 아름다움(美)으로 생성하고 사건화되는 새 창조의 예술적 시간이다. 무력의 정치가 아니라 예술의 정치가 시작되는 개벽(開闢)의 시간이다. 하느님이 어두운 하늘 속에 큰 별로 나타난 시간이며, 이 컴컴한 세상에 등불을 밝힌 시간이다. 그래서 그리스도인도 "등불을 밝혀 어둠을 조곰 내몰고/시대(時代)처럼 올 아침을 기다리는 최후의 나"(윤동주, 「쉽게 씌어진 詩」에서)가 된다.

대림절은 하느님이 그리스도의 탄생을 통해 세상에 밝힌 등불을 선사받아 세상에 불을 밝히는 선사된 시간을 살아가는 교회력의 출발이다. 이 시간의 측량할 수 없는 깊이를 주님의 은총을 순종함으로 받아들이는 마리아의 〈믿음〉을 통해 헤아릴 수 있다. 이 시간의 높이를 주어진 현실을 넘어가는, 바울에게서 강력하게 전승된 부활의 〈희망〉을 통해 알 수 있다. 이 시간의 넓이를 요한을 통해 알려진 성육신의 〈사랑〉을 통해 체험할 수 있다.

2. 선사된 시간, 시간의 향기

예수님께서는 항상 선사된 시간, 그렇기 때문에 늘 청초한 시간을 사신다. 그는 "때가 찼다…"(막 1:15)라고 말씀하신다. 찬 시간, 떫은맛이 다 사라진 충분히 농익은 시간이면서 생동성, 활동력이 가장 높은 성령으로 충만한 시간이다. 인공이 가미되지 않은 순전한 기다림 뒤에 시간에 맛이 생기고 시간에 향기가 깃든다. 지구는 온갖 느낌과 감성을 지닌 생명이 태어나길 얼마나 오랫동안 함초롬히 기다렸던가! 많은 일에 쫓겨 늘 시간 없이(Ich habe keine Zeit für dich) 사는 현대 도시사회에 사는 사람들, 무색(無色) 무취(無臭) 무향(無香)의 시간에 사라진 맛과 색깔 향기가 돌아온다.

예수님은 삶의 모든 순간을 사람과 사물을 어그러진 관계와 잘못된 활동으로 인해 생긴 질병으로부터 치유하고 바로 세우며, 경직된 행동으로부터 해방하고 자유하게 하는 기회로 사신다. 삼 년여의 공생애가 끝나갈 무렵 예수님께서는 "내 때가 가까이 왔다"(마 26:18) 말씀하고 완성된 찬 시간으로 들어가신다. 그리고 마지막으로 그의 육체적 죽음은 부활의 생명으로 변형되어 넘어간다.

산업화 이후의 인간은 시간과 역사를 분절하고 원자화하는 시계, 곧 기계의 시간이 명령하는 대로 복종하면서 살아간다. "기계의 작업과정과 유사해진 인간의 삶은 오직 쉬는 시간, 일이 없는 막간, 일의 피로에서 회복하여 다시 최상의 컨디션으로 일에 몸 바치기 위해 필요한 시간밖에 알지 못한다"(한병철).

성탄절의 시간은 기계의 시간으로부터 의미 충만한 시간으로, 과거 현재 미래가 현재의 영원한 순간으로 수렴되는, 느리지만 늘 그대 곁에 머물러 당신을 위한 시간(ewige Zeit für dich)인 하느님의 시간으로 변형된다. 그리스도인의 최고 행복은 그리스도를 따라 성령 안에서 변형되는 의미 충만한 이 순간을 사는 것이다. 이 순간 안으로 홀연히 영원무궁이 깃들며, 그때 시간은 흔감(欣感)히 영원에 어린다. "바이올린은 멎고, 춤꾼은 멈춘다"(괴테). 시간과 영원, 하느님과 인간, 하늘과 땅이 이 순간에 사랑 안에서 원융(圓融)하고 회통(會通)하며 일마다 거리낌이 없다.

처음 그리스도인은 시간과 역사에서 진정으로 풀려나는 각성된 시간에 흠뻑 취했다. 하이데거가 말하는 "그리스도교의 현사실적 삶의 경험은 그것이 한순간에 인간에 적중한 다음, 지속적으로 함께 생동하면서 삶의 실행 속에 있는 선포와 함께 일어난다는 사실을 통해 역사적으로 규정된다." 복음이 말하는 예수의 시간 경험은 시인 정현종이 회복하고자 하는 시간 자체의 느낌인 "꽃시간"과 닮아 있다.

금세기의 우리들이여
시간을 잃은 지 오래되지 않았는가.
생각해보자, 예컨대
돈과 기계가 마비되어
바삐 움직이면서
시간을 돈 쓰듯 물건 쓰듯 쓰기만 하고
시간 자체!를 느끼는 일은 전무한 듯
하니, 시간의 꽃인 그 시간 자체는
어떻게 되었는가.
시간 자체를 느낄 때에만 피어나는 그 꽃

그 꽃의 향기 없이는, 그

향기를 깊이 들이마시는 코 없이는

인생살이도 이 세상도 허섭스레기일 뿐인데

—정현종, 「꽃시간 2」 중에서

그리스도교적 삶의 경험은 장차 오실 그리스도를 기다림이라는 시간 경험에 근거한 것이다. 이러한 시간 경험으로부터 하느님의 존재의미가 밝혀지고, 인간의 삶의 태도도 정해지고 성취된다. 유한한 시간이 순수 영원한 존재를 향해서 자신을 투신하는 구조가 아니라, 존재가 도래할 그리스도의 기다림이라는 싱싱한 시간 경험 안에서 그 의미를 열어 밝힌다. 존재의 시간이 아니라 시간의 존재다. 시간이 존재 안에서 성취되는 것이 아니라, 존재가 시간이라는 출렁이는 물결 위에서 삶(生)의 사건이 된다.

하느님 나라는 인간의 본성론이나 영혼론이 아니다. 하느님 나라는 사물의 본질(ousia)론이 아니라 이 땅 위에 하느님의 통치의 도래(parousia)를 알리는 시간론이며 역사적 사건의 선언이다. 하느님 나라의 시간은 아리스토텔레스로부터 후설에 이르는 서양 철학사에 면면히 흐르는 선형적 혹은 원형적 시간이 아니라 새로운 시작, 신선한 출발, 곧 하느님의 은총으로 충만한 늘 지금이며 꿈지락거리는 생성이다.

하느님의 은총으로 충만한 늘 지금은 그리스도적 생명 사건인 사랑을 통해 실현된다. 그리스도인은 사랑함으로써 자유롭고, 자유 안에서 사랑한다. 바울은 선사된 시간을 사는 생명을 진정한 그리스도인의 자유로운 삶이라 말하고 "마치 ~이 아닌 것처럼"(hos me, ὡς μὴ) 사는 삶이라 했다. 루돌프 불트만은 그의 불후의 명저 『신약성서신학』의 바울

신학 편을 바울의 이 말로 갈무리한다.

> 때가 얼마 남지 않았으니, 이제부터는
> 아내 있는 사람은 없는 사람처럼 하고,
> 우는 사람은 울지 않는 사람처럼 하고,
> 기쁜 사람은 기쁘지 않은 사람처럼 하고,
> 무엇을 산 사람은 그것을 가지고 있지 않은 사람처럼 하고,
> 세상을 이용하는 사람은 그렇게 하지 않는 사람처럼 하도록 하십시오.

(고전 7:29-31)

바울이 이렇게 말할 수 있었던 것은 내가 있는 바로 이곳, 이 시간 속에서 오실 하느님의 현존, 영원을 앞당겨 온전히 체험하기 때문이다. 시간 안에서, 시간을 통하여 영원을 체험한다. 진정으로 깊은 그리스도인이 된다는 것은 지속적으로 시간과 영원의 교차로에서 산다는 것이다. 그리스도의 오심을 기다리는 시간 체험은 으뜸 시간 체험이다. 그 으뜸 시간 체험에 근거해 딸림 시간들은 우리에게 '선사된 시간'임을 안다. 이 시간 체험은 이 세상 형체를 붙박아 확정하여 소유하려 하지 않고 자신을 순연한 기쁨으로 하느님께 봉헌하게 한다. 세상의 존재는 와락 도래하는 시간 체험(그리스도의 오심) 속에서 그때마다 생생하게 살아 계신 하느님을 체험하고 그 안에서 삶은 충만해진다.

마라나 타,
우리 주님, 오십시오.

(고전 16:22)

'그렇다. 내가 곧 가겠다.'

아멘, 오십시오, 주 예수님!

(계 22:20)

15세기 플랑드르 회화의 대가 멤링(Hans Memling, 1430~1494)의
〈강림과 그리스도의 승리〉(Advent and Triumph of Christ, c.1480)에는
25가지 성경 이야기가 그려져 있다 하는데, 중심 이야기는 그리스도의
일대기인 수태고지(the Annunciation); 목자들에게 예수님의 탄생을 알
림(the Annunciation to the shepherds); 예수님의 탄생(the Nativity); 어
린이 학살(the Massacre of the Innocents); 동방박사들의 경배(the Ado-
ration of the Magi); 그리스도의 수난(the Passion); 부활(the Resurrec-
tion); 승천(the Ascension); 성령 강림(Pentecost); 그리고 마리아의 죽
음과 승천(the Dormition and Assumption of Mary)이다. 이들 사건이 교
회력에 대개 들어와 있다.

제1부

대림절

기다리는 삶

프라 안젤리코, 〈수태고지〉, 1440년경

²⁶그 뒤로 여섯 달이 되었을 때에, 하나님께서 천사 가브리엘을 갈릴리 지방의 나사렛 동네로 보내시어, ²⁷다윗의 가문에 속한 요셉이라는 남자와 약혼한 처녀에게 가게 하셨다. 그 처녀의 이름은 마리아였다. ²⁸천사가 안으로 들어가서, 마리아에게 말하였다. "기뻐하여라, 은혜를 입은 자야, 주님께서 그대와 함께 하신다." ²⁹마리아는 그 말을 듣고 몹시 놀라, 도대체 그 인사말이 무슨 뜻일까 하고 궁금히 여겼다. ³⁰천사가 마리아에게 말하였다. "두려워하지 말아라. 마리아야, 그대는 하나님의 은혜를 입었다. ³¹보아라, 그대가 잉태하여 아들을 낳을 터이니, 그의 이름을 예수라고 하여라. ³²그는 위대하게 되고, 더없이 높으신 분의 아들이라고 불릴 것이다. 주 하나님께서 그에게 그의 조상 다윗의 왕위를 주실 것이다. ³³그는 영원히 야곱의 집을 다스리고, 그의 나라는 무궁할 것이다." ³⁴마리아가 천사에게 말하였다. "나는 남자를 알지 못하는데, 어떻게 이런 일이 있겠습니까?" ³⁵천사가 마리아에게 대답하였다. "성령이 그대에게 임하시고, 더없이 높으신 분의 능력이 그대를 감싸 줄 것이다. 그러므로 태어날 아기는 거룩한 분이요, 하나님의 아들이라고 불릴 것이다. ³⁶보아라, 그대의 친척 엘리사벳도 늙어서 임신하였다. 임신하지 못하는 여자라 불리던 그가 임신한 지 벌써 여섯 달이 되었다. ³⁷하나님께는 불가능한 일이 없다." ³⁸마리아가 말하였다. "보십시오, 나는 주님의 여종입니다. 당신의 말씀대로 나에게 이루어지기를 바랍니다." 천사는 마리아에게서 떠나갔다.

〈묵상본문: 눅 1:26-38〉

2장

수태고지, 시간의 신비 속에서

성화는 과거를 기억하여 초월적 실재를 마음에 불러내고 하느님 경험을 매개한다. 영원하신 하느님의 초월적 현존이 인간의식의 자기-현존 안에서 경험된다. 하느님은 아우구스티누스가 말한 것처럼 내가 나 자신에게 가까이 있는 것보다 더 나 자신에게 가까이(interior intimo meo) 계신 분임이 확인된다. 시간을 초월한 존재인 초월적 실재는 우리를 위한 미래도 포함한다. 종교적 이미지는 구원사의 과거사건을 기억할 뿐 아니라 하느님의 현존의 미래에 대한 방향을 가늠하게 한다. 미술의 이미지를 통한 기억은 상징적 사고를 가능하게 하여 과거와 현재 그리고 미래의 시간적 차원을 한 장소로 불러 모은다. 상징들은 상징으로 놔두고 받아들이는 게 최상이다. 그들을 합리적으로 해석하고자 할 때 어쩔 수 없이 상징에 숨어 있는 향기가 달아나고 만다. 부분에 얽매인 설명은 해부학 실험장에 들어선 것처럼 싸늘해지며 체험을 관망하는 자로 만든다. 기껏해야 그 설명은 실재 자체를 열어 밝히는 상징을 실재의 가지들을 해명하는 알레고리와 혼동한다.

이탈리아 피렌체 산 마르코의 도미니칸 수사인 프라 안젤리코(Fra Angelico, 1400?~1455)는 엄격하고 겸손과 사랑의 삶을 살았다. 그가 몸담은 수도원 방도 경건한 삶을 구현한 듯 단순했다고 한다. 성경을 주제로 한 그의 모든 그림은 묵상의 삶을 돕고 경건과 헌신의 삶을 동반

하는 그림들이다. 미술사가 조르조 바사리(Vasari)는 믿음의 화가 안젤리코가 이렇게 말했다고 전한다. "그리스도께서 행하신 일들을 그려내고자 하는 사람은 그리스도와 함께 살아야 한다"(바사리, 『르네상스의 예술가들』, 108). 인간이 아무리 성실하게 노력한다 해도 그는 그리스도의 실재를 소유할 수 있는 것이 아니라 그저 다가갈 수 있을 뿐이다. 그는 자신의 실존 속에서 그리스도의 삶을 결코 완전히 실현할 수 없다. 그럼에도 안젤리코는 기독교 회화의 자격을 간결하고 정확하게 적시한다. "종교예술은 종교적 삶으로부터만 우러나온다." 그의 회화 속에서는 고요한 아름다움뿐 아니라 영원함이 보인다.

〈수태고지〉(예수님의 나심 예고, 성모영보, Annunciation)는 누가복음 1장 26절 이하의 예수님의 탄생을 알리는 장면을 그린 것으로, 안젤리코는 15작품이나 그렸다. 그중 이 그림은 보면 볼수록 종교적 아름다움과 믿음의 겸손이 솔솔 올라오며, 단순함 속에 신성의 향이 번진다. 대림절 묵상으로 가장 좋아하며 적합한 성화로 꼽는 이유다. 신앙의 묘경(妙境)이 그윽하고 깊게 드러난다.

안젤리코는 중세 말기 그리스도교적인 분위기를 바탕으로 르네상스의 새로운 개혁 정신을 적극적으로 수용한 '新인간'(homo novos)이다. 그는 스무 살에 도미니코 수도회에 입회하여 작품 활동을 한 수사 화가다. 그는 뛰어난 예술성뿐 아니라 어진 성품을 겸비한 예술가다. 그의 작품들에는 하나같이 도저한 인내와 사랑이 배어 있다. 그의 가장 큰 관심사는 자신의 예술로 하느님과 그리스도 그리고 천사를 찬양하는 일이다. 그는 늘 무릎을 꿇고 기도한 다음 붓을 잡았으며 십자가상을 그릴 때마다 눈물을 흘렸다. 이는 경건이 몸짓에 살짝 붙어 있는 것이 아니라 신앙의 독실한 표현임을 알 수 있다. 그의 작품들은 자기 자신을 그리스도께 봉헌한 성스러운 삶이 녹아든 결과물이다. 그는 화가로는 예외적으로 1982년 10월 3일 요한 바오로 2세 교황이 시복하여 복자품에 올랐고, 1984년에는 '가톨릭 예술가의 아버지'로 선언되었다.

안젤리코는 그리스도의 일을 하기 위해 언제나 그리스도와 함께 머문, 깊고 깊은 신심 어린 화가 수사다. 그는 참으로 주님의 축복을 받은 자, 복자다. 그의 경건의 삶은 아름다우며 회화는 이 순수한 아름다움의 표현으로서 성스럽다. 단순하고 경건한 수도사의 삶의 공간에서 나온 성화는 겸손하고 헌신적이다. 수도사들에게는 지성적인 신학연구보다는 겸손과 사랑의 삶과 거룩한 삶(完德, 聖德), 곧 영성적 삶의 길이 중시된다. 경건은 죄와 허물을 씻어주는 내 밖에 계신 하느님을 경외하고 바라는 마음이며, 영성은 성령의 현존 안에서 내 안에 살아 계신 하느님의 말씀에 따라 화육(化育)하는 삶이다.

본 〈수태고지〉(1440~1442년)는 수도사의 방, 제3 기도실 벽면에 그려진 것이다. 이 그림에서는 마당의 푸른 뜰도 생략되었다. 수도원의 인적 없는 회랑의 밝은 배경이 무대다. 여기에는 순결을 의미하는 백합도 성령의 비둘기도 없다. 금빛 광휘를 빛내는 성부의 모습도 보이지 않는다. 천사와 마리아의 옷차림도 수수하다. 이렇게 수도원의 도미토리움, 곧 수도사의 침소에 그려진 벽화는 더없이 단출하다. 원근법적으로 완벽히 묘사된 주랑(柱廊)이 은은하면서 역동감을 상실하지 않으며, 깊숙하고도 텅 빈 공간의 성스러움을 퍼 올린다.

회랑 좌측에는 도미니코 수도회의 초대 순교자인 베드로 성인이 두 손 모아 마리아를 향해 기도하고 있다. 화가는 그의 몸 절반을 과감하게 잘라내어 표현함으로써 천사와 마리아의 모습에 시선이 집중되도록 만든다. 회랑 천정의 십자 모양으로 횡단하는 아치는 이 단순한 실내에 은은한 리듬감을 준다. 마치 시간이 정지된 듯, 그 어떤 작은 움직임도 숨소리도 들리지 않는다. 처음 창조에서처럼 성령의 고요하고 영명(靈明)한 숨결만이 고요히 운행하는 창조의 숨죽인 순간이다. 수도사의 내면에 이는 겸손이 깊이 공명되고 영감이 아득하게 퍼지는 듯하다.

이제 천사 가브리엘이 들어온 왼쪽으로부터 신비하게 감도는 밝은 색조들이 진기한 조화를 이루면서, 서로 다정하게 이야기하는 두 인물의 사랑스러운 모습이 눈에 들어온다. 왼쪽에는 아름다운 장미색을 배경으로 화려한 색깔의 날개를 지닌 천사, 오른쪽에는 수수한 옷차림의 마리아가 서로 말을 주고받는다.

천　사: 두려워하지 말아라.
　　　　마리아야, 그대는 하느님의 은혜를 입었다.
　　　　보아라, 그대가 잉태하여 아들을 낳을 터이니,
　　　　그의 이름을 예수라고 하여라.

마리아: 나는 남자를 알지 못하는데,
　　　　어떻게 이런 일이 있겠습니까?

마리아의 반응은 하느님 경외의 신실한 태도인 처녀성의 오롯한 서원에서 나온 마땅하고 자연스러운 것이다. 이때 천사의 놀라운 음성이 들리고 초록빛 하늘 공기가 미묘하게 떨린다.

천　사: 성령이 그대에게 임하시고,
　　　　더없이 높으신 분의 능력이 그대를 감싸 줄 것이다.

그러므로 태어날 아기는 거룩한 분이요,

하느님의 아들이라고 불릴 것이다.

천사 가브리엘과 마리아는 동격이 아니다. 천사는 곱디고운 자태로 서 있는 반면, 마리아는 무릎을 꿇어 더 겸손한 낮은 자세로 하느님의 뜻에 순종한다. 순종 속에 성령을 몸으로 받는 성육신의 신비가 깃든다. 분석심리학자 융에 의하면 겸손은 자신의 고유한 어두운 그림자를 있는 그대로 보고 인정하는 용기다. 겸손하지 않은 사람은 자신이 지닌 어둡고 불편한 심리들을 한쪽으로 밀어젖혀 억압해버린다.

천사와 마리아, 둘 다 존중의 표시로 두 손을 가슴에 모으고 있다. 천사의 의상은 진분홍빛이고 마리아는 연분홍으로 더욱 단순해졌다. 얇은 분홍색 옷을 입은 마리아의 야리야리한 실루엣은 그 어떤 볼륨감도 무게감도 느껴지지 않는 투명한 유리 같은 느낌을 준다. 이는 주님의 말씀에 자신을 온전히 내어놓고 그 숨겨진 뜻까지 헤아리려는 모습임을 보여준다. 마리아는 작은 갈색 걸상에 무릎을 꿇고 천사의 인사와 그가 전하는 말을 아연 놀라면서도 겸허하게 청종하는 모습이다.

마리아: 보십시오, 나는 주님의 여종입니다.

　　　　당신의 말씀대로 나에게 이루어지기를 바랍니다.

자신을 위해서는

아무것도 남겨두지 않았기에

"네"라고 응답할 수 있으셨던 성모 마리아

구세주의 어머니, 우리의 어머니

구원의 문을 연 당신의 겸덕을

새롭게 찬미하며 촛불을 밝힌 저희에게

오늘도 조용히 가르쳐 주십시오

당신처럼 주님의 뜻을 제대로 알아듣는

깊고 높은 믿음의 사람으로

순명하는 법을 가르쳐 주십시오

—이해인, 「성모님과 함께 – 대림절」 중에서

　　마리아는 성령 안에서 자신의 비운 마음과 열린 몸(자궁)을 하느님의 말씀에 내맡긴다. 그녀는 주님의 말씀에 순종하고 수용함으로써 자신의 빈 몸을 하느님의 아들을 잉태한 몸으로 변형시킨다. 이제 하느님은 그녀의 몸 안에 자리를 잡는다. 가슴 위에 십자가형으로 얹은 두 손은 그녀가 읽고 받아들인 하느님의 말씀을 온 마음자리에 간직하는 것을 나타낸다. 그리던 당신의 눈동자를 바라볼 때처럼 고요하고 아늑한 사랑의 감정이 느껴진다.

　　동정 마리아를 통해 세상에 오신 하느님은 "사람도 아닌 벌레"(시 22:6)와 같은 나에게도 하느님의 아들을 잉태하고 낳으라는 신성의 여지(餘地)를 허락하신다. 마리아는 강하고 의연한 영혼의 소유자임을 보여 주려고 하는 듯, 입을 꾹 다물고 있다. 이 성화는 마리아의 겸손과 순종의 미덕을 칭송한다. 겸손과 순종의 미덕은 약자가 강자 앞에서 강요되어 취하는 비굴함이나 굴종이 아니다. 하느님의 뜻을 완전하게 모시려고 마음을 다하는 충성된 마음이다. 아직 한 손에는 하느님의 말씀이 쥐어 있고 갈색 걸상에 무릎을 꿇고 있는데, 이 이미지는 그녀가 하늘의 여성이면서 동시에 땅의 여성임을 의미한다.

천사가 인간을 찾다니, 참 신기하고 어리둥절한 일이다. 누가는 단순한 만남이 아니라 서로 다른 곳에 발을 디디고 서 있는 두 존재, 두 세계, 두 차원의 만남을 이야기한다. 여기서 오늘을 사는 현대인들은 한스 큉과 함께 이런 반문을 던질지 모르겠다. 이것은 보기에는 환상적인데, 낮(현실)이라기보다는 밤(꿈)이 아닌가? 의미라기보다는 상징이 아닌가? 로고스(이성)라기보다는 미토스(신화)가 아닌가? 우리는 그 거룩한 순간을 숨을 죽이고 여전히 바라만 보아야 하는 것인가? 당신은 15세기의 이 그림을 가지고 21세기에 사는 우리들에게 동정녀 탄생을 문자 그대로 받아들이라고 설득하려고 하는가?

—한스 큉, 『믿나이다』, 55-56

우리는 신화를 문자 그대로 받아들이지 않는다. 그런 태도는 초자연주의 혹은 근본주의가 될 수 있다. 한스 큉의 염려와 달리 21세기를 사는 현대인들이 이 그림을 상징으로 취한다면, 이 상징이 보여주고 관조하는 세계가 무의미하다고 내칠 수만은 없을 것이다. 신화와 상징의 표현력을 다른 것으로 대체할 수 없다. '동정녀 탄생'은 애초부터 이성으로 헤아릴 수 있는 주제가 아니다. 그것은 성스러운 미적 사건이며 보편적이고 심미적 체험에 관한 이야기로서 구체적이다. 하느님 말씀에 대한 마리아의 순종, 예수가 하느님의 아들이라는 사실 그리고 그리스도와 성령과의 관계 등 현실 창조적 권능에 관한 이야기다. 다른 차원에 속한 실재는 신화와 상징 그리고 은유를 통해 지시될 수밖에 없다. 성모영보 이야기의 목적은 사실에 대한 지적 해명이나 정보의 전달이 아니라 마리아적인 생의 참여와 나눔에 있다.

이 그림에서는 천사와의 마주이야기에서 마리아가 취한 다섯 가지

반응, 곧 놀람, 사색, 반문, 순종, 은총 가운데 '순종'의 계기가 선택되었다. 영성적 전통에서 마리아의 순결 및 순종과 더불어 말씀의 묵상(me-ditatio)이 강조되어 전승된다. 가부장적으로 은폐된 억압의 도덕적 폐단 때문에 하느님에 대한 영명한 마음과 주일무적(主一無適)의 독실한 태도인 순결과 순종까지 내버릴 필요는 없다. "마리아는 이 모든 말을 고이 간직하고, 마음속에 곰곰이 되새겼다"(눅 2:19, 51).

시몬느 마르티니, 〈수태고지와 두 성인〉, 1333

[18]예수 그리스도의 태어나심은 이러하다. 그의 어머니 마리아가 요셉과 약혼하고 나서, 같이 살기 전에, 마리아가 성령으로 잉태한 사실이 드러났다. [19]마리아의 남편 요셉은 의로운 사람이라서 약혼자에게 부끄러움을 주지 않으려고, 가만히 파혼하려 하였다. [20]요셉이 이렇게 생각하고 있는데, 주님의 천사가 꿈에 그에게 나타나서 말하였다. "다윗의 자손 요셉아, 두려워하지 말고, 마리아를 네 아내로 맞아 들여라. 그 태중에 있는 아기는 성령으로 말미암은 것이다. [21]마리아가 아들을 낳을 것이니, 너는 그 이름을 예수라고 하여라. 그가 자기 백성을 그들의 죄에서 구원하실 것이다." [22]이 모든 일이 일어난 것은, 주님께서 예언자를 시켜서 이르시기를, [23]"보아라, 동정녀가 잉태하여 아들을 낳을 것이니, 그의 이름을 임마누엘이라고 할 것이다" 하신 말씀을 이루려고 하신 것이다. (임마누엘은 번역하면 '하나님이 우리와 함께 계시다'는 뜻이다.) [24]요셉은 잠에서 깨어 일어나서, 주님의 천사가 말한 대로, 마리아를 아내로 맞아들였다. [25]그러나 아들을 낳을 때까지는 아내와 잠자리를 같이하지 않았다. 아들이 태어나니, 요셉은 그 이름을 예수라고 하였다.

〈묵상본문: 마 1:18-25〉

3장

화가들을 매혹시킨 수태고지

"왜 하느님은 인간이 되셨는가?" 혹은 왜 "하느님-인간인가?"(Cur Deus homo?). 이 오래된 물음에 대한 답변이 수태고지에서 시작된다. 그리스도교에서 수태고지는 하느님의 아들인 예수님이 인간으로서의 땅의 삶을 얻게 되는 첫 순간이다. 마리아의 잉태와 예수 탄생으로 말미암아 인간의 과오와 탐욕 사이로 틈입한 하느님과 인간, 인간과 인간 사이를 갈라놓은 소외와 반목을 극복하고, 죽음의 병인 세상사의 여러 가지 '얽힘' 속에서 서로 갈등하고 모순되는 이것저것을 함께 담을 수 있는 용서와 화해의 지점이 생기게 된 것이다.

예수로 말미암아 인류가 죄로부터 벗어나 새로운 삶을 살 수 있게 되었으니 마리아의 성령 잉태는 인류의 운명을 돌이키고 방향을 바꾼 변곡점이다. 수태고지는 물질과 자연의 역사에는 일어날 수 없다. 생물의 역사에도 그와 같은 일은 있을 수 없다. 그러므로 주님의 말씀을 받아들인 마리아의 믿음에서 비롯된 성실한 진심(盡心)의 덕(德)과 순수한 마음가짐에 초점이 모아진다. "순수한 마음은 하늘과 지옥을 꿰뚫고 지나갑니다"(토마스 아 켐피스, 『그리스도를 본받아』, II, 4. 1).

수태고지는 예수님 탄생일인 12월 25일로부터 정확히 9개월 전인 3월 25일에 일어났다고 전해진다. 교회는 5세기경부터 이날을 '주님 잉태'(Conceptio Domini) 축일로 지냈다. 중세에는 십자가 외에 수태고지가 가장 많은 회화의 대상이 되었다. 이날은 과거 아담이 진흙에서 창조된 날이자 훗날 예수님께서 십자가에 달려 죽음을 맞음으로써 인류가 삶의 모든 모순을 극복하고 순연(純然)해져 구원을 얻게 되는 날이기도 하다. 또한 이날은 당시 유럽 여러 나라들이 전통적으로 초하룻날(New Year's Day)로 여겨온 날이다. 혹독한 겨울을 보내고 점점 길어지는 해와 살뜰해지는 공기와 연초록빛으로 움트는 새싹들이 옹알이하는 희망의 계절인 봄을 파아란 혀끝으로 핥으려는 날이다.

기독교 신앙은 처음부터 자연과 은총(Natur und Gnade)의 상응(相應)과 교감을 거리낌 없이 자연스럽게 받아들였다. 은총은 자연을 드높일 수 있는 능력이다. "은총은 자연을 파괴하지 않고 북돋고 완성한다"(gratia naturam non tollit, sed suponitt et perficit). 초자연적 구원의 신비가 자연과 역사와 문화를 통하여 발생하고 경험되는 연속적 연결고리가 형성된 것이다. 구원의 사건은 이러한 방식으로 전달되고 축하되며, 생명이 싱글거리며 일어나는 봄의 분위기 속에서 "값으로 매길 수 없이 비싼"(시 49:8) 생명을 얻는다. 이후 교회력의 전통은 수태일과 성금요일을 동일한 날로 지키게 되었다. 아우구스티누스도 "예수님께서 3월 25일 잉태되셨으며 수난당하셨다"(『삼위일체』, IV, 5, 9)고 기록했다. 중세에는 아담과 이브가 죄지은 날과 마리아의 수태일과 십자가에서의 예수님의 죽음을 동일한 날로 생각하기도 했다. 성육신과 십자가를 동일한 날로 놓은 것은 그 신학적 의미도 동일한 것이리라. 우리를 위한 십자가라면 우리를 위한 성육신일 것이다. 빌립보서의 그리스도 찬가는 성육신과 십자가를 동일한 길 위에 놓은 가장 중요한 본문이다.

여러분 안에 이 마음을 품으십시오.

그것은 곧 그리스도 예수의 마음이기도 합니다.

그는 하느님의 모습을 지니셨으나,

하느님과 동등함을 당연하게 생각하지 않으시고,

오히려 자기를 비워서 종의 모습을 취하시고,

사람과 같이 되셨습니다.

그는 사람의 모양으로 나타나셔서,

자기를 낮추시고, 죽기까지 순종하셨으니,

곧 십자가에 죽기까지 하셨습니다.

(빌 2:5-8)

그러나 복음사가들이 수태고지 본문을 통해 무엇보다도 강조하고자한 것은 '성모 공경'이 아니라 말씀이 몸이 된 '성육신'(Verbum Caro Factum)의 복음적 사건이다. 고대 교회 300년의 역사는 가현설과 에비온주의, 이후 계속된 그 흐름으로부터 그리스도의 인격을 지키려는 힘겨운 싸움이다. 그 안에 성육신 사상이 자리 잡고 버티고 있다. 개신교가 가톨릭의 성모 공경 교리를 경계하여 지레 겁먹을 필요는 없다. 그리스도의 동정녀 탄생은 사도신경의 고백에도 있으며, 그 고갱이는 신학적으로 성령 잉태의 진실이다. 이 복음적 진실은 하느님이 구원의 역사를 부활이나 십자가나 세례부터 시작한 것이 아니라 처음부터, 마리아의 잉태의 순간부터 시작했으며, 하느님은 구원사의 주체라는 고백이다. 동정녀 탄생을 생물학적 가능성이나 예외적 사건으로 변증하려 든다든가 자연의 과정에 기이하게 개입한 사건으로 설명하려는 시도는 복음의 진리를 수렁에 빠트리는 어리석고 헛된 시도들이다. 구원의 진리를 증언하는 상징으로 해석하는 것이 신학의 일차적 과제다. 성육신은 이론이나 개념이나 그림이 아니라 본질적으로 삼위 하느님과 인간 사이의 상호 교제(사귐)의 드라마이다. "하느님께서 자기의 아들을 죄된 육신의 모습(in the likeness of sinful flesh)으로 보내신"(롬 8:3) 사건을 어찌 인간이 상상이라도 할 수 있는가? 이 드라마는 베들레헴에서 예루살렘까지, 꼴과 방향, 투쟁과 영광의 절정을 갖춘 이야기다.

하느님은 호렙산 기슭(출 3장)과 시내산 꼭대기에 내려오신 적도 있고(출 19장) 예언자들을 통하여 말씀하셨으나, 이제 한 인간(여성) 안에서 머물고자 하신 것이다. 해가 닳도록, 달이 닳도록 영원무궁하신 하느님이 나사렛 사람 미리암(마리아의 히브리 이름)의 아들 예수 그리스도 안에서 인간이 되셨기 때문에 하느님의 영이 지금 우리 안에 그리스도의 몸으로 계신다. 마리아가 하느님의 말씀에 마음을 다하는 바로 그 순간, 말씀은 마리아의 자궁에 수태되어 몸이 만들어지고 풋 생명을 얻게 된다. 그러므로 기독교에서 수태고지는, 예수님께서 신성(神性)과 인성(人性)을 동시에 아우르는 존재임을 나타내는 각별한 기록이다. "그리스도 안에 온갖 충만한 신성이 몸이 되어 머물고 계십니다. 여러분도 그분 안에서 충만함을 받았습니다. 그리스도는 모든 통치와 권세의 머리이십니다"(골 2:9-10). 영적 공동체의 친밀함으로서 그리스도의 몸은 하느님이 즐겨 거주하는 장소다. "하느님께서는 그분의 안에 모든 충만함을 머무르게 하시기를 기뻐하신다"(골 1:19).

하느님께서는 예수 그리스도를 통해 하늘에서 땅으로 내려오시어 우리 중 한 사람이 되심으로써 인간이면 누구나 하느님의 신성에 참여하고 나눌 수 있는 길을 열어주신다. 이보다 더 매혹적이며 놀랍고 경이로운 사건이 어디에 있을까. 교부 신학자들은 성육신의 목적을 인간이 신성화되기 위해 하느님이 인간이 되신 것이라고 설명했다. 하느님께서 몸으로 오심으로써 우리의 몸은 우리 안에 계신 성령의 성전이 된다(고전 6:19).

> 하늘로 오르는 길이란 따로 없다
> 하늘에서 내려오는 길이
> 하늘로 오르는 길이다
> 햇살이 내려오고
> 천둥이 내려오고
> 벼락이 내려오는 그 길이
> 하늘로 오르는 길이며
> 네가 살아온 외길이다
> 햇빛도 맞고 비도 고스란히 맞으며 오르는
> 연기 오르는 길이
> 하늘로 오르는 길
>
> ─신현정,「하늘로 오르는 길」전문

프란체스코 델 코사, 〈수태고지〉, 1470-1472

[26]그 뒤로 여섯 달이 되었을 때에, 하나님께서 천사 가브리엘을 갈릴리 지방의 나사렛 동네로 보내시어, [27]다윗의 가문에 속한 요셉이라는 남자와 약혼한 쳐녀에게 가게 하셨다. 그 쳐녀의 이름은 마리아였다. [28]천사가 안으로 들어가서, 마리아에게 말하였다. "기뻐하여라, 은혜를 입은 자야, 주님께서 그대와 함께 하신다." [29]마리아는 그 말을 듣고 몹시 놀라, 도대체 그 인사말이 무슨 뜻일까 하고 궁금히 여겼다. [30]천사가 마리아에게 말하였다. "두려워하지 말아라. 마리아야, 그대는 하나님의 은혜를 입었다. [31]보아라, 그대가 잉태하여 아들을 낳을 터이니, 그의 이름을 예수라고 하여라. [32]그는 위대하게 되고, 더없이 높으신 분의 아들이라고 불릴 것이다. 주 하나님께서 그에게 그의 조상 다윗의 왕위를 주실 것이다. [33]그는 영원히 야곱의 집을 다스리고, 그의 나라는 무궁할 것이다." [34]마리아가 천사에게 말하였다. "나는 남자를 알지 못하는데, 어떻게 이런 일이 있겠습니까?" [35]천사가 마리아에게 대답하였다. "성령이 그대에게 임하시고, 더없이 높으신 분의 능력이 그대를 감싸 줄 것이다. 그러므로 태어날 아기는 거룩한 분이요, 하나님의 아들이라고 불릴 것이다. [36]보아라, 그대의 친척 엘리사벳도 늙어서 임신하였다. 임신하지 못하는 여자라 불리던 그가 임신한 지 벌써 여섯 달이 되었다. [37]하나님께는 불가능한 일이 없다." [38]마리아가 말하였다. "보십시오, 나는 주님의 여종입니다. 당신의 말씀대로 나에게 이루어지기를 바랍니다." 천사는 마리아에게서 떠나갔다.

〈묵상본문: 눅 1:26-38〉

4장

달팽이 속 하느님의 사랑

프란체스코 델 코사(Francesco del Cossa, 1436~1477)는 15세기 이탈리아인으로 페라라 화파에 속하는 초기 르네상스 시기에 활동한 선구적 화가다. 에스테가(家)가 통치하던 페라라는 르네상스 시대 이탈리아의 인문주의 활동의 중심지였고, 페라라 스키파노이아 궁에 그려진 월별 알레고리는 그의 대표작이다. 회화는 페라라 르네상스 문화의 가장 긴요한 요소로 코사는 그 중심에 있었던 인물이다. 그는 1456년 무렵부터 그의 아버지와 함께 페라라에서 벽화와 제단화를 그렸지만 초기의 작품들 대부분은 파괴되어 아쉽게 현재 남아 있는 것이 거의 없다.

이 회화만큼 세밀한 부분까지 정교하게 그려지고 형태에서 입체적으로 드러나며 장식적 표현으로 맵시 넘치는 그림도 드물다. 고대 양식을 모방하는 화가의 욕망이 환상적으로 작은 틈새에 이르기까지 섬세하고 정밀하며, 정교하고 정치하게 종적 없이 스며들어 있고, 수태고지 장면만이 육중한 적막감과 짓누르는 듯 무게감을 뚫고 푸드덕거리는 생명의 날갯짓을 느끼게 한다.

전면 좌측을 보자. 얼굴은 정면으로 잘 보이지 않지만 한 천사가 무릎을 굽히고 있다. 그는 무언가 말하려는 몸짓으로 검지와 중지 손가락을 일직선으로 세운(요즘 사진 찍을 때마다 보는 V자 손가락 모형) 손을 들고 그림의 중심으로, 그림의 깊이로 다가가고, 그의 시선은 그림의 중심인물인 마리아를 눈여겨 바라보게 한다.

화려한 코린트식의 기둥이 현관의 홀과 응접실을 나눴기 때문에 성급하게 접근하지 못하는 효과가 있다. 천사의 날개는 공작의 날개이며, 그의 왼손에는 그의 몸에 가려 볼 수 없지만 꽃 한 송이를 들고 있음이 틀림없다. 그의 거룩함은 완화되고 중세의 공연 장면을 연상하는 호기심을 발동하듯 머리에는 중세 기사의 투구를 쓰고 있다. 마리아는 천사로부터 좀 먼 거리에 있다. 그녀는 하던 기도와 독서를 멈추고 책갈피를 끼워 책을 덮고 나와 천사를 공손하게 맞이한다.

그런데 이 그림에는 매우 진기한 장치가 하나 그려져 있단다. 뭔지 보이는가? 화려한 궁전 전면에 보이는 기어가는 달팽이다. 달팽이는 천사로부터 마리아를 향해 움직이고 있다. 화가는 달팽이를 구석에 그리지 않고 우리의 눈에 띄게 바로 전면에, 정면에, 관람자와 가장 가까운 곳에 그려 넣었다. 달팽이는 무엇을 구(求)하는 것일까?

달팽이는 천사의 쭉 뻗은 손가락의 신호를 감지하기라도 한 듯 매우 능동적이고 활동적으로 지느러미를 쭉 뻗어 곧추세운 채 왼쪽에서 오른쪽으로 곰작곰작 움직인다. 안전한 집 안에 들어앉아 쉴 수도 있으련만, 온몸을 집 밖으로 밀쳐내어 외부의 공격이나 상처를 받을 수 있음에 아랑곳하지 않고 앞으로 나아간다. 마치 위험한 구유 속에 맨살의 아기로 태어나 한 인간이 되신 하느님처럼….

달팽이는 공간상 대각선으로 맨 위, 왼쪽 반대편에 있는 작은 형체에 잇닿는데, 그것이 실제 거룩한 아버지 하느님의 형상이다. 그 형체는 멀리 문밖에서 문안으로 날아, 기다렸다는 듯이 갑자기 뛰어든 한 마리 곤충의 형상이다. 자세히 보면 이 형상은 팔과 손을 벌리고 마리아를 향해 성령의 비둘기를 날려 보낸다. 시위를 떠나 표적을 향해 날아가는 화살 같다. 하느님의 이 형체와 달팽이는 웅장한 코린트식 건축에 비하면 눈에 잘 띄지 않는 작디작은 보잘것없는 미물이어서, 눈으로 세밀히 관찰하지 않으면 지나치기 십상이다. 이 세상 안에서 신의 실재란 그런 것이지. 얼마나 오묘하고 재미있는 놀이인가. 그림은 장치들, 명암, 색채와 함께하는 숨기고 드러내는 놀이 아닌가.

"하느님의 미련한 것이 사람보다 지혜 있고 하느님의 약한 것이 사람보다 강하기"(고전 1:25) 때문일까?

"하느님께서는 세상의 미련한 것들을 택하사 지혜 있는 자들을 부끄럽게 하려 하시고 세상의 약한 것들을 택하사 강한 것들을 부끄럽게 하려 하시기"(고전 1:27) 때문인가?

그리스도께서는 "우리 연약한 것을 친히 담당하시고 병을 짊어지셨기"(마 8:17) 때문인가?

우리가 "부득불 자랑할찐대 나(우리)의 약한 것을 자랑하리라"(고후 11:30). 세상에는 이런 약하디 약한 것들도 생명인 거다.

그런데 이 작고 약한 것들인 하느님의 형태와 달팽이가 대각선의 처음과 나중을 그리고, 그 중간에 천사의 뻗은 손가락이 지나가면서 마리아에게 신호하는 형국이다.

달팽이는 발이나 뼈가 없는 생물이다. 달팽이는 2cm 정도의 작은 몸으로 땅바닥에 밀착하여, 온몸으로 대지를 온통 휘감으면서 움직인다. 독일어에 '누구를 달팽이로 만든다'(jn zur Schnecke machen)는 말은 누구를 호되게 꾸짖는다는 말이다. 그만큼 큰 벌이라 생각했다는 말이다. 성경에서도 달팽이는 아주 부정적인 발언과 연동하여 쓰였다. "움직일 때 녹아내리는 달팽이같이 되게 해주십시오. 달을 채우지 못한 미숙아가 죽어서 나와 햇빛을 못 보는 것같이 되게 해주십시오"(시 58:8).

그림에서 달팽이는 예수 그리스도의 겸허, 낮아짐을 의미하고 골고다 언덕에서의 넘어짐을 암시하는 것이 아닐까. 성육신(예수의 탄생)은 지극히 높으신 하느님이 달팽이가 되어 뽀야란 맨살을 오염된 흙에 붙이고 기어가는 정도의 낮아짐. 이것이 인간 생명에 폭 빠진 가없는 하느님의 아픈 마음이요, 일마다 거리낌이 없는 사사무애(事事無碍)한 사랑이요, 인간을 향한 당신의 경계 넘어가기일 거다. 얼마나 멀고도 긴 달팽이의 사랑인가!

> 장독대 앞뜰
> 이끼 낀 시멘트 바닥에서
> 달팽이 두 마리
> 얼굴 비비고 있다
>
> ─김광규, 「달팽이의 사랑」(1연)

달팽이 걸음은 느림보의 대명사다. 중세 신학에서 달팽이 걸음은 하느님의 구속사의 속도에 대한 질문이기도 했다. 아담의 타락 이후 하느님은 왜 그리스도를 신속히 보내 사건을 해결하지 않고 오랫동안, 그렇게 오랜 기간 인간의 마음을 애태우며 기다리게 했는가? 어찌하여 하느님은 달팽이처럼 거의 움직이지 않는 속도로 행동하시는가? 하느님이 이루실 사랑과 진실, 정의와 평화는 어찌 그리 느린가? 도대체 지연되기만 하는 그리스도의 강림은 언제 이루어질 것인가? 그것은 얼마나 멀고 먼 것일까? 눈이 퀭해지고 목이 빠질 듯 끔찍이 기다려본 사람이라면 이런 질문에서 헤어나지 못하는 것이다.

요란한 천둥 번개

장대 같은 빗줄기 뚫고

여기까지 기어오는 데

얼마나 오래 걸렸을까

멀리서 그리움에 몸이 달아

그들은 아마 뛰어왔을 것이다

들리지 않는 이름 서로 부르며

움직이지 않는 속도로

숨 가쁘게 달려와 그들은

이제 몸을 맞대고

기나긴 사랑을 속삭인다

—김광규, 「달팽이의 사랑」(2-3연)

달팽이는 또한 마리아의 상징이기도 하다. 달팽이는 비가 오면 수태
한다고 생각했다. 비가 온 후 대지가 푸르러지는 것도 처녀의 성령 잉태
의 은유로 사용되었다. 자연은 신성의 은유 아닌 게 없다. 여기서 달팽
이는 성령으로 잉태한 마리아를 위한 형상이기도 한 것이다. 마리아는
인간을 향한 하느님의 은혜의 형상이다.

짤막한 사랑 담아 둘

집 한 칸 마련하기 위하여

십 년을 바둥거린 나에게

날 때부터 집을 가진

달팽이의 사랑은

얼마나 멀고 긴 것일까

—김광규, 「달팽이의 사랑」(4연)

그렇기 때문에 맨 아래에 작게 그려진 달팽이는 그리스도교 신학의 중심 테마가 되며, 따라서 그림 중앙 전면에 위치한 것이리라. 달팽이는 그리스도교 도상에 잘 등장하지 않는다. 가령, 펭귄은 성찬의 상징이며, 불사조나 사자는 부활의 상징으로 종종 나타난다. 회화는 자연 안에서 그리스도에 대한 유비를 찾는다.

달팽이의 유비를 통한 처녀 잉태는 진주의 생성과 유사하지 않을까. 진주는 아주 이른 푸른 새벽 쪽빛 바다 밑으로부터 수줍어 나온 조개가 입을 가만히 열고 초록빛 하늘에서 소롱소롱 내리는 이슬을 마시고 해와 달과 은은한 별빛을 받으며 위에서 내려오는 은총의 광채를 흡입하면서 모래에 할퀸 속살에 생긴 은결든 상처를 변화시킴으로써 생산된다. 상처가 오롯이 상처로 깊어지면 거기서 새살이 돋기도 한다던데. 하늘에서 반짝이는 성스러운 사랑의 아리따운 빛, 화안한 하느님의 아들, 곧 하느님의 소피아는 완전 순전한 조가비인 '하느님을 낳은 자'(Theotokos), 상처 입은 비천(卑賤)한 종 마리아의 마음밭(心田) 안에서 성장한다. 세상에서는 능가할 수 없는 값진 보석이 거기에서 생겨난다.

하느님은 아름다움을 빚기 위하여 만물을 서로 모은다.

(롬 8:28, 사역)

렘브란트, 〈마리아에게 전한 천사 가브리엘의 수태고지〉, c.1635

²⁶그 뒤로 여섯 달이 되었을 때에, 하나님께서 천사 가브리엘을 갈릴리 지방의 나사렛 동네로 보내시어, ²⁷다윗의 가문에 속한 요셉이라는 남자와 약혼한 처녀에게 가게 하셨다. 그 처녀의 이름은 마리아였다. ²⁸천사가 안으로 들어가서, 마리아에게 말하였다. "기뻐하여라, 은혜를 입은 자야, 주님께서 그대와 함께 하신다." ²⁹마리아는 그 말을 듣고 몹시 놀라, 도대체 그 인사말이 무슨 뜻일까 하고 궁금히 여겼다.

〈묵상본문: 눅 1:28-29〉

³⁸마리아가 말하였다. "보십시오, 나는 주님의 여종입니다. 당신의 말씀대로 나에게 이루어지기를 바랍니다." 천사는 마리아에게서 떠나갔다.

〈묵상본문: 눅 1:38〉

5장

놀람의 존재

그림은 누가복음 1장 26-38절, 특히 28절 "천사가 안으로 들어가서 마리아에게 말하였다. '기뻐하여라, 은혜를 입은 자여, 주님께서 그대와 함께 하신다.' 마리아는 그 말을 귀여겨듣고 몹시 놀라…"는 말씀을 중심으로 천사 가브리엘이 마리아에게 예수님의 잉태를 예고하는 '수태고지'의 장르에 해당한다.

천사가 유대 여성 미리암(마리아의 히브리 이름)에게 예수님의 성령 잉태를 알리는 '수태고지'는 기독교 미술사에서 비교적 초기부터 그려진 가장 중요한 주제 중 하나다. 중세 후기부터 이 장면은 예수님 혹은 마리아의 생애를 변함없이 그린 일련의 전통적 그림들 중 한 부분으로 항용 그려져 왔다. 하느님의 구원의 신비가 그리스도의 성육신(成肉身)을 통해 결정적으로 열리는 순간이다.

그러나 16세기 종교개혁이 중세교회의 지배적인 성모 마리아 공경 전통을 반대하면서 이 장면은 현격하게 사라지고, 종교개혁 전통의 화가들에게 이 그림은 잘 나타나지 않는다. 네덜란드 개신교회 전통의 렘브란트도 수태고지의 경우 정성을 다해 그린 완성품이 아닌 드로잉(drawings) 몇 작품만 남겼을 뿐이다. 렘브란트의 수태고지를 가령 앞서 묵상한 르네상스 가톨릭의 프라 안젤리코의 그것과 비교해보면 수적으로 열세고 기법도 조야하다. 그렇지만 대단히 드라마틱하다. 안젤리코는 천사의 말을 듣고 "말씀대로 내게 이루어지이다"(눅 1:38) 하고 응답하는 말씀에 순종하는 마리아, 기독교 역사에서 가장 고결한 품성으로 드높여진 '겸손'의 전형인 마리아를 그렸다.

개신교 화가 렘브란트의 시선은 다르다. 이 다른 프로테스탄트적 시선은 무엇이며 어디에서 나온 것일까? 성령의 현존 체험에서 나왔다는 생각이다. 렘브란트의 그림에서는 천사 가브리엘이 날개를 활짝 펴고 한껏 허리를 구부려 황망히 놀란 마리아의 왼손을 잡고 의자까지 감싸려고 한다. 지상의 먹이를 발견하고 황급히 수직으로 하강하여 먹잇감을 덮치는 독수리의 날개 같다. 그렇지 않겠는가. 처녀가 잉태한다는 말을 듣고 크게 두려워하고 요동치지 않을 처자가 어디 있겠는가. 이 소식은 당사자는 물론이고 모든 사람에게 하늘과 땅이 어리둥절 놀라고 흔들릴 후천개벽과 같은 소식이다.

렘브란트는 마리아가 이 소식을 듣자마자 몹시 놀라고(눅 1:29) 존재가 흔들리는 충격(shock)을 받아 의자에서 미끄러져 떨어질 지경으로 매우 리얼하게 그렸다. 하늘에서 난데없이 불어온 돌풍을 맞은 것이다. 성령을 받았다고 하는데 단지 몸의 일부분인 가슴이 뜨거워지는 정도 가지고는 안 된다. 성령의 현존 사건은 전 존재를, 지금까지의 삶의 기반을 송두리째 뒤흔드는 파도요 폭풍이다. 성령 체험은 오싹 소름 끼치는 서릿발 전율과 쇼크를 느끼고 아찔해져 이전의 존재가 산산조각 나는 무화(無化)의 체험이다. 하늘에서 불어오는 바람은 산들바람이 아니라 폭풍이다. 이 폭풍은 마리아를 꼼짝달싹 못 하게 한다. 죄 아래 있는 인간이 거룩한 영을 어찌 평상시처럼 접할 수 있겠는가. 시간이 어찌 영원을 감당할 수 있겠는가. 일상성 속으로 영원이 침투한 것이다. 일상성을 지배했던 질서의 형식이 깨어진 것이다. 그렇지만 감상주의적 종교성으로 과장하여 계시 사건의 본질을 흐려서는 안 된다.

인간이 경험적으로 이러한 소식을 조금이라도 공감하려 한다면 아마도 극한 경험, 죽음의 선고와 같은 경험, '거대한 한랭'(big chill)의 경험, 간담이 서늘해지는 경험, 곧 죄 아래 있는 인간이 죽는 죽음의 경험 같은 것이리라(가톨릭은 죄 없이 잉태하신 마리아, 무염시태無染始胎 교리를 만들었다). 천사의 출현은 "잔해 위에 잔해를 쉼 없이 쌓이게 하고 이 잔해를 우리들 발 앞에 내팽개치는 단 하나의 파국일 뿐"(발터 벤야민)인가? 그리스도의 역사를 연 마리아가 경험한 천사는 역사를 새롭게 쓰기 시작한 "역사의 천사"가 아닌가.

천사의 출현은 가장 숭엄하게 응축된 하느님 현존의 에너지가 구상화된 모습이다. 천사의 나타남에 소스라치게 놀라지 않을 사람 어디 있으랴. 이러한 놀람과 두려움은 깊디깊은 모든 종교적 경험에 항상 수반된다. 그러나 이 두려움은 괴기한 영화를 볼 때 느끼는 오싹하고 을씨년스러운 느낌(the uncanny)이 아니다. 이 종교적 경험은 두려움이라기보다는 경탄과 외경(畏敬)인데 인간 영혼에 피할 수 없이 압도적으로 다가오는 전율의 강도에 대한 정서적 감정이다. 이 종교 감정은 유한자가 무궁한 우주에 안겼을 때 느끼는 오소소 소름 돋는 두려움과 무섭도록 아름다운 매혹과 전율의 '상반감정'(루돌프 오토)이기도 하다. 이 무궁무한하신 하느님 앞에서 인간은 언어를 잃고 침묵에 침잠하여 자기를 텅 비우고 낮추어 천상의 예언의 말씀을 기다린다.

인간의 현실적 삶은 도덕과 종교가 아무리 애써도 무질서하고 불완전하다. 신학자 틸리히(Paul Tillich)가 말한 대로 인간 실존은 양극성 속에 끼어 모호(ambiguous)하다. 성령은 죽음의 어두운 영이 아니라 생명 살림의 영, "생명을 주시는 영"(고전 15:45)이다. 성령은 인간의 부조리와 모순된 삶에 세상에서 얻을 수 없는 의미를 줌으로써, 그 삶을 있는 그대로 받아들이게 하고 다시 끌어안게 하며 자신과 타자에게 헌신하게 한다.

몹시 놀란 마리아에게서 말씀에 마음을 다하는 겸손과 말씀을 지키는 절개(節介)의 마리아로 넘어가는 것은 오로지 성령의 현존에 의한 것이다. 성령으로 떨리는 자기 영혼의 세미한 농현(弄絃)까지 지각하고 따르는 사람은 행복하다.

> 보십시오,
> 나는 주님의 여종입니다.
> 당신의 말씀대로
> 나에게 이루어지기를 바랍니다.
>
> (눅 1:38)

그래서 성령은 지극히 거룩한 영이고 "더 없이 높으신 분의 능력"(눅 1:35)이다. 성령이 처녀(자기를 비워 겸손한 사람)를 잉태시켜 생명 충만하게 하는 것은 우리 삶에 대한 밑그림과 같은 것이다. 우리가 맺을 수 있는 고귀한 열매는 우리 자신에게서 나오지 않는다. 그것은 또한 다른 사람들의 결실에서 오는 것도 아니다. 그것은 오직 성령에 의해 열매를 맺은 것이다(그륀, 『예수, 인간의 이미지』, 36 참조). 성령이란 우리로 하여금 자기중심으로부터 하느님을 향하도록 함으로써 자기중심에 머물거나 갇히지 않고 인간의 한계와 유한성을 있는 그대로 받아들임으로써 초월하도록 만드는 힘이고 능력이다. "주님을 기다리는 사람들아, 힘을 내어라, 용기를 내어라"(시 31:24).

이 그림에는 전통적으로 마리아의 머리 위에 비둘기 모양으로 그려 넣었던 성령의 임재를 암시하는 흔적이 없다. 아마 천사의 큰 날개가 비둘기, 성령의 임재, 성령의 품을 대신하고 있는 것으로 보아야 할 것이다. 마리아의 성령 잉태와 예수님의 동정녀 탄생을 어떤 심오한 철학이 설명할 수 있으며, 어떤 정밀한 과학이 입증할 수 있을까. 그림을 통해 렘브란트가 본 누가는 마리아와 천사의 생동감 있는 만남과 대화를 통해 성령 잉태를 묘사한다. 이 드로잉은 바로크 시대의 화풍을 드러내는 대표적인 작품이라고 한다.

렘브란트, 〈마리아와 엘리사벳의 만남〉, 1640

³⁹그 무렵에, 마리아가 일어나, 서둘러 유대 산골에 있는 한 동네로 가서, ⁴⁰사가랴의 집에 들어가, 엘리사벳에게 문안하였다. ⁴¹엘리사벳이 마리아의 인사말을 들었을 때에, 아이가 그의 뱃속에서 뛰놀았다. 엘리사벳이 성령으로 충만해서, ⁴²큰 소리로 외쳐 말하였다. "그대는 여자들 가운데서 복을 받았고, 그대의 태중의 아이도 복을 받았습니다. ⁴³내 주님의 어머니께서 내게 오시다니, 이것이 어찌된 일입니까? ⁴⁴보십시오. 그대의 인사말이 내 귀에 들어왔을 때에, 내 태중의 아이가 기뻐서 뛰놀았습니다. ⁴⁵주님께서 하신 말씀이 이루어질 줄 믿은 여자는 행복합니다." ⁴⁶그리하여 마리아가 말하였다. "내 영혼이 주님을 찬양하며 ⁴⁷내 마음이 내 구주 하나님을 좋아함은, ⁴⁸그가 이 여종의 비천함을 보살펴 주셨기 때문입니다. 이제부터는 모든 세대가 나를 행복하다 할 것입니다. ⁴⁹힘센 분이 나에게 큰 일을 하셨기 때문입니다. 그의 이름은 거룩하고, ⁵⁰그의 자비하심은, 그를 두려워하는 사람들에게 대대로 있을 것입니다. ⁵¹그는 그 팔로 권능을 행하시고 마음이 교만한 사람들을 흩으셨으니, ⁵²제왕들을 왕좌에서 끌어내리시고 비천한 사람을 높이셨습니다. ⁵³주린 사람들을 좋은 것으로 배부르게 하시고, 부한 사람들을 빈손으로 떠나보내셨습니다. ⁵⁴그는 자비를 기억하셔서, 자기의 종 이스라엘을 도우셨습니다. ⁵⁵우리 조상들에게 말씀하신 대로, 그 자비는 아브라함과 그 자손에게 영원토록 있을 것입니다." ⁵⁶마리아는 엘리사벳과 함께 석 달쯤 있다가 자기 집으로 돌아갔다.

〈묵상본문: 눅 1:39~56〉

6장

두 여성의 환상적 만남

성탄절의 아름다운 이야기는 마태복음과 누가복음에만 기록되어 있는데, 누가의 이야기가 더 길고 아기자기하며 훈훈하고 정겹다. 누가가 설명하는 예수님 탄생 이야기는 매우 예술적이다. 의사이며 화가인 누가는 마태의 예수님처럼 믿음이 없는 자들을 모아놓고 가르치는 일을 최우선으로 하지 않고, 상처 많은 그들을 치유하고 알뜰살뜰 보듬어 예수님을 마음속에 모시고 함께 사는 거룩한 삶의 예술을 더 중시한다.

천사의 성령 잉태 선언을 마리아가 아직 두려워하고 있을 때 천사는 마리아에게 안심과 확신을 주는 말을 한다. "보아라, 그대의 친척 엘리사벳도 늙어서 임신하였다. 임신하지 못하는 여자라 불리던 그가 임신한 지 벌써 여섯 달이 되었다"(눅 1:36). 자기가 의지했던 언니, 그러나 한평생 "임신하지 못하는 여자"로 살다가 기적같이 임신했다면 자신에게 임한 범상치 않은 임신에 대해 상담하고 위로받고 용기를 얻을 수 있을 것이다. 엘리사벳은 사라처럼 나이 들어 세례자 요한을 잉태한 형편이고, 마리아는 예수님을 갓 잉태한 상태다. 누가가 예수님의 탄생을 세례자 요한의 출생과 함께 엮어 차례대로 전개하는 능력을 보면 문학적 플롯 구성의 천재성을 엿볼 수 있다. 세례자 요한은 누가복음 1장의 구성에서부터 예수님의 길을 예비하고 닦는 자다.

렘브란트의 그림 구성은 듀러(Albrecht Dürer, 1467~1528)가 이 주제

로 1504년에 목판화(woodcut)로 작업한 작품(Life of the Virgin 8. The
Visitation, 1503)과 매우 밀접한 유사성을 보여준다. 뒤러의 목판화에서
도 만남은 집 앞에서 일어난다. 배경으로 경이로운 산 풍경이 그려져
있는데, 성경에는 '산골'(눅 1:39)로 나와 있다. 사가랴의 집이 유대 산골
동네에 있지만, 렘브란트는 마리아가 급히 떠난 유다의 도시로 주위 배
경을 바꾼다. 자신에게 생긴 문제로 아무 때나 마음 놓고 달려갈 친구
(친척)가 있는 사람, 거기서 3개월씩 머물면서 흉금을 털어놓을 수 있는
사람은 참 행복하다. 마리아는 천사로부터 성령으로 잉태한다는 소식
을 전해 듣자마자, 잠시도 지체하지 않고 제사장 사가랴와 사촌 언니
엘리사벳의 집으로 서둘러 달려간다.

> 늘 새롭게 떠나야 거듭나는
> 삶의 여정에서, 주님
> 저희는 오늘도 성모님과 함께
> 길을 가게 해 주십시오.
>
> 엘리사벳에게 기쁨으로 달려가던
> 성모님처럼 저희도
> 마지못해서가 아니라
> 설레는 마음과 걸음으로
> 사랑을 기다리는 이웃과 함께
> 뛰어가게 해 주십시오.
>
> ─이해인, 「길 위에서의 기도」(1-2연)

　렘브란트는 성서의 본문을 따르기보다는 회화 전통을 따라 엘리사벳이 마리아를 맞이하는 장면을 상세히 그린다. 맞이하는 곳은 집 안 거실이 아니라 집 밖이다. 해는 지고 땅거미가 뉘엿뉘엿 대지를 덮은 낮에서 밤으로 넘어가는 저녁노을의 시각에 가족적인 분위기 속에서 새 생명을 잉태한 여성들의 아름다운 환상적 만남이 문 앞에서 이루어진다.

　마리아는 놀라울 정도로 젊고, 사촌 언니 엘리사벳은 상당히 나이 들어 보인다. 엘리사벳이 마리아의 인사를 받자 그의 아이도 뱃속에서 뛰노는 것을 느낀다. 세례자 요한이 뱃속에서부터 예수를 증언한다. 이내 엘리사벳은 성령의 충만한 현존에 감싸여 예감에 찬 가슴으로 노래한다. 렘브란트의 그림은 바로 이 순간을 포착한다. 이 순간은 성령의 현존이 감싼 뜨거운 만남의 순간이고, 곤경의 상태에서 기적적으로 삶을 되찾은 두 여성이 영혼 속에서부터 솟구쳐 말하고 들으며 마음이 통(通)하는 농밀한 공감과 대화(마주이야기)의 순간이다. 렘브란트는 그림의 색채와 빛을 통해 살가운 가족적 애정과 신비한 영적 기대감을 느낄 수 있도록 그렸다.

　　늘 새롭게 손님을 맞이하며

　　성숙해 가는 삶의 여정에서, 주님

　　저희도 엘리사벳처럼

　　환호하는 음성과 반가움으로

　　만나는 이들에게마다

　　진심 어린 사랑의 인사를

　　건넬 수 있게 해 주십시오.

　　성령의 사랑 안에

이루어진 인연들을 놀라워하고
고마운 선물로 받아 안을 수 있는
은총의 나날이 되게 해 주십시오.

믿음의 복된 여인
마리아와 엘리사벳처럼
저희도 더욱
믿음을 키워 가겠습니다.
사랑의 약속을 새롭게 하고
사랑의 실천을 새롭게 하는
행복한 사람들이 되겠습니다.

—이해인, 「길 위에서의 기도」(3-4연)

그림으로 돌아가 인물들의 거동을 하나하나 보도록 하자. 〈사가랴〉
가 비교적 큰 저택의 현관문을 열고 마리아를 맞이하러 황급히 문밖으
로 나온다. 나이가 많아 거동이 어려워 보이는 듯, 계단에 첫발을 디디
려는 움직임에서 앞에 있는 젊은 소년의 어깨에 손을 얹어 부축을 받고
있는 모습이다.

오른쪽 구석에 있는 마리아의 남편 〈요셉〉은 살짝살짝 눈에 보일 뿐
이다. 그는 마리아를 태우고 긴 여정을 함께 한 당나귀에게 여물을 주고
있다. 그 옆에 여자 〈하인〉은 까치발을 하고 마리아의 망토를 받아 들고
있다. 맨 앞쪽에 보이는 〈쌀강아지〉는 요셉과 당나귀를 보고 있다. 렘
브란트는 자기의 그림에 강아지(개)를 자주 그려 넣는데, 그것은 사건
의 현실감을 높이고 현재 살아 있는 이야기로 재현하기 위한 장치라 한

다. 왼쪽 아래에 있는 〈공작의 가족〉은 머리를 180도 완전히 돌려 현재
일어난 일들을 호기심을 가지고 바라본다. 그림의 배경으로 큰 도시가
희미하게 그려져 있다. 그 가운데 예루살렘 성전이 있고 일군의 정렬된
무리들이 그쪽을 바라보고 있다. 그림 안에 등장하는 모든 인물과 모든
동물은 살아 있다. 삶(生)에 대한 렘브란트의 파릇파릇한 감각을 보는
것 같다.

그러나 이 모든 인물과 동물, 공작, 강아지, 당나귀 그리고 배경은 중
앙에 그려진 〈엘리사벳〉과 〈마리아〉의 만남을 돋보이기 위한 장치에
불과하다. 〈엘리사벳〉은 한 손에 지팡이를 든 채 마리아를 포옹한다.
"우리는 많은 정상적인 성인들 역시 안아주고, 안기고, 포옹하고, 포옹
받는 것을 얼마나 많이 바라고 있는가를 기억할 필요가 있다"(말러/파인
/버그만, 『유아의 심리적 탄생. 공생과 개별화』, 74). 그리고 입을 열어 하늘을
바라보면서 말을 한다. 그 문체는 산문이 아니라 시(詩)다. 이때 하늘에
은연하게 빛나는 신비한 구름이 부드러운 어둠과 차분한 적막 속으로
몰려와 그들의 머리 위로 서서히 내려앉는다. 이렇게 그림을 한참 보노
라면 두 사람 사이에 오간 시로 된 예언과 축복의 찬양이 그때 거기의
시간과 공간에서 벗어나 바야흐로 여기 나의 귓가에 종소리가 되어 잔
잔하고 길게 울려 퍼진다.

> 그대는 여자들 가운데서
> 복을 받았고,
> 그대의 태중의 아이도
> 복을 받았습니다.
> 내 주님의 어머니께서 내게 오시다니,

이것이 어찌된 일입니까?

보십시오.

그대의 인사말이

내 귀에 들어왔을 때에,

내 태중의 아이가

기뻐서 뛰놀았습니다.

주님께서 하신 말씀이

이루어질 줄 믿은 여자는

행복합니다.

(눅 1:42-45)

　　마리아는 자신을 축복하는 나이 든 언니의 얼굴을 존경의 눈으로 바라본다. 그녀의 오른팔이 엘리사벳의 어깨를 끌어안는다. 빛이 마리아의 어깨와 마리아를 감싼 엘리사벳의 오른팔을 비추어 화안하다. 엘리사벳의 오른팔은 마리아의 노래에 장단이라도 맞추듯 따뜻하며 정감 넘치게 토닥거리는 듯하다. 두 여성의 머리 위 하늘에 그려진 어두운 구름 속의 현묘(玄妙)한 빛은 두 여성의 존재 속에 임한 성령의 현존을 의미한다. 성령의 현존의 위엄과 영광, 권능과 아름다움은 찬양의 노랫가락을 타고 형상화한다. 엘리사벳의 찬미를 귀여겨 다 듣고 난 다음 이에 대한 응답으로 그 유명한 '마리아의 찬가'(마니피캇, Magnificat)가 이어진다.

　　내 영혼이 주님을 찬양하며

내 마음이 내 구주 하느님을 좋아함은,

그가 이 여종의 비천함을

보살펴 주셨기 때문입니다.

이제부터는 모든 세대가 나를

행복하다 할 것입니다.

힘센 분이 나에게

큰 일을 하셨기 때문입니다.

그의 이름은 거룩하고,

그의 자비하심은,

그를 두려워하는 사람들에게

대대로 있을 것입니다.

(눅 1:46-50)

"가장 열정적이고 가장 거칠며 가장 혁명적인 대림절 찬송"(본회퍼)
이다. 마리아의 히브리 이름 미리암이 시사하듯, 그녀는 단지 경건한
개인이 아니라 출애굽에서 노래를 메기는 미리암(출 15:21)을 이어 이
스라엘의 기개를 대표하고 정의와 평화를 갈망하는 맵찬 신앙의 여성
이다. 예수님의 어머니 마리아는 예수님의 탄생에서 권리를 되찾게 될
모든 가난한 자들과 비천한 자들의 어머니다. 이 찬가에서 하느님은 착
한 백성을 탈나게 만들고 중병에 걸리게 한 이 세상의 권력 구조와 왜곡
된 가치와 금기를 바로 잡는 분이다.

　인의(仁義)의 하느님은 교만한 자들을 흩으시고 겸손한 자들을 모으
시는 분이다. 하느님은 우리가 겪는 안팎의 비천함을 들어 올리시는 분

이다. 하느님은 우리가 견디는 물질적-영적 굶주림을 충족시키시는 살뜰한 자비의 주님이시다. 사회 변혁과 역사적 혁명을 위한 진정한 개벽, 대역전의 씨앗들이 이 찬가 안에 다 들어 있다.

> 그는 그 팔로 권능을 행하시고
> 마음이 교만한 사람들을 흩으셨으니,
> 제왕들을 왕좌에서 끌어내리시고
> 비천한 사람을 높이셨습니다.
> 주린 사람들을 좋은 것으로 배부르게 하시고,
> 부한 사람들을 빈손으로 떠나보내셨습니다.
>
> 그는 자비를 기억하셔서,
> 자기의 종 이스라엘을 도우셨습니다.
> 우리 조상들에게 말씀하신 대로,
> 그 자비는 아브라함과 그 자손에게
> 영원토록 있을 것입니다.
>
> (눅 1:51-55)

메시아는 마음이 교만한 사람은 흩으신다. 메시아 시대에는 제왕들을 왕좌에서 끌어내리고 부한 사람들을 빈손으로 떠나보내는 혁명이 일어난다. 메시아가 비천한 사람은 높이시고 주린 사람들은 좋은 것으로 배부르게 하심으로써 신분과 소유의 전복이 일어난다. 위와 아래, 전후좌우, 모든 위치가 도치되고 기존의 불의한 질서가 바로잡힌다. 이 전복은 역 지배를 위한 것이 아니기 때문에 균평(均平)을 만들기 위한 전략적인 선택이다. 하느님 나라에서 어느 누구도 차별받거나 내몰림 당하는 사람이 있을 수 없다. 주님께서는 차별적으로 대하는 분이 아니다(엡 6:9). 그러므로 이러한 표징은 하느님 통치의 도래를 알리는 것들이며 결과적으로 새로운 사회적 질서 수립 자체를 목표로 하는 것이다. 성경은 '하느님 없는 나라'(에른스트 블로흐)를 말하지 않는다. 그러나 성경은 하느님 나라를 인간학의 영역과 정치경제학 영역의 언어로써 경험하게 한다.

> 마니피캇(Maginificat)을 부르는 동안
> 저희 가슴속엔
> 초록빛 별들이 쏟아집니다.
> 천사의 웃음소리가 들려옵니다.
> 성모님은 부드러운 손길로
> 저희 곁에서 촛불을 밝혀 주십니다.
>
> 늘 새롭게 떠나야 거듭나는
> 삶의 여정에서, 주님
> 저희는 오늘도 성모님과 함께
> 길을 가게 해 주십시오.
> 미루지 않고 사랑을
> 다시 시작하게 해 주십시오.
> ─이해인,「길 위에서의 기도」(7-8연)

그림에서 마리아와 엘리사벳의 친밀한 자매애를 보여주는 것은 구름이나 하늘의 빛만이 아니다. 그 친밀감은 렘브란트의 가정적 세팅에서 싹트기 시작한다. 아침 일찍 길을 떠남과 여정의 고단함, 그렇지만 저녁 늦게 도착하여 가족을 만난 행복감, 그림에 등장한 모든 인물은 흥분해 있으며 심지어 동물까지도 일상성으로부터 벗어나 있다. 등장인물들은 익숙하지 않은 장소에 있으면서, 바른 일은 하지만 각자 서로 다르게 한다.

그리고 이 모든 움직임의 중앙에 있는 두 여성, 한 사람은 늙고 한 사람은 젊은 두 여성, 그렇지만 하느님의 행위로, 성령으로 임신한 두 여성의 만남은 낮의 일상성을 깨뜨리는 밤으로 들어가는 언저리의 꿈속에서 일어난 환상적 만남 같다.

이들의 만남은 서로 다른 두 사물의 만남에 비유된다. 서로 다른 두 사물이 만나는 접점은 우리 마음을 설레게 하는 정경이다. 하늘과 땅이 가물가물 만나는 지평선, 하늘과 바다가 아물아물 만나는 수평선은 우리의 가슴을 술렁이게 하고 불을 지르는 엄청난 동경을 주는 사물들이다. 바다와 모래사장이 들락날락 노니는 해변, 물과 공기가 서로 가쁘게 호흡하며 출렁이는 파도, 풍경과 바람이 스치는 소리들도 그렇다. 그것들은 우리 인간의 그리움의 표상이며 유한과 무한의 일치를 꿈꾸게 하는 자연의 상징물들이다. 하늘과 땅이 만나는 지평선의 아득함, 하늘과 바다가 만나는 수평선의 팽팽하고 하염없이 일렁거리는 긴장은 우리의 꿈과 열망의 묘연한 표상이다. 그러므로 지평을 연다는 말은 아주 신나는 말이지만 만남의 사건 속에서만 지평이 열린다.

"온갖 참된 삶은 만남이다"(부버). 이 참된 만남에서 자기 자신을 향해서만 구부러지고 닫힌 마음 빗장을 제거하고 열어 나는 당신에게, 당신은 나에게 선사된 존재, 하느님의 은총의 통로가 된다. 이 만남은 보

잘것없는 인간의 존재를 하느님의 축복 속에서 그지없이 드높여 숭고
(崇高)할 수 있고, 나의 한계 밖으로 설 수 있게 한다는 의미에서 황홀
(ec-stasy)해져 거룩한 순간, 영원한 지금(eternal now)의 경험을 선사
한다.

렘브란트, 〈세례자 요한의 작명〉, Ca.1655

[62]그들은 그 아버지에게 아기의 이름을 무엇으로 하려는지 손짓으로 물어 보았다. [63]그가 서판을 달라 하여 "그의 이름은 요한이다" 하고 쓰니, 모두들 이상히 여겼다.

〈묵상본문: 눅 1:62-63〉

7장

'요한'이라는 이름

앞의 그림은 렘브란트가 1650년대 중반에 그린 드로잉이다. 드로잉 작품들 중 기념비적인 양식을 보여준다. 세 폭으로 된 구성 또한 눈길을 강하게 끈다. 그림의 오른쪽, 약간 구석진 곳에 한 명은 책상 앞에 앉아 있고 댓 명은 그 옆으로 줄을 서 기다리고 있는 모습이 눈을 간질인다. 무엇을 하고 있는 것일까?

어린아이의 할례와 작명(作名)을 하는 날이니, 이 일이 원만히 진행되기 위해 준비하고 있는 팀 아니면 따라온 친족들이 아닐까. 반면 그림의 왼쪽, 커튼으로 가려진 내실(內室)을 들여다보면 엘리사벳이 조심스럽게 아기를 안고 있고, 침대 옆에 한 하인이 정중히 아기를 넘겨받을 준비를 하고 있는 모습이 보인다. 엘리사벳은 사가랴가 아들의 이름을 정할 때까지 아기 넘겨주는 것을 머뭇거리고 있는 듯하다.

마침 드로잉의 중심 부분인 밖(그림의 중앙)에서는 늙은 제사장 사가랴가 종이 위에 이름을 적는 순간이 포착된다. 사가랴는 천사가 엘리사벳에게 아들 잉태를 예언했을 때 어리벙벙 믿지 않아 벙어리가 된 상태였다(눅 1:5-20). 이것도 하느님의 계시다. 하느님의 계시는 단지 가슴이 뜨거워지는 정도가 아니다. 가슴을 냅다 쥐어질린 충격이다. 마음결이 세차게 흔들리고 몸이 충격을 먹어 한동안 부들부들 떨면서 말을 하지 못하는 정도로 나타나기도 한다.

구약의 아브라함과 사라의 잉태 예고에서 그들은 그냥 웃고 말았는데(창 18:12), 여기서는 그 증거가 '말 못 함'으로 더욱 확실해진다. 이름을 적고 있는 사가랴 옆에서 세 여성이 주의 깊게 그의 필체의 움직임을 따라가고 있다. 과연 책상 위에 나타나는 이름은 무엇일까! "그가 서판을 달라 하여 그 이름을 요한이라 쓰매 다 놀랍게 여기더라"(눅 1:63). 요한은 놀라운 이름이다. 아들의 이름은 보통 그 아비가 지어주는 법인데, 요한은 하느님이 직접 지어준 이름이다. '요한'은 '주께서 너그러우시다'라는 의미를 갖고 있다. 그는 사나운 세파에 매몰되거나 좌우를 보다가 중심을 잃고 세류에 흘러버리지 않아야 한다. 그는 이 추운 세상의 한구석에 맑고 가난한 친구 하나로 남아 "홀로 깨어 일어나 촛불을 밝힌 죄로"(시인 김지하) 헤롯의 권력에 죽임을 당한다.

나는 1994년 그분께서 첫아들을 주셨을 때 요한이라 이름 지었다. 나의 가족들이 반대하거나 이의를 제기했다. 반대 이유는 대개 너무 흔한 이름이 아니냐는 것이었다. 그래 맞다. 흔한 이름이다. 세계적으로 흔하다. 영어권에서는 존(John), 독일어에서는 요하네스(Johannes), 스페인 계통에서는 호세(Jóse)라는 명칭은 요한을 가리키는 동명(同名)이다. 그렇지만 아무리 많으면 어떠랴. 그만큼 부르기 쉽고 대중의 티 없는 사랑을 받은 이름이 요한이지 않은가! 이와는 다른 이유에서 아들 요한의 이름만큼은 나에게 남다르다.

그 이름은 예수님의 예비자, 독야청청 세례자 요한도 아니고, 예수님의 동행자, 천둥의 아들 사도 요한도 아니다. 예수님의 증언자인, 구름에 달 가듯한 요한복음의 복음사가 요한을 떠올리면서 요한〔耀: 빛날(요), 翰: 글월(한)〕이라 이름 지었다. 요한복음은 빛나는 글월(말씀)의 복음이다. 말씀을 따라 빛나게 살았으면 하는 소망을 담아, "주님의 날개

그늘"(시 36:7) 아래에서 빛과 어둠도 아니면서 빛과 어둠이 공존하며 빛과 어둠을 동시에 품는 그늘, 인간의 그늘과 그림자도 보듬고 껴안는 은은한 빛을 발하며 살았으면 하는 염원을 담아… 온 힘을 다해 살아내지 않더라도 부끄러움도 기록할 줄 아는 사람이 되길 바라는 마음을 주섬주섬 담는다.

한평생 왼쪽과 오른쪽 어느 한쪽으로 기우뚱거리지 않고 반반씩 이어 화해의 균형을 잡는 사람, 구부러진 길을 반듯하게 펴고, 상황에 따라 반듯한 길을 구부리기도 할 수 있는 변통의 사람, 이 세상의 모든 모퉁이와 움푹 파인 구덩이와 모난 돌멩이를 기억하는 사람, 하릴없이 햇살을 돌리며 그늘을 돌리는 사람(안도현, 「나중에 다시 태어나면」에서) 말이다. 2014년에 연세대학교 신학과에 들어갔고, 2020년 5월에 군목 안수를 받았는데, 녀석의 생각이나 생활이나 꿈에서 그 이름에 간직된 뜻이 모르는 사이에 저절로 은은히 나타나길 바랄 뿐이다.

• 제2부 •

성탄절

기쁨의 삶

렘브란트, 〈천사가 목자들에게 나타나다〉, 1634

⁸그 지역에서 목자들이 밤에 들에서 지내며 그들의 양 떼를 지키고 있었다. ⁹그런데 주님의 한 천사가 그들에게 나타나고, 주님의 영광이 그들을 두루 비추니, 그들은 몹시 두려워하였다. ¹⁰천사가 그들에게 말하였다. "두려워하지 말아라. 나는 온 백성에게 큰 기쁨이 될 소식을 너희에게 전하여 준다. ¹¹오늘 다윗의 동네에서 너희에게 구주가 나셨으니, 그는 곧 그리스도 주님이시다. ¹²너희는 한 갓난아기가 포대기에 싸여, 구유에 뉘어 있는 것을 볼 터인데, 이것이 너희에게 주는 표징이다." ¹³갑자기 그 천사와 더불어 많은 하늘 군대가 나타나서, 하나님을 찬양하여 말하였다. ¹⁴"더없이 높은 곳에서는 하나님께 영광이요, 땅에서는 주님께서 좋아하시는 사람들에게 평화로다."

〈묵상본문: 눅 2:8-14〉

8장

영광과 평화, 미학과 윤리

화가는 하느님 나라를 말과 글 대신 그림으로 보여주어 느끼게 하는 사제다. 화가는 복음을 신화적 상징과 명암과 색채로써 표현하는 신학자다. 신학과 철학이 추상적 개념과 연역적 논리를 사용하는 반면, 성경은 주로 이야기와 노래, 시와 은유와 역설의 언어를 사용한다. 이 점에서 성경은 후대에 발전된 논리적 신학에 가까운 것이 아니라 직관적 그림에 더 가깝다. 그린다는 것은 실재를 있는 그대로 모사한다는 것이 아니라 다양하고 다채롭게 표현하는 것이고 감각적으로 생생하게 나타내는 것이다. 예술은 작품을 통해 예수님께서 마음속 깊이 품은 생각까지 교감할 수 있게 하고, 생각의 응집인 개념을 감각을 통해 몰랑몰랑 풀어볼 수 있게 한다.

기독교 미술사에서 본 주제, '천사가 목자들에게 나타남'은 16세기 말경에 독립된 주제가 되었다고 한다. 그 이전까지 이 주제는 실제적으로 늘 예수님의 탄생 장면 배후를 장식하기 위하여 그려졌을 뿐이다. 렘브란트는 1634년으로 기록되는 이 에칭(Etching), 즉 동판화에서 누가복음에 따른 복음이야기를 아주 극적으로 표현한다.

렘브란트가 그림으로 표현한 본문은 누가복음 2장 8-12절의 말씀이다. 한밤중에 하늘이 열리고 세상으로부터 잊히고 버림받은 구석(주변)에서 홀연(忽然)히 '주님의 영광'이 빛나 목자들을 두루 비춘다. 전통적인 성령의 상징인 비둘기와 함께 천사들이 에워싼 빛의 왕관이 중심에 있다. 빛으로부터 나온 한 천사가 기쁜 소식을 전하기 위해 팔을 들고 있다. 그러나 천사는 목자들에게 잠시 혼란과 놀라움을 주고 있을 뿐이다. 한 목자는 달아나고 다른 목자는 뒤에 처져 손을 든 채 어안이 벙벙하다. 천사가 그들에게 말한다. "두려워하지 말아라. 나는 온 백성에게 큰 기쁨이 될 소식을 너희에게 전하여 준다"(눅 2:10).

빛과 어두움이 극명하게 대조되면서 자연 전체가 시적인 분위기를 자아낸다. 그야말로 어둠에 묻힌 밤이고 영광에 둘린 밤이다. 검정색(black)은 어둠과 죽음을 의미하지만 감은색(darkness)은 깊이와 신묘함, 신성한 분위기를 길어낸다. 분위기는 한 겨울밤이지만 깊은 골짜기인지라 온화한 느낌마저 감돈다. 강이 있고 다리가 있다. 그리고 계곡 건너에는 성이 보이고 저 멀리 도시가 보인다. 영광의 빛이 이들을 휘황찬연하게 비춘다.

드라마틱한 표현, 과장됨이나 지나친 꾸밈이 아니라 살아 있는 표현, 다양한 몸짓, 정확한 동작, 시선을 집중하게 하는 구도와 빛, 옆에서 나에게 직접 말하는 듯이 메시지가 울려온다. 성경의 양과 함께 현재 북유럽의 소와 개도 등장한다. 목자들은 시골티 물씬 풍기는 촌사람이다. 렘브란트는 성경 말씀을 현재 그 사람들의 머리와 가슴 속을 헤적이게 만들어, 성경의 메시지가 그들의 삶의 느낌이 되게 한다.

렘브란트에 이어 보티첼리(Sandro Botticelli, 1444/1445~1510)가 그 다음 이어지는 본문(눅 2:13-14)을 중심으로 그렸다. 목자들이 탄생하신 아기 예수님을 경배하는 순간 홀연히 많은 하늘 군대가 천사와 더불어 나타나서 하느님을 찬양한다. 하늘 군대는 보티첼리의 그림에서 보는 것처럼 하늘의 춤추는 찬양대일 것이다. 구주의 탄생에 언어로는 부

산드로 보티첼리, 〈신비한 탄생〉, c.1500

족해 시를 지어 노래를 불렀고, 노래로는 부족해 손과 발 그리고 몸을
움직여 춤을 춘다. 보티첼리의 그림은 역동적이며 화려하다.

　그림의 꼭대기에는 천사들이 윤무(輪舞)를 춘다. 보티첼리는 맨 위에
왕권과 평화의 상징인 올리브나무 가지를 든 천사들이 지상과 황금 돔
으로 상징화된 천상의 공간 사이에서 조화로운 원을 그리며 춤을 추는
장면을 그렸다. 기쁨과 축제가 하늘과 땅에서 동시에 벌어진다. "하늘
에서 주님을 찬양하여라. 높은 곳에서 주님을 찬양하여라"(시 148:1).
12명의 천사가 평화의 엠블럼인 올리브 나뭇가지를 들고 빙글빙글 돌
며 춤을 춘다. 12명은 12제자를 의미하고, 하루의 12시간을 의미하기
도 하고, 1년의 12개월을 의미한다고 하니 아무튼 예수님의 제자가 된
자들의 살아가는 시간 전체를 포괄한다. 원은 완전을 의미한다. 여기
원은 차가운 기하학적 원이 아니라 역동적이며 천사들 사이로 틈이 벌
어진 춤추는 원이다. 평화의 올리브나무가 도처에 그려져 있다. 지붕
위의 세 천사처럼 맨 밑의 천사들도 세 가지 신학적 덕을 상징하는 색
을 입고 있다. 흰색은 믿음을, 초록색은 희망을, 붉은색은 사랑을 상징
한다. 천사들 위로 황금빛 하늘, 영광의 하늘이 열린다.

　아래 땅에서는 세 천사가 세 사람을 붙잡고 그들을 일으켜 세우는 듯,
그들과 한국판 씨름을 하는 듯, '영광'과 '평화'를 노래하는 찬양과 더불
어 기쁨의 격렬한 춤판이 벌어진다. 구세주의 탄생은 인간을 춤추게 한
다. 천사와 인간이 가까이 끌어안을수록 뒤에 그려진 마귀는 그들에게
서 멀어진다. 그들 뒤에는 일곱 마귀가 지하세계로 달아나고, 그들 중에
는 자신의 창에 찔린 마귀들도 있다.

　왼쪽 천사 위로 두루마리가 날리고 그 안에는 라틴어로 "땅에서는 주
님께서 좋아하시는 사람들에게 평화"(pax in hominibus bonae volun-

tatis)라고 씌어 있다. 평화가 산들바람을 타고 땅을 뒤덮을 것이다. 올리브 나뭇가지는 아래의 씨름하는 천사의 손에도 그리고 아기 예수 주변의 오른쪽과 왼쪽의 목자와 동방박사의 손에도 들려 평화의 왕이신 예수님께 바쳐진다. 차양이 있는 동굴과 같은 마구간에서 두 마리 소 서로 다른 자세로 탄생하신 아기 예수님을 다른 이들과 함께 경배한다.

그리스도의 탄생(첫 번째 오심)은 그리스도의 재림(두 번째 오심)과 연결되며 그때 하느님의 의를 완성하는 최후의 심판이 이루어질 것이기 때문이다. 이 그림에서 보티첼리는 피렌체의 개혁가 사보나롤라(Savonarola)의 설교에서 영향을 받은 것으로 알려져 있다. 맨 위에 그리스어 문자로 1500년에 이 작품을 그렸다고 적었으며, 사보나롤라와 그의 묵시록적 신학 이론에 따라 종교적·정치적 격동이 일어난 지 얼마 지나지 않은 시기였다.

찬양(노래)은 호흡으로 느끼고 춤을 통해 습윤(濕潤)한 우리 몸에 또록또록 새겨지며 사라지지 않고 영혼에 번지고 스며든다. "춤을 배워라. 그렇지 않으면 하늘의 천사들이 너와 함께 시작할 수 있는 것이 아무것도 없다"(아우구스티누스). 천사들의 찬양대가 하늘에서 노래한 찬양의 노랫말은 이렇다.

더없이 높은 곳에서는
하느님께 '영광'(Δόξα)이요,
땅에서는
주님께서 좋아하시는 사람들에게
'평화'(εἰρήνη)로다.

(눅 2:14)

Gloria in altissimis Deo,

et super terram pax

in hominibus bonae voluntatis

〈영광〉(榮光, Δóξα)은 하느님에게 속한 고유한 권능이고 멋이며, 숭고하고 장엄한 아름다움(美)에 대한 성경적 이름이다(특히 시편 96편, 시 29:9; 사 6:3). 영광이란 하느님의 광채, 하느님의 찬란한 빛, 하느님의 본질을 뜻한다. 영광은 하느님의 내재적 본질을 말하려고만 하는 것이 아니라, 이 세상에서 하느님의 본질을 볼 수 있게 밖으로 드러나는 당신의 빛으로 아름다운 광채와 찬란한 광휘를 의미한다. 살아 계신 하느님의 영광은 하느님의 참 선한 아름다움(美) 자체다. 하느님의 영광은 그리스도의 얼굴에 나타났으며(고후 4:6), 그리스도의 십자가는 하느님의 영광의 나타남이며(요 17:1), 그리스도는 영광의 통치자(regnum gloriae)로 다시 오셔서 세상을 심판하여 피해자에게 권리를 회복시켜주고 가해자에게 정의를 세움으로써 대화해에 도달하고, 하느님은 만유의 주님이 되신다(고전 15:28).

독일어의 영광(Herrlichkeit)은 많은 사람이 생각하듯이 Herr, 주님 혹은 주인에서 유래한 것이 아니라 탁월한, 뛰어난, 거룩한, 찬란한 등의 뜻을 지닌 hehr(헤:르)에서 유래한 것이다. 이 단어는 '오래된, 백발의, 존경스러운' 등의 뜻을 지닌 hoar와 관련된다. 따라서 영광은 이 세상의 경험을 뛰어넘는 무엇인가 거룩한 아름다운 것을 의미한다(그륀, 『예수, 생명의 문』, 151).

일평생 신에 취해 산 유대인 철학자 스피노자는 『에티카』(윤리학)에서 신을 향한 굳건하고 영원무궁한 사랑이며, 인간들을 향한 신의 사랑

은 지복이고 자유자재인데 성경에서 '영광'이라고 불리는 것이라고 맞
갖게 파악한다. 영광은 지난한 시련을 통과하는 무궁한 아름다움이요
신비한 힘이다. 하느님은 모세를 통해 이스라엘 백성에게 자신의 영광
을 약속한다.

> 내가 나의 모든 〈영광〉(כבוד, kabod)을 네 앞으로 지나가게 하고, 나의
> 거룩한 이름을 선포할 것이다. 나는 주다. 은혜를 베풀고 싶은 사람에게 은
> 혜를 베풀고, 불쌍히 여기고 싶은 사람을 불쌍히 여긴다.
>
> (출 33:19)

나는 〈영광〉이 기독교 미학과 예술신학의 근본 상징 개념이라고 생
각한다. 미학은 단지 '미'에 대해 탐구하는 학문이라는 뜻이 아니라 '마
음을 움직이게 하는 아름다운 힘'에 관해 연구하는 학문이다. 기독교 미
학은 마음바탕(心地)을 움직이게 하는 힘이 교리의 긍정이나 예전의 수
행이나 도덕에 있는 것이 아니라 근원적으로 하느님의 "환한 얼굴"(시
4:6; 31:16)을 보는 기쁨과 즐거움에 있음을 밝히는 학문이다. 기독교
미학은 '나 자신만을 위한 나'를 움직여 '하느님을 위한 나', '하느님께
영광을 돌리는 나', '하느님을 찬양하는 나'로 변화되고 그 영광이 온 천
하에 드러나는 창조적 에너지를 연구하는 학문이다. 기독교 미학은 살
아 계신 하느님의 영광과 천하 만민이 영화롭게 되는 지선(至善), 지미
(至美)의 신학이다. 구원이 하느님의 은총으로 말미암은 인간의 변화에
서 시작되는 것이라면, 아기 예수가 자라서 심령이 아름다워지듯이 온
유하고 겸손한 사랑의 아름다운 형태에서 완성된 구원의 형상을 본다.
〈평화〉(εἰρήνη)는 온 땅에서 실행되어야 할 하느님의 정의, 곧 윤리

다. 이 세상에 나타나는 평화의 힘은 심히 연약해 보인다. 보티첼리의 그림에서처럼 평화의 왕 아기 예수는 포대기도 없이 벌거벗은 알몸 그대로 깔개 한 장 위에 놓여 있다. 그의 알몸에 어느 날 수의(壽衣)가 입혀질 것이다. 아기로부터 기역(ㄱ)자 동선을 따라 오른쪽에 죽음의 어두운 세력이 우글대는 무덤 같은 구덩이가 파져 있다. 세상에서 평화와 영광에 이르는 길은 멀고 먼 아득하고 험한 길이다. 그러나 파아란 마음을 다보록하게 간직한 그리스도인들은 교회를 통해 선포된 이 영광과 평화의 복음을 한결같이 바보처럼 믿고 따른다.

예수 탄생은 영광과 평화의 기쁜 소식이다. 예수 탄생에서 기독교 미학과 기독교 윤리가 서로 조응한다. 예수 탄생에서 영광과 평화가 포용한다. 미(Kalos)와 선(Agathos)이 입을 맞추고 그리스인들이 추구했던 칼로카가티아(Kalokagathia, 아름답고 선한 것)가 실현된다. 하늘과 땅이 접(接)하고 기독교 미학과 윤리가 교감한다. 평화는 땅에 나타난 하느님의 영광(아름다움)이 일구어낸 밭의 풍성한 열매이고, 영광은 이 대지에서 빛나는 평화의 꽃다발이며, 다채롭고 다양하게 풍성한 생명의 미적 표현이다. 영광 없는 평화는 지루하고 평화 없는 영광은 열광한다. 영광의 하느님은 일하고 가르치고 역사하기만 하는 게 아니라 숨결이 있는 모든 것에 스며들어 그들과 함께 즐기고 논다. 이래서 영광(榮光)은 영적인 빛, 곧 영광(靈光)이다.

그리스도에게 나타난 하느님의 영광을 통해 성령 안에서 영화롭게 되는 '그리스도인의 삶'(vita christiana)을 영성(靈性)이라 한다. 영성은 칭의와 성화 그리고 영화의 국면, 곧 요즘 얘기하는 영성 형성(spiritual formation)으로 드러난다. 그리스도인의 삶은 단지 윤리적 삶만이 아니라 심미적 삶이기도 하다. 하느님의 영을 품수(稟受)받은 하느님의 형상으로서의 인간은 생각(교의학)과 행실(윤리) 이전에 자발적이고 직접적인 느낌과 직관(미학)으로부터 시작한다.

신앙의 과제는 교의학이나 윤리로 다 해명되지 않는다. 그리스도인의 삶의 윤리는 미학을 통해 삶의 근본적인 요소들의 친밀한 유대성을 진지하게 받아들여야 한다. 성화(聖化)는 윤리이고 영화(榮化)는 미학이다. "미학과 윤리학은 통(通)해야 해요." 진공묘유(眞空妙有), "만상(萬象)이 공(空)으로 가는 길에 윤리학이 있고, 공(空)이 묘유(妙有)로 통하는 길에 미학이 있다." 시인 이성복의 말이다. 만상이 평화로 가는 길에 윤리학이 있고, 평화가 영광으로 통하는 길에 미학이 있다. 한국 기독교는 언제까지 미학을 교회 안으로 들여놓지 못하고 겁낼 것인가? 예배 때마다 영광을 맛보고 있잖아, 피상적으로 반문할 것인가?

미학은 윤리보다 낮고도 높다. 미학은 아무것도 아닌 것들($\tau\grave{\alpha}\ \mu\grave{\eta}\ \ddot{o}\nu\tau\alpha$, 고전 1:28)과 진정한 공감이 생기는 지점으로 내려간다는 점에서 윤리보다 낮고, 아무것도 아닌 것들($\tau\grave{\alpha}\ \mu\grave{\eta}\ \ddot{o}\nu\tau\alpha$)의 얼굴만 보아도 좋은 자유스런 사랑과 사랑의 자유가 곧 상위의 차원에 속하는 것이라는 점에서 윤리보다 높다.

불의에 대한 항거, 폭력에 대한 저항, 고통의 인내도 필요한 것이고 좋지만, 인간은 하느님을 세계를 변화시키기 위한 수단으로 삼을 수 없다. "우리는 이 세계를 변화시키기 위해 하느님을 필요로 하는 것이 아니라, 오히려 하느님을 향유하기(누리기) 위해 이 세계를 변화시키려"(몰트만) 하기 때문이다. "평화를 싫어하는 사람들"을 감화 감동시켜 "평화를 사랑하는 사람들"(시 120:6, 7)로 변화시키고자 하는 윤리의 목적은 곧 미학에서 출발하고 미학에서 실현되는바, 하느님을 향유하기 위함이고 영화롭게 되기 위함이다. 자신의 정서와 하느님 사랑은 정비례

한다. 스피노자의 말대로 "자기 자신과 자신의 정서를 더 많이 인식하면 할수록 하느님을 사랑한다"(『에티카』, 제5부 정리 15).

윤리는 '하느님의 향유'(frui Dei) 앞에서 잠잠히 스러진다. 하느님의 영광, 땅(인간세계)의 평화, 자연의 아름다움(시편 19)은 사물의 변화와 생성을 있는 그대로 완상(玩賞)하고 참되게 인식하는 여여(如如)한 창조의 세계다.

렘브란트, 〈목자들이 아기 예수께 경배하다〉, 1652

¹⁶그리고 그들은 급히 달려가서, 마리아와 요셉과 구유에 누워 있는 아기를 찾아 냈다. ¹⁷그들은 이것을 보고 나서, 이 아기에 관하여 자기들이 들은 말을 사람들에게 알려 주었다.

〈묵상본문: 눅 2:16-17〉

9장

구유를 비추는 호롱불

렘브란트는 '목자들이 아기 예수께 경배'하는 그림을 총 4점 그렸다. 그중 두 점은 유화로 1646년에 그렸고, 다른 두 점은 동판화인데 각각 1652년과 1654년에 그렸다. 본 작품은 1652년에 그려진 동판화이다.

이 그림은 전반적으로 어둡고 깊다. 이 그림은 유화보다 어두운 현실의 틈 사이를 비집고 모락모락 피어오르는 영적 분위기 속에 담긴 힘을 더욱 강하게 느끼게 한다. 칠흑 같은 어둠이 온 화면을 덮고 있어 언뜻 보아서는 거기에 무엇이 그려져 있는지 제대로 알아차리기 어렵다. 한참을 들여다보아야 한 목동이 들고 있는 등(燈)에서 새어 나오는 불빛이 보이고, 그 주변으로 몇몇 목동의 모습과 어미 소의 윤곽을 분간할 수 있다. 그 불빛은 경건하게 오른쪽 뒤에서 경전을 읽고 있는 요셉과 아기 예수님의 어머니 마리아 그리고 그들 사이에 누인 아기 예수님의 얼굴을 비추고 있다.

그림에서 얼굴이 빛을 반영하는 거울 역할을 하지만 전체 분위기는 암흑이다. 칠흑같이 어두운 밤은 정신이 궁핍하고 심령이 어두우며, 정치는 억압적이고 경제적으로 살아가기 힘든 시대적 분위기를 반영하는 것이리라. 렘브란트의 이 동판화는 아기 예수님께서 베들레헴의 한 구유에서 탄생하던 그 거룩한 밤에 그분을 둘러싸고 있던 어두운 현실을 그 어떤 다른 작품과 비교할 수 없을 정도로 탁월하게 표현한다. 한없이

깜깜하기만 한 삶의 현실, 구절양장 인생에 닥친 흑암의 터널이 언제
끝날까, 고대하고 기도하던 때가 한두 번이 아니다.

> 의로우신 나의 하느님,
> 내가 부르짖을 때에
> 응답하여 주십시오.
> 내가 곤궁에 빠졌을 때에,
> 나를 막다른 길목에서
> 벗어나게 해주십시오.
> 나에게 은혜를 베푸시고,
> 나의 기도를 들어 주십시오.

(시 4:1)

하느님이 집안 저 외진 곳에 위치한 외양간에, 어둡고 초라한 내 마음
의 구유에 태어나신다. 어두운 시대에는 어떤 인물의 형상도 분명하지
않으며, 어떤 형태도 강조되지 않고, 어떤 몸짓도 눈에 띄지 않는다. 분
명한 형상, 강조된 형태, 눈에 띄는 몸짓은 위선(僞善)일 경우가 많다.
한 목자가 들고 있는 등불만이 간신히 주변을 살필 정도의 밝음을 제공
한다. 흑암이 아무리 강하다고 할지라도 칠흑 같은 어둠으로만 뒤덮여
있는 그림은 없다. 그보다는 빛이, 그 작디작은 꼬마 빛이 모든 곳에 구
석구석 흔적 없이 살금살금 배어들고, 모든 것을 조용히 치유하듯 감싸
고 있다. 등불이 가만히 주변에 동화된다. 강렬한 빛으로 어둠을 제압하
려 하지 않는다. 어둠을 자신 속으로 은은히 스미게 하여 그 힘으로 서
서히 밝은 꽃을 피운다. 가만가만 움직이는 불꽃을 바라보다보면 말씀

의 빛이 비쳐온다.

> 정직한 사람에게는
> 어둠 속에서도 빛이 비칠 것이다.
> 그는 은혜로우며, 긍휼이 많으며,
> 의로운 사람이다.
>
> (시 112:4)

그 한 줄기 가느다란 빛 때문에 이 새까맣게 어두운 그림이 그 모든 암흑에도 불구하고 우리 마음을 위로해준다. 그리스도가 세상의 빛, 빛으로부터 온 빛(lumen de lumine)임을 드러내기 위해 여기서는 어둠과 빛의 진한 대조가 두드러진다.

램브란트는 이 그림에서 본 주제를 표현하는 전통적인 묘사법으로부터 완전히 벗어나 있다. 아기 예수님의 부모는 예기치 않은 목자들의 방문에 소로시 놀란 표정이다. 아기 예수님은 엄마 마리아와 아빠 요셉 사이에서 포대기에 싸여 곤히 잠들어 있고, 마리아는 아기 옆에 누워 쉬고 있는 듯하다. 요셉은 경전을 읽다가 아연히 놀라 목자들을 바라보고 있다.

목자들이 가져온 가냘프게 타오르는 등불은 왼쪽에 있는 어룽어룽한 암소의 실루엣을 만들어 이곳이 구주의 탄생지인 구유임을 암시한다. 순간 구유와 같이 가난하고 남루한 내 마음 안에도 구주 예수님께서 탄생하실 수 있는 여백이 생긴다. "그리스도가 베들레헴에서 천 번을 태어났어도 네 안에서 태어날 수 없다면 너는 영원히 몰락할 것이다"(안젤루스 실레시우스).

베들레헴

작고 추한 말구유를

허물치 않으시고

거기 나신 예수님이여

나의 작고 추한

마음 구유에

탄생

좌정하시옵소서

—이용도, 「마음 구유」 전문

렘브란트, 〈동방박사의 경배〉, 1632

¹¹그들은 그 집에 들어가서, 아기가 그의 어머니 마리아와 함께 있는 것을 보고, 엎드려서 그에게 경배하였다. 그리고 그들의 보물 상자를 열어서, 아기에게 황금과 유향과 몰약을 예물로 드렸다.

〈묵상본문: 마 2:11〉

10장

황금 유향 몰약

'동방박사들의 경배'는 로마 그리스도인들의 가장 오래된 카타콤에서 발견될 정도로 기독교 미술사의 오래된 주제이다. 동방박사들은 이스라엘 밖에서 그리스도인이라 불린 최초의 사람들이라고 생각되었기 때문이다. 그들은 이스라엘 밖, 이방 땅에서 교회를 시작한 최초의 사람들이 된 셈이다.

동방박사들은 궁중의 예복을 입지 않고 페르시아의 외투를 입었다. 궁중의 예복을 입은 동방의 박사는 중세 때 일반화되었는데, 동방에서 온 현자(박사)를 왕으로 변형했기 때문이다. 사실 그들은 왕에게나 바치는 예물을 들고 왔으며 또한 시편의 한 구절을 인용하여 이를 정당화하였다.

> 스페인의 왕들과 섬나라의 왕들이
> 그에게 예물을 가져 오게 해주시고,
> 아라비아와 에티오피아의 왕들이
> 조공을 바치게 해주십시오.
> 모든 왕이 그 앞에 엎드리게 하시고,
> 모든 백성이 그를 섬기게 해주십시오.
>
> (시 72:10-11)

예물을 들고 온 왕(박사)들의 숫자는 예물의 수(황금과 유향과 몰약)에 근거하여 세 명이 된 것이다. 이 셋은 중세에 알려진 유럽과 아시아와 아프리카를 대변하는 젊은 왕, 늙은 왕, 피부색이 검은 왕이거나 혹은 인생의 세 단계, 젊은이, 중년, 늙은이를 상징하기도 하였다. 인간의 온갖 영역에 속한 사람들이 예외 없이 함께 가서 주님께 경배함을 의미한다.

렘브란트는 이 주제를 오직 암스테르담 체류 시기에만 몇 작품 그렸을 뿐이다. 그는 그리자이유(grisaille) 화법(회갈색)으로 알려진 스케치를 통해 동방에서 온 각기 다른 세 종류의 인종과 연령대를 대표하는 왕들을 그렸다. 맨 앞쪽에 가장 늙은 왕, 가운데는 소년 같은 왕 그리고 세 번째 중년의 왕이다. 그림의 뒤쪽에는 왕들을 수행한 많은 수행원이 울타리처럼 둘러 서 있다.

세 가지 예물 중 황금은 진정한 왕으로서의 아기를 기념하며, 유향은 아기의 신성에 봉헌된 것이고, 몰약은 십자가상의 죽음을 상징한다. 혹은 황금은 우리의 탐스럽고 달콤한 사랑을, 유향은 우리의 푸른 갈망과 뽀오얀 보랏빛 그리움을 그리고 몰약은 우리가 지니고 가는 아픈 상처와 저린 고통과 온전한 치유를 의미한다고 해석하기도 했다. 중요한 점은 우리의 사랑과 갈망뿐 아니라 상처와 아픔과 괴로움도 그리스도께 바친다는 것이다.

그림은 여러 의미를 한 화폭 안에 담아낸다. 상징적 그림을 통해서만 발휘할 수 있는 해석의 방법이다. 논리는 막히고 산문은 뒤틀릴 때 그림은 비켜가고 넘어가면서 하고 싶은 말을 말없이 다 한다. 전면에서 무릎을 꿇고 터번을 벗고 경배하는 늙은 왕은 마리아의 무릎 위에 앉은 아기가 최고의 왕임을 인식한다. 세상의 온 민족과 모든 세대를 구원할 왕인

아기 예수님 앞에서 경배하며 넙죽 엎드릴 때, 우리는 아이처럼 되고
우리의 삶의 결은 달라지기 시작한다.

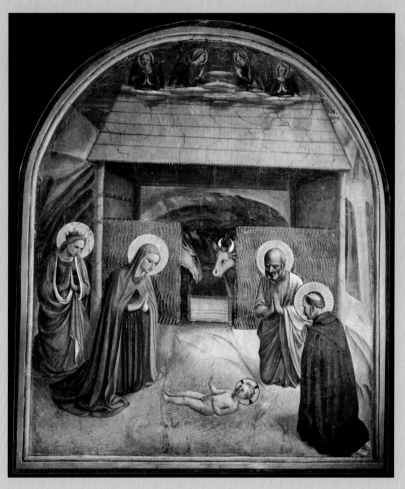

프라 안젤리코, 〈예수 탄생〉, 1441.

¹헤롯 왕 때에, 예수께서 유대 베들레헴에서 나셨다. 그런데 동방으로부터 박사들이 예루살렘에 와서 ²말하였다. "유대인의 왕으로 나신 이가 어디에 계십니까? 우리가 동방에서 그의 별을 보고, 그에게 경배하러 왔습니다." ³헤롯 왕은 이 말을 듣고 당황하였고, 온 예루살렘 사람들도 그와 함께 당황하였다. ⁴왕은 백성의 대제사장들과 율법 교사들을 다 모아 놓고서, 그리스도가 어디에서 태어나실지를 그들에게 물어 보았다. ⁵그들이 왕에게 말하였다. "유대 베들레헴입니다. 예언자가 이렇게 기록하여 놓았습니다. ⁶'너 유대 땅에 있는 베들레헴아, 너는 유대 고을 가운데서 아주 작지가 않다. 너에게서 통치자가 나올 것이니, 그가 내 백성 이스라엘을 다스릴 것이다.'" ⁷그 때에 헤롯은 그 박사들을 가만히 불러서, 별이 나타난 때를 캐어묻고, ⁸그들을 베들레헴으로 보내며 말하였다. "가서, 그 아기를 샅샅이 찾아보시오. 찾거든, 나에게 알려 주시오. 나도 가서, 그에게 경배할 생각이오." ⁹그들은 왕의 말을 듣고 떠났다. 그런데 동방에서 본 그 별이 그들 앞에 나타나서 그들을 인도해 가다가, 아기가 있는 곳에 이르러서, 그 위에 멈추었다. ¹⁰그들은 그 별을 보고, 무척이나 크게 기뻐하였다. ¹¹그들은 그 집에 들어가서, 아기가 그의 어머니 마리아와 함께 있는 것을 보고, 엎드려서 그에게 경배하였다. 그리고 그들의 보물 상자를 열어서, 아기에게 황금과 유향과 몰약을 예물로 드렸다. ¹²그리고 그들은 꿈에 헤롯에게 돌아가지 말라는 지시를 받아, 다른 길로 자기 나라에 돌아갔다.

〈묵상본문: 마 2:1-12〉

11장

내가 맛본 성탄절의 기쁨

예수 탄생의 신학적, 역사적, 사회적 의미를 알기 전부터 나에게 성탄절은 교회의 성탄트리와 성탄 장식의 이국적 분위기가 주는 설렘과 성탄 칸타타의 감동으로 온 마음속에 아로새겨 있다. 어린 시절 고요하고 그림 같은 한 시골 교회(부여군 내산면 율암리 성결교회)의 안팎에 걸린 반짝이는 불빛과 성탄트리는 그 자체로 큰 설렘이었고 깜깜한 시골 마을의 어둑발 내린 밤길을 비추는 불빛이었다. 중고등학생 시절과 신학생 시절의 성탄은 남녀학생들이 함께 모인 성탄 전야의 선물 나누기와 떡국을 먹고 밤 11시경부터 시작되는 새벽송이었다.

군복무 중에는 부대의 내무반마다 새벽송을 돌면서 지원받은 과일(대개 사과) 한 상자씩을 내무반에 전달하기도 했다. 나는 포병단 군종병이었는데 사병들이 얼마나 열심히 신앙생활을 했던지 저녁 먹고 모여 캐럴 연습을 하고 음식을 나눠 먹고 밤 10시부터 새벽 2~3시까지 추위도 잊은 채 내무반마다 천사의 노래를 대신해 성탄의 기쁜 소식을 알렸다. 사단장 관사에서는 떡국과 푸짐한 음식을 제공받기도 했다.

잊을 수 없는 성탄의 경험은 독일 유학시절 첫해(1985년 12월)의 성탄이다. 나는 라빈더 살루야(Ravinder Salooja)라는 학생 집에 초대를 받아 사흘 동안 머물렀다. 그의 집은 베를린으로 가는 동서독의 경계선

근처에 있는 작은 도시 브라운슈바이크(Braunschweig)에 있었다. 크지 않은 작은 정원이 있는 아담한 2층집이었다. 성탄 전야에 가정에서 진행된 기도회와 성탄 선물 나누기가 압권이었다. 거실의 구석에는 작은 촛불이 나뭇가지에 여기저기 달린 탄넨바움(Tannenbaum)이 놓여 있었고, 친구는 촛불에 불을 붙였다. 반짝이는 전깃불이 아니라 진짜 촛불을 켜는 것이 인상적이었다.

탄넨바움 밑에는 선물이 가득 쌓여 있었는데 12월 첫날부터 가족들이 서로를 생각하면서 쌓아놓은 것이란다. 누가복음 2장을 읽고 아버지가 기도드린 다음 선물을 준비한 사람이 하나하나 꺼내어, 왜 이 선물을 준비했는지 얘기도 하고 나누어주는 것이었다. 받은 사람의 기쁜 표정은 이루 말할 수 없었다. 처음에 나는 좀 과장된 듯하게 느껴지는 몸짓과 얼굴 표정이 어색했지만, 며칠 지나는 동안 그러한 강렬하고 솔직한 감정의 표현들이 좋아 보였다. 우리는 얼마나 눌리고 억압적인 분위기 속에서 살아왔던가. 선물은 구입한 것들도 있었지만 대개 손수 만든 것들이었다. 가정에서 맞이하는 성탄절 축제(Weihnachtsfest)의 모습이었다.

개신교에서는 성탄 장식으로 예배실 앞에 성탄 트리를 세워놓고 그 꼭대기를 별로 장식한다. 예수 탄생지로 동방박사들을 인도했던 마태복음 1장에 나오는 그 큰 별이다. "박사들이 왕의 말을 듣고 갈새 동방에서 보던 그 별이 문득 앞서 인도하여 가다가 아기 있는 곳 위에 머물러 서 있는지라 그들이 별을 보고 매우 크게 기뻐하고 기뻐하더라"(마 2:9-10). 성공회와 가톨릭교회에서는 대개 성당 앞마당에 예수님께서 탄생하신 구유를 장식한다. 누가복음 2장 첫머리의 이야기를 잔잔하게 묵상할 수 있어 좋다. 그런데 최근 한국 개신교에서도 구유로 성탄을

〈구유〉(뜨게질), 마포 은강교회, 2014년 성탄

기리는 교회가 생기고 있다.

서양 미술에 그려진 예수님 탄생 장면은 어두운 밤, 억누를 수 없는 영감과 희망으로 가득 찬 영명(靈明)함이 마리아의 해산과 아기 예수님의 첫 울음으로 개화하는 순간이다. 구유에서 천사들이 합창하고 목동들이 소와 나귀와 함께 경배하며 마지막으로 동방박사들이 황금, 유향, 몰약을 들고 찾아와 예물을 드린다.

지극히 높은 곳에서는

하느님께 영광이요

땅에서는

하느님이 기뻐하신 사람들 중에

평화로다.

Gloria in altissimis Deo,

et

in terra pax hominibus bonæ voluntatis

(눅 2:14)

이천 년 전 베들레헴에서 아기 예수님이 탄생하셨을 때 홀연히 수많

은 천군이 그 천사들과 함께 불렀다는 새 노래다. 노랫말도 숭고하기
그지없지만 수많은 천사의 합창이 천군의 오케스트라와 함께 울려 퍼
지는 합창의 웅장함과 장엄함을 상상만 해도 온 마음이 감화되고 감동
이 전해지는 것 같다. 이 찬양은 예수님의 예루살렘 입성에서 다시 한
번 울린다(눅 19:38).

　예수 탄생의 그림을 보면 소와 나귀가 꼭 등장한다. 누가복음에 보면
마리아가 묵을 여관이 없어 말구유를 찾아 아기를 낳고 강보에 싸서 구
유에 뉘었다고 기록한다. 그런데 여기에는 소와 나귀는 등장하지 않는
다. 이 가축들은 예언자 이사야가 이스라엘 백성들의 못된 행실을 보고
따끔하게 훈계하면서 비유로 가지고 온 동물인데, 화가들이 6세기경부
터 슬그머니 가지고 온 것이다.

> 소는 그 임자를 알고
> 나귀는 그 주인의 구유를 알건마는
> 이스라엘은 알지 못하고
> 나의 백성은 깨닫지 못하는도다.
>
> (사 1:3)

　〈수태고지〉 옆방에 그려진 안젤리코의 〈예수 탄생〉 그림에는 구유
가 안쪽에 있다. 그러나 한겨울 낯선 땅에서 태어난 아기 예수님은 차가
운 맨땅에 알몸으로 눕혀 있다. 아기 예수님께서 집도 절도 없이 한겨울
어둑한 밤 베들레헴의 한 말구유에서 태어나는 애처로운 장면은 그 자
체로도 외로운 마음을 울린다. 그러나 지극히 존귀한 신성이 낮고 천한
곳에서 인간의 몸을 입고 태어난다는 사실만으로도 구원의 신비를 다

보여주는 것만 같다. 구유의 지붕에서 천사들의 합창은 소규모이지만 구유와 강보(포대기) 대신 황금빛 광채가 어린 몸을 감싸 빛나고 있다. 마리아는 출산의 고통도 망실한 채, 반듯하게 몸을 세우고 두 손을 모으고 경배하는 자세다. 미술사에선 이것을 '기도 출산'의 유형이라 한다.

안젤리코는 아기가 막 품에서 나온 순간을 그렸다. 이제 보듬어서 포대기에 싸고 소들의 여물통인 구유에 눕힐 것이다. 그림의 좌우 바깥에서 시에나의 성녀 카타리나와 순교자 베드로가 탄생하신 아기 예수님 앞에서 무릎을 꿇고 있다.

렘브란트, 〈목자들이 아기 예수께 경배드리다〉, 1646

¹⁶그리고 그들은 급히 달려가서, 마리아와 요셉과 구유에 누워 있는 아기를 찾아 냈다. ¹⁷그들은 이것을 보고 나서, 이 아기에 관하여 자기들이 들은 말을 사람들 에게 알려 주었다.

〈묵상본문: 눅 2:16-17〉

12장

아기 예수님을 봄(관상)의 신비

기독교 미술사에서 목자들이 아기 예수님을 경배하는 그림은 동방박사들의 경배보다 훨씬 훗날 생긴 주제다. 15세기에 처음 그려진 목자들의 경배 그림을 보면 목자들은 마리아가 아기 예수님을 경배하고 있을 때 뒤에 서서 단지 관찰하고 있는 자들로 등장한다.

목자들이 자신의 고유한 위치를 회복하여 장면의 주요 인물에 포함되기 시작한 시기는 16세기다. 목자들은 세 전도자로서 그림에서 각별한 주제로 부상한다. 누가복음이 처음부터 동방의 박사가 아니라 가난한 이들의 대표인 목자들을 예수님 탄생의 메신저로 채택한 의도를 교회사는 1500여 년이 흘러서야 제대로 인지하고 이해할 할 수 있게 된 것이다.

예수님 탄생의 신비를 재현하는 데 아주 오래전부터 영향을 끼쳤던 인간학적 측면, 곧 깊고 신비한 신앙의 영성이 렘브란트의 작품에서 최고점에 도달한다. 렘브란트는 이 그림에 천사를 그리지 않고 천상의 음악도 울리지 않는다. 오직 눈에 들어오는 것은 어두컴컴한 말구유에 모인 평범한 사람들과 그들이 발 딛고 살아가는 땅의 현실이다. 이러한 사실주의가 결코 주제의 위엄을 떨어뜨리지 않는다.

왼편 구석에서 한 농부가 들고 있는 등불에서 새어 나오는 알뜰한 불빛과 오른쪽 중앙의 요셉의 오른손에 들려진 작은 촛불이 모든 사람의

얼굴을 환하게 비추고 있다. 그 얼굴들과 시선들은 모조리 아기 예수님
의 얼굴에 가닿고 있다.

> 아기 예수가
> 빛이 모아지는 초점이다.
> 사물들이 빛의 세례를 받는다.

> 아기 예수는
> 빛이 발하는 광원(光源)이다.
> 사물들은 그 자체로 빛을 발한다.

초라한 공간이지만 참 빛이 발하는 훈훈하고 환한 공간이다. 어둑어
둑한 밤, 인간의 쓸쓸한 마음자리에 드리운 사늘한 어둠이 아기 예수님
의 따스한 빛 주위로 모여든다. 아기 예수님의 얼굴은 참 빛이다. 그 빛
이 세상에 와서 모든 사람을 비추고 있다(요 1:9). "나는 세상의 빛이다"
(요 8:12, 9:5).

자연계에서는 빛이 오면 어둠은 물러나지만, 인문계에선 어둠은 보
이지 않는 힘으로써 빛을 깊게 하는 '영혼의 깊은 밤'(십자가의 성 요한)과
같은 어떤 것이다. 어둠은 알 수 없고 볼 수 없는 그 무엇으로서 빛으로
드러난 투명한 앎의 눈부심 위로 그늘을 드리운다. 그러므로 빛과 어둠,
탄생과 죽음, 시작과 끝, 새것과 옛것은 대립적이고 상극(相剋)적이기
만 한 게 아니라 상보(相補)적이다. 빛은 어둠에서 생긴다. 주님의 사랑
은 죽음을, 원수를, 어둠을, 밤을 다시 한번 껴안게 하기 때문이다(박두
진, 「갈보리의 노래」).

죽음을 통해 자라는 생명, 분노 안에 있는 사랑, 부정성을 통한 충족, 인간성과 떼려야 뗄 수 없는 관계를 맺은 그로테스크한 신성. 이것들은 대립소(對立素)의 변증법적 화해(和諧)인가, 음양(陰陽)이 조화(調和)하는 묘(妙)인가? 어느 방법으로 갈까? 어느 길이 더 타당하고 적합한가? 아무튼, 이것이 우리의 경험 아닌가. 빛도 아니고 어둠도 아닌, 빛과 어둠 사이, 그 안에서 무언가 튀어나올 것만 같은 음습한 '그늘'과 아름답고 팽팽했던 얼굴에 생기는 '처지는 살'과 점점 깊게 패는 '주름'이 우리 삶의 실제 모습이기 때문이다. "주름은 그늘을 키우고 그늘은 주름 속에 서식한다"(임우기).

렘브란트의 성서화는 성사적–신비적(sacramental-mystical)이다. 성서화가 은총의 수단이라는 점에서 성사적이고 거룩한 신성과 교제할 수 있게 한다는 점에서 신비적이다. 목자들은 천사들의 예언대로 "한 갓난아기가 포대기에 싸여, 구유에 뉘어 있는 것을 본다"(눅 2:12). 기독교 신앙은 우리의 삶 안에서 하느님의 참 선한 아름다움을 보는(관상) 즐거움을 포함한다. '아기 예수님을 봄(觀想, contemplation)의 신비'는 계시의 정곡이다. 계시가 드러나는 이유는 보라는 것이다. "어서 베들레헴으로 가서, 하느님이 우리에게 계시해 주신 것을 우리 눈으로 직접 보자"(메시지 성경). 목자들이 아기 예수님을 봄과 같이 제자들은 동산에서, 갈릴리에서, 예루살렘에서, 엠마오 도상에서 그리고 다마스쿠스로 가는 길 위에서 부활하신 그리스도를 본다. "(내가) 예수 우리 주를 보지 못하였느냐?"(고전 9:1)

목자들을 이리도 급하게 (어서) 끌어당기는 힘은 무엇인가? 그것은 아기 예수님, 메시아의 아름다움이다. 아우구스티누스는 "우리를 끌어당기어 우리가 사랑하는 대상과 하나 되게 한 것은 대관절 무엇일까?"

라고 묻는다. 우리를 끌어당기는 것은 그것들에게 있는 어떤 아름다움과 우아함이라고 대답한다(『고백록』, IV, 13, 20).

목자들은 아기 예수 그리스도 안에 나타난 하느님의 참(眞)된 선(善)의 아름다움(美)을 본다. 아름다움을 보는 자(to see)는 그 아름다움을 진정 즐긴다(to enjoy). 기도는 하느님의 '아름다움에 대한 사랑'(=phi-lokalia)의 물속에서 유영(遊泳)하는 것이며, 살아 계신 참된 하느님의 영광에 흠뻑 몰입하는 것이다. "주님을 우러러 보아라. 내 얼굴에 기쁨이 넘친다"(시 34:5).

주님의 얼굴을 보고 즐기는 이 행위는 교회 예배(경배)의 원형이다. "주님을 찾고, 그의 능력을 힘써 사모하고, 언제나 그의 얼굴을 찾아 예배하여라"(시 105:4). 교회의 예배는 회중이 함께 하느님의 빛나는 아름다움(영광)을 보고, 듣고, 냄새 맡고, 만지고 느껴(수동적 행위) 그 깊이에서 흐르는 형언할 수 없는 하느님의 사랑을 찬양(능동적 행위)하는 것이다.

예언자들도 계시를 보았다. 그들은 말씀과 비전(환상)을 통해 계시를 보았다. 그래서 예언자에 대한 다른 이름은 '보는 자'(seer)이다. 지금 계시가 한 인격으로 나타난 것이다. 그 계시는 충만하고 완전한 계시, "나를 본 사람은 아버지를 보았다"(요 14:9)라고 말하는 계시다.

계시를 직접 보기, 2,000년 교회사를 통해 위험한 것으로 여겨 넘지 말라고 경계를 그어왔다. 살아 계신 그리스도에 대한 믿음은 '예수님과 나' 사이에 생기는 사적이고 비의적인 체험은 아니다. 그것은 성령의 은사를 통해 우리의 심장에 부어주시는 하느님의 사랑이 우리의 인식론적-정감적 의식을 변형하여 우리의 '봄'을 구성한다. 공동체 교회 밖에서 살아 계신 하느님의 그리스도인 예수님에 대한 믿음을 일깨우고 훈련하는 방법은 없다.

　루터는 우리가 어떻게 지구촌의 변두리 베들레헴의 한 구석 구유에 누인 아기를 메시아로 알아볼 수 있는지 묻는다. 복음적 해석학에 대한 질문이다. 별의 인도(마태)와 천사들의 예언(누가)으로 구유에 누인 아기를 구주 예수님으로 알아보는 순간 우리는 우리의 초라한 마음 안에 켜진 그리스도의 해맑은 얼굴을 알아보고, 그분을 한 마음(一心) 속에 온 마음(全心)으로 경배한다. 이것이 직관의 능력이다. 폴 틸리히는 직관을 물리적 대상이든 심리학적 대상이든 대상을 분석하는 이성이 아니고, 의미를 보고 의미를 이해하려는 이성이라고 설명한다.

　시편의 한 시인이 갈망한 단 하나의 생의 의미가 있다면 "그것은 한 평생 주님의 집에 살면서 주님의 아름다우신 모습을 보는 것과 성전에서 주님과 의논하면서 살아가는 것"(시 27:4)이라고 고백한다. 주님의 아름다움을 바라보는 일과 예배 행위는 구분될 수 있는 것이 아니다. 예루살렘에 올라가 하느님의 얼굴을 뵙고자 하는 열망은 육체적인 갈증과 같다(시 42:2).

> 하느님, 사슴이 시냇물 바닥에서
> 물을 찾아 헐떡이듯이,
> 내 영혼이 주님을 찾아 헐떡입니다(목이 탑니다).
>
> 내 영혼이 하느님,
> 곧 살아계신 하느님을 갈망하니,
> 내가 언제 하느님께로 나아가
> 그 얼굴을 뵈올 수 있을까?　　　　　　　　　　(시 42:1-2)

기독교 신앙이 '사랑의 눈'(eye of love)이라면 기독교 관상은 '사랑의 봄'(look of love)이다. 사랑의 눈과 사랑의 봄은 우리의 감정과 생각과 말과 행실을 비추어서 우리의 삶을 변형할 것이다. 사랑의 눈은 사랑 없음이 볼 수 없는 것을 본다. 관상이란 변형적 사랑의 봄이다. 기독교 신앙은 인간 역사에 나타난 구원하고 변형하여 "하느님의 성품에 참여하는 사람이 되게 하시려는"(벧후 1:4) 하느님의 사랑의 아름다움을 보는 것이다. 아름다움 자체이신 하느님은 우리를 고통으로부터 벗어나 곱고 아름답게 한다. '성화'(聖化) 혹은 말씀의 '육화'(肉化)를 통한 인간의 '신화'(神化, theosis 혹은 theopoiesis)는 그리스 교부들의 가르침이다. 필경 우리는 사랑 안에서 봄으로써 본 것과 하나가 된다. 예수 그리스도는 "우리의 비천한 몸을 변화시켜서, 자기의 영광스러운 몸과 같은 모습이 되게 하실 것입니다"(빌 3:21).

사막 수도승의 영성에서 흘러나온 이야기로 오늘 묵상을 마치려고 한다. "세 수사들이 매년 성 안토니우스를 방문하곤 했다. 그들 중 2명은 안토니우스에게 그들의 생각을 묻기도 하고 그들의 구원에 대한 생각을 그와 나누기도 했다. 그러나 나머지 한 사람은 항상 침묵하였으며 그에게 아무것도 묻지 않았다. 긴 시간이 지난 뒤에 안토니우스가 그에게 물었다. '당신은 나를 보러 여기에 종종 오는데 나에게 한 번이라도 아무것도 묻지 않았다.' 그자가 대답하였다. '나는 당신 아빠를 보는 것으로 충분합니다.'" "주님, 내가 볼 수 있게 해 주십시오"(눅 18:42).

렘브란트, 〈시므온의 노래〉, 1669

²⁹"주님, 이제 주님께서는 주님의 말씀을 따라, 이 종을 세상에서 평안히 떠나가게 해주십니다. ³⁰내 눈이 주님의 구원을 보았습니다. ³¹주님께서 이것을 모든 백성 앞에 마련하셨으니, ³²이는 이방 사람들에게는 계시하시는 빛이요, 주님의 백성 이스라엘에게는 영광입니다."

〈묵상본문: 눅 2:29-32〉

13장

아기 예수님을 품에 안고

아름다운 복음서 누가복음의 '시므온과 안나의 이야기'는 참으로 영혼을 주님께 드높이는 성스러운 이야기다. 교부 오리게네스(Origenes)는 이 성경 본문을 가지고서만 네 번이나 설교했다고 한다.

예루살렘에 시므온이라는 사람이 살고 있다. 시므온은 하느님 경외의 삶으로 또릿또릿해진 얼굴 주름살 하나하나에 삶의 기쁨과 고통이 아롱아롱 여울진 老人(어르신)이시다. 그는 예루살렘 성전을 중심으로 한평생 사람들에게는 정의롭고 하느님 앞에서는 뭉근하게 다려진 겸손과 사랑으로 살아온 사람이다.

시므온은 자기 민족의 시름어린 운명을 걱정하고 나라를 사랑하는 사람이면서 이스라엘의 위로를 기다리는 사람이다. 무엇보다 그는 성령의 인도를 받는 사람으로서 성령이 그 위에 계시더라면서 누가가 처음 1-2장에서 마리아와 엘리사벳 다음으로 주목하는 사람이다. 한마디로 시므온은 유유(幽幽)한 '하느님의 신비'(Mysterium Dei)에 이끌려 메시아를 갈모(渴慕)하면서 영적 기품과 삶의 풍모를 이룬 아름다운 사람이다. 그는 그리움과 기다림의 사람이며, 그 기다림은 끝내 그에게 생생한 살아 있음의 고양된 영적 순간을 누리게 한다. 고양된 순간에는 살아 있는 모든 것이 실감나게 자신을 알고, 사랑하며 기뻐하고 즐긴다.

〈신비〉란 비밀이나 수수께끼와 사뭇 다른 단어다. 개신교는 18~19

세기 계몽주의의 영향을 받아 '기독교의 합리성'(1695, 존 로크), '신비적이지 않은 기독교'(1696, 존 톨랜드), '이성의 한계 안에 있는 종교(기독교)'(1793, 칸트)를 추구하면서 상징과 신비를 고스란히 벗어버리고 합리적 개념과 논리(자유주의)의 옷을 새로 지어 입었다. 합리주의자에게 세계는 놀라움, 감탄, 신비가 전혀 없는 곳이다. 세계가 계량화되면서 측정과 예측이 가능한 경험 가능하고 평범한 세계가 되었기 때문이다.

그러자 그 반항으로 신비를 초자연주의적 교리(정통주의)로 실체화하여 증명하고 자기 집단 안에서만 소유하려는 자들이 나타났다. 그러나 이들의 담론은 자기 준거적이어서 텍스트 안에 들어온 사람에게만 전달 가능한 막힌 담론이 되었고, 물질세계를 멀리함으로써 탈물질화된 초자연주의적 게토로 남게 되었다. 그래서 이들은 모두 신비에 가까이 다가가 모실 만한 그릇이 못 된다. 우리말 성경도 〈신비〉를 죄다 〈비밀〉로 번역했다. 가령 "하느님의 비밀을 맡은 관리인"(고전 4:1)의 본문은 "μυστηρίων θεοῦ"(mysteriorum Dei)다. 그래서 나는 개인적으로 "하느님의 신비를 맡은 관리인"으로 번역되기를 바란다. 성경을 읽으면서 제일 아쉬운 부분이다.

〈비밀〉은 '비밀결사', '비밀경찰'이라는 말에서 보듯이 감추는 데 목적이 있다. 비밀조직에 들어가면 자신을 위장해야 하고 다른 것들과의 관계를 속이거나 단절해야 한다. 비밀은 폐쇄적이며 그것을 알고 있는 사람들만의 이익을 목적으로 한다. 그러나 신비는 감추는 것이 목적이 아니라 반대로 자신을 드러내는 것이 목적이다. 신비가 드러나면, 어두운 것이 밝혀지고 거짓이 폭로되며 악의 실체가 드러난다. 따라서 신비는 자기 집단의 이익 추구에 목적이 있는 것이 아니라, 공동의 선을 추구한다.

〈신비〉는 수수께끼와도 아주 다르다. 수수께끼는 한번 알고 나면 그 실체가 다 밝혀져 더 이상 호기심이나 신비스러운 매력이 사라진다. 수수께끼는 풀어버리면 그것으로 끝이다. 그러나 신비는 자신을 드러내면 드러낼수록 아직도 드러나지 않은 힘이 더 크다는 것을 알게 된다. 그래서 신비는 가뭇한 바다, 혹은 깊고 깊은 연못에 비유되기도 한다. 신비는 아예 모르기 때문에, 알 수 없기 때문에 신비라고 하는 것이 아니라 이미 꽤 아는데도 알면 알수록 더 모르는 게 많다고 느껴지기 때문에 신비인 것이다. 인간은 즐거움이나 행복 없이 살 수 있지만 신비 없이는 살 수 없다.

하느님과 서로 감미롭게 감응하는 신비 체험의 순간이 시므온에게 찾아온 것이다. 마리아와 요셉이 주님의 율법에 따라 희생 제물을 드리려고 성전으로 아기 예수님을 데려오고, 시므온은 어린 아기 그리스도를 자기 팔로 받아 안아 모시게 된다. 시므온은 주님의 구원을 보고 구원의 신비를 영혼에 머금은 채 노래한다. 노래는 사랑하고 즐거워하는 사람들의 것이다. 사랑하는 사람만이 심금을 울리며, 즐거워하는 사람만이 새가 공중을 날 듯 노래할 수 있다. '시므온의 노래'(Nunc Dimittis)는 죽음을 앞둔 순간에 이루어지는 하느님 찬양이다. 앞의 렘브란트의 작품 〈시므온의 노래〉(1669)는 아래의 노랫말과 함께 감미(鑑味)해야 한다. 〈구원〉, 〈빛〉, 〈영광〉은 예수님을 언급한다.

주님, 이제 주님께서는
주님의 말씀을 따라,
이 종을 세상에서
평안히 떠나가게 해주십니다.

내 눈이 주님의 〈구원〉(σωτήριόν)을 보았습니다.

주님께서 이것을

모든 백성 앞에 마련하셨으니,

이는 이방 사람들에게는

계시하시는 〈빛〉(φῶς)이요,

주님의 백성 이스라엘에게는

〈영광〉(δόξα)입니다.

(눅 2:29-32)

세례자 요한은 세례의 설교를 통해 "모든 사람이 하느님의 구원을 〈보게〉 될 것이다"(눅 3:6)라고 다시 선포하고, 예수님의 죽음을 "구경하러 모여든 무리도 그 일어난 일을 〈보고〉, 모두 가슴을 치면서 돌아갔다"(눅 23:48). 엠마오의 제자들은 떡을 뗀 후 "그제서야 그들의 눈이 열려서, 예수를 알아〈보았다〉"(눅 24:31). 목격자(eye-witness)만이 말씀의 증언자가 된다(눅 1:2). 누가는 사도행전을 통해 이방 사람들에게 빛을 전하고, 렘브란트는 그림을 통해 구원의 영광을 만민에게 보여준다.

이 그림은 렘브란트가 세상을 떠나던 날(1669년 10월 4일), 미완성인 채로 남겨둔 것을 그 다음날 발견한 것으로 알려져 있다. 그의 마지막 작품인 셈이다. 이 그림에 시므온과 렘브란트 자신의 모습이 겹쳐 있다. 렘브란트는 이 주제에 사로잡혔고, 길고 긴 기다림의 끝자락에서 드디어 인간의 영혼 안에 슬어놓은 그리스도를 이 그림을 통해 시각적으로 표현한다. 가히 회화의 노경(老境)에 이르렀다고 말 할 수 있을 것이다.

시므온의 나이가 어드메쯤 왔을까? 여예언자 안나의 나이가 여든네 살이었으니 그도 그쯤 되었으리라. 존 웨슬리도 여든여덟까지 주님을 섬겼다. 웨슬리는 이 대목에서 그 나이가 되도록 주님을 섬긴 백발은 '영광의 왕관'(crown of glory)이라고 주석했다. 휘어진 노송(老松)을 연상케 하는 꾸부정한 허리, 기도드리는 자세로 모은 두 팔, 그 팔로 품에 안은 아기 예수, 그 눈언저리는 늙어 아슴아슴하고 가까운 곳도 잘 보지 못하는 눈먼 사람의 눈처럼 잠잠하다. 아기 예수님의 맑은 눈빛이 이 모든 것을 알고 사랑하며, 기뻐하고 축복하는 듯하다. 옆에 계신 마리아도 이 모든 영적 교류를 교감한다. 어두워진 육안으로 볼 수 없는 먼 곳, 영원무궁을 바라보는 늙은 영혼의 시선은 평안하고 고요하며 그윽하기 그지없다. 늙음이란 초월이다. "내 마음은 고요하고 평온합니다"(시 131: 2).

　그는 더 이상 주님을 머리로 골똘히 생각하거나 마음으로 기다리지 않는다. 그는 주님의 구원을 무방비 상태의 열린 눈으로 오도카니 바라본다(관상). 그는 어떤 글이나 말이나 예술적 표현으로도 그 거룩한 느낌을 붙잡을 수 없다. 그는 그냥 그 느낌을 마음껏 즐기기 시작한다. "비로소 당신 앞에 / 당신 눈에 젖을 때, // 내 전신 속속들이 황홀한 떨림, / 순간이 그 영원으로 꽃버는 것을"(박두진, 「비로소 당신 앞에」 중에서). 진정으로 주님을 모시게 된 자, 하느님으로 가득 채워진 자, 오래오래 하느님의 느낌으로 가득한 삶, 하느님 안에서 나 자신을 망실(忘失)한 자의 고명(高明)한 모습이다.

　　하느님을 알아보고

　　하느님을 안아보고

　　하느님을 느껴보고

　　하느님을 사랑하고

하느님을 즐겨보고
하느님을 맛본 그대
그대의 시므온
우리의 시무언(是無言) 이용도 목사
보았으니(視) 말없음(無言)이 옳도다(是)!

누가 주님을 품고 모시는 '거룩한 행복'의 삶을 살 수 있습니까? 시편은 이렇게 화답한다.

누가 주님의 산에 오를 수 있으며,
누가 그 거룩한 곳에
들어설 수 있느냐?

깨끗한 손과
해맑은 마음을 가진 사람,
헛된 우상에게 마음이 팔리지 않고,
거짓 맹세를 하지 않는 사람이다.

(시 24:3-4, 15:2-5)

사랑하는 아내와 자녀 모두 먼저 떠나보내고 외롭고 슬픈, 한 가난한 늙은이로 먹먹해진 렘브란트는 시므온을 통해, 시므온과 함께 아기 예수님을 품에 안는 깊고 높은 거룩한 경험을 공유한다. 그는 구주 예수님을 품에 안음으로써 육안으로는 볼 수 없지만 자기 자신보다 더 가까이 가슴으로, 삶의 그늘에 깃들고 주름에 새겨진 구주를, 온 영혼으로 방울

방울 이슬처럼 스미어드는 구주를 정수리에서 발끝까지 느끼고 있다. 시므온은 예수님께서 "하느님 나라가 가까이 왔다"(막 1:15)라고 선포하기 전에 "하느님 나라가 이미 너희에게 왔을"(마 12:28)뿐 아니라 "하느님 나라는 너희 가운데 있다"(눅 17:21)는 선언을 미리 체험한다.

시므온과 렘브란트는 아우구스티누스와 동일한 갈망을 서로 겹쳐 표현하고 있다. "의로우시고 순결하시며 아름다우시고 매혹적인 당신을 뵙고 싶습니다. 질릴 줄 모르는 만족감을 가지고 당신을 바라보고자 합니다"(아우구스티누스,『고백록』, II, 10, 18).

교회는 구원의 신비로, 칭의와 성화에 이어 하느님을 보는 지복 직관(visio beatifica Dei)의 기쁨과 빛, 하느님을 즐기는 신비(fruitio Dei)를 가르쳤다. 모세는 일찍이 이스라엘 장로들과 함께 하늘과 같이 맑은 하느님을 뵈며 먹고 마셨다(출 24:10-11). 또한 하느님께서 "(모세)와는 내가 얼굴을 마주 바라보고 말하며, … 그는 나 주의 모습까지 볼 수 있다"(민 12:8)고 보증해준다. 웨스트민스터 소요리문답 1번의 물음은, "인간의 제일 되는 목적은 무엇인가?"이고, "인간의 제일 되는 목적은 하느님을 영화롭게 하며, 그를 영원토록 즐거워하는 것이다"(to glorify God, and to enjoy him forever)라고 대답한다. 요한복음 서설에서처럼 우리가 그분의 영광을 보는 것이다(요 1:14).

시므온은 아기를 품에 안고 눈으로 주님의 구원의 아름다움을 보며, 그를 지금 해가 닳도록, 달이 닳도록 영원무궁토록 즐거워한다. 눈으로 보는 것을 넘어 손끝으로 만져보는(touch) 경험, 생의 완성에 즈음하여 순색영원(純色永遠)의 먼 끝을 그의 손끝에서 만나게 되었다(김현승,「절대 고독」의 시상에서).

더 나아가 아기 예수님을 품에 안고 그 통통한 살내음을 흠향하는 경험, "하느님의 맛에 빨려 들어가는 그 맛, 이것이 영혼에게는 최대의 행복이다"(예수의 테레사). 우리의 영원한 행복은 행복 자체이신 하느님과의 교제 속에서 살아가는 영원한 삶이다. 이 삶은 하느님의 진리 안에서 우리를 알고, 하느님의 선함 속에서 우리 자신을 사랑하고, 하느님의 참된 선의 아름다움 속에서 우리 자신을 기뻐하는 삶이다. 하느님이 우리에게 주신 운명은 하느님을 영원히 즐기면서 하느님을 영화롭게 하는 것이다. 하느님께서는 자기를 사랑하는 사람들에게 눈으로 보지 못하고, 귀로 듣지 못하고, 사람의 마음에 떠오르지 않은 구원의 아름다움을 마련해주셨다(고전 2:9).

그 경험에서 생명의 말씀은 나에게 영원히 곱게 살아 있는 말씀이 된다. 요한은 생명의 말씀을 눈으로 본 것이요, 지켜본 것이요, 손으로 만져본 것이라 했다(요일 1:1). 우리는 시므온과 함께 어린 아기 예수님을 안고 샛별 같은 눈과 눈을 마주하고, 몰랑몰랑한 볼과 볼을 부비는 순수하고 거룩한 애무의 경험에 이른다.

프랑스 철학자 레비나스(Emmanuel Levinas)는 "애무"(愛撫)에 관하여 이렇게 말한다. 그것은 날려 보내는 것도 아니고 소유하거나 인식하거나 장악하려는 것도 아니다. "애무(愛撫)는 주체의 존재 방식이다. 애무를 통해 주체는 타자와의 접촉에서 단지 접촉 이상의 차원으로 넘어간다. … 애무는 거머쥘 수 없는 것에 대한 새로운 전망을 열어주는 이러한 배고픔의 증대, 점점 더 풍요해지는 약속으로 가득 차 있다. 애무는 헤아릴 수 없는 배고픔을 먹고 산다"(레비나스, 『시간과 타자』, 109f.).

나는 주현절은 아기 예수님을 품에 얼싸안고 애무(愛撫)하는 경험으로부터 시작되어, 주님을 따르고 모심으로써 주님을 즐거워하고 향유(享有)하는 되새김, 오랜 머무름과 멈춤(hesychia)을 통해 내면적 영성과 영적 삶이 더욱 깊어지는 기간이어야 한다고 생각한다. 우리는 국토를 고속열차(ktx)나 비행기를 타고 단숨에 횡단할 수 있지만, 또한 더 자주 직접 두 발로 땅을 밟으면서 걸어야 한다.

> 주님, 주님께서 계시는 집을
> 내가 사랑합니다.
> 주님의 영광이 머무르는 그곳을
> 내가 사랑합니다.
>
> (시 26:8)

렘브란트, 〈할례〉, 1661, 워싱턴 국립박물관

[27]그가 성령의 인도로 성전에 들어갔을 때에, 마침 아기의 부모가 율법이 정한 대로 행하고자 하여, 아기 예수를 데리고 들어왔다.

〈묵상본문: 눅 2:27〉

14장

할례 받은 몸

예수님께서는 생후 팔 일 만에 유대인의 관례에 따라 할례를 받으셨다. 할례란 하느님이 이스라엘과 맺은 계약의 징표로서, 할례를 받음으로써 어린아이는 계약을 받아들이게 된다. 누가는 세례 요한의 할례가 집에서 행해졌다고 기록하지만(눅 1:59), 아기 예수님에 관해서는 그 이상 언급이 없다. 렘브란트가 비교적 후기(1661년)에 그린 이 그림은 성전이 아니라 베들레헴의 구유가 할례의 장소로 등장한다. 물론 성전 안에서 행한 그림도 있다. 외경에는 예수님께서 성전에서 할례 받으신 것으로 나와 있으며 서양미술사에서도 일반적으로 성전에서 어머니 마리아가 옆에 계신 채 할례 받는 장면이 그려졌다. 육의 할례는 새 계약의 징표인 세례, 곧 영적 할례의 예표로 여겨지기도 한다.

바울은 신명기 전통(신 10:16, 30:6)을 따라, "할례는 마음에 할지니 영에 있고 율법 조문에 있지 아니한 것이라"(롬 2:29)고 말한다. 표면적 유대인이 중요한 것이 아니라 이면적 유대인, 곧 마음의 중요성과 내면성을 강조한다. 그러나 표면(表面)과 이면(裏面), 육과 영은 떼려고 해도 뗄 수 없으며 같이 가야 한다는 것이 평소의 생각이다. 그러므로 마음의 할례만이 아니라 몸(신체)의 할례도 긴요하다. 창세기에는 할례를 행하는 이유를 하느님과의 언약이 너희 몸에 영원한 언약으로 아로새겨져야 하기 때문이라고 말하고 있다(창 17:13).

우리는 몸 할례의 중요성을 다시 회복해야 한다. 몸 할례가 없는 마음 할례는 관념화되기 쉽다. 바울도 영에 율법 조문을 대립시킨 것이지 영과 몸을 이원론적으로 본 것은 아니다. 오늘의 신앙이 현실성을 담아내거나 현실 변혁적이지 못한 이유는 몸(신체)을 떠나, 그것이 학문의 관념이든 일상에서 암기되어 경험할 수 있는 서술어 없이 되풀이되는 성서의 특별한 구절과 교리의 관념이든, 관념의 공허한 발언이 되어 있기 때문이다. 그러기 때문에 몸 할례를 통해 마음 할례에 이르러야 하며, 마음 할례는 다시 칼로 자기 몸이 베이는 아픔과 고통의 몸 할례로 구체적으로 경험되어야 한다. 몸은 영혼으로 들어가기 위해 잘라 내버려야 할 허접하거나 비루한 것이 결코 아니다. 반대로 "여러분의 몸은 여러분 안에 계신 성령의 성전"(고전 6:19)이다.

영혼은 알맹이요 몸은 껍데기가 아니다. 몸과 정신, 물질과 영은 서로 관통하고 서로 내통한다. 불의를 보고도 사람들이 잠잠하면 의식과 생명이 없는 물질인 돌들이 소리 지를 것이다(눅 19:40). 스피노자는 "인간의 정신을 구성하는 관념의 대상은 신체(몸)이다"라는 명제로 신체를 완전히 제거한 정신 중심의 데카르트 철학을 뒤집는다. 몸은 말과 사유가 삶에 도달하기 위해 스며들어가야만 하는 장(場)이다. 칸트의 말투를 따라 몸과 영혼의 관계를 말하자면, 몸이 없는 영혼은 공허하고 영혼이 없는 몸은 맹목이 될 것이다.

우리는 말을 많이 할수록 몸을 잃는 경향이 있다. 실행하지 못한다는 뜻이다. 몸을 얻지 못한 말들, 궁행(躬行)하지 못한 말들은 키가 일으키는 바람에 밀려 나가던 쭉정이 같아 몸에서 주르르 미끄러져 내리고 만다(고진하). 몸으로 체득되지 않은 앎이란 인간의 성숙과 평화에 아무런 보탬이 되지 못한다.

몸이 된 말이란 신산고초(辛酸苦楚)로 야윈 삶의 자갈밭을 사욕편정 (邪慾偏情) 없이 맨몸으로 견디며 살아내어 견실해진 씨앗처럼 잘 여문 말이다. 이 말들은 아직 해결되지 않은 것들을 모다 견인(堅忍)하면서 그 삶에 고유한 형태와 색깔과 음색을 주는 경험들을 담고 있다. 살진 말들의 잔치에서 순수한 언어의 뼈마디를 고를 수 있을는지, 입술을 지그시 다물고 눈동자 안으로 고요하게 밝혀 하늘의 별을 여문 생각으로 깎고 다듬어 뒤숭숭한 내 마음에 문채(文彩)를 만들 수 있는 사람이라면 가능할 수 있겠다.

누가 방음벽을 설치해 놓았을까 아흔이 되신
노모의 귀는 캄캄절벽이다
그 절벽에 대고
고래고래 고성을 질러봐야
말들은 주르르 미끄러져 내리고 만다

몸을 얻지 못한 말들은
노모가 젊은 적 키질할 때
키가 일으키는 바람에 밀려나가던
쭉정이 같다

하루 해가 다 저물도록
말의 성찬에 참여하지 못하지만
절벽에 갇힌 늙은 고독은 그래도 몸이 있다고
몸을 얻지 못한 말들이 다가와

고래고래 날뛸 때

키로 쭉정이를 날리듯 밀어내고

　　　　　　　　— 고진하,「몸을 얻지 못한 말들이 날뛸 때」 전문

　로댕은 〈생각하는 사람〉에서 생각이란 존재를 단순히 생(生)에 각(角)을 세우는 순수 사유의 시도, 곧 몸이 없는 이념들의 명석·판명함으로 시각화하려는 데카르트에 대항한다. 그는 생각은 몸으로 하는 것이어서, 직선의 각진 생각을 벼려 곡선의 살을 입히는 것임을 강하게 드러낸다. 몸 없이 생각하는 것이 아니라 몸이 생각하고 몸을 통하여 생각하고 몸과 함께 생각한다. 또한 '생각'뿐만 아니라 '존재'도 몸으로 구현해냄으로써 '나는 내 몸으로 존재함'을 보여준다. "네 온 몸이 밝아서 어두운 부분이 하나도 없으면 … 네 몸은 온전히 밝을 것이다"(눅 11:36).

　뤼스 이리가라이(Luce Irigaray)의 '몸'의 해석학은 데카르트적 혹은 '남성 주류적' 관조주의나 시각중심주의를 배척하는 것으로, 서구 철학에서 배제된 감각으로 남아 있던 촉각에 기반을 둔다. 시각이 보이는 대상을 순간에 장악하는 것이라면 촉각은 대상을 경험해봄으로써만 가능한 감각이다. 그녀에게 촉감(sense of touch)이란 바로 지네시스(gynesis) 혹은 어머니의 대지, 여성적인 것 속에 있는 사물의 기원이다.

제3부

주현절

모시는 삶

렘브란트, 〈이집트 피난 중 휴식〉, 1647, 아일랜드 국립미술관

¹³박사들이 돌아간 뒤에, 주님의 천사가 꿈에 요셉에게 나타나서 말하였다. "헤롯이 아기를 찾아서 죽이려고 하니, 일어나서, 아기와 그 어머니를 데리고 이집트로 피신하여라. 그리고 내가 너에게 말해 줄 때까지 거기에 있어라." ¹⁴요셉이 일어나서, 밤 사이에 아기와 그 어머니를 데리고 이집트로 피신하여, ¹⁵헤롯이 죽을 때까지 거기에 있었다. 이것은 주님께서 예언자를 시켜서 말씀하신 바, "내가 이집트에서 내 아들을 불러냈다" 하신 말씀을 이루시려는 것이었다.

〈묵상본문: 마 2:13-15〉

I. 가지 않을 수 없었던 길

15장

가지 않을 수 없었던 길

15회를 맞이했다. 요즈음 이렇게 성경을 읽고 그분께서 주시는 대로 매일 한 꼭지씩 글쓰기가 주님의 은총을 경험하는 시간이며 아픈 마음과 고단한 몸을 지탱해주는 힘이 된다. 글을 쓰며 나는 필사적으로 죽음의 강을 넘고 싶은 것이다. 주님의 은총을 간구하며 나는 나의 영혼이 시들지 않기 위해 글을 잡는다. 지금 나에게 글쓰기는 독약 처방과 같은 것이다. 글을 쓰는 순간에 사욕편정 없이 불편부당한 살아 계신 하느님의 사랑을 실감하고, 그 사랑으로 생을 장작처럼 사르면서 살아 있음을 느끼고 싶은 것이다.

맑은 밤하늘의 사막별빛처럼

넘치게 쏟아붓는 눈부신 은총의 순간

(in the excessive abundance of God's Grace)

어느 날 내가 아무것도 할 수 없는 아메바가 되어

허우적거리는 가뭇한 심연(深淵),

한 번도 와보지 않은 외딴곳

한 번도 겪어보지 못한 화염의 시간

"나는 아예 귀머거리가 되어 듣지 않았고,

벙어리가 되어 입을 열지 않았던" 날들,

"참으로 나는 듣지 못하는 사람처럼 되었고,

입은 있어도 항변할 말이 없는 사람처럼 되었던"(시 38:13-14) 때,

가슴이 꽉 메어 힘에 부치고 불안하고 고독했던 시기,

내게는 평화도 없고, 안정도 없고, 안식마저 사라지고,

두려움만 끝없이 밀려오던 나날(욥 3:26)

"사무친 울화로, 내 눈은 시력까지 흐려지던"(시 6:7) 시간

내 뼈가 마디마다 떨리고

내 마음도 걷잡을 수 없이 눌리던 순간(시 6:2),

살 희망마저 잃을 지경에 이르렀던 순간,

남은 뼈와 살, 생각과 감정까지도

고운 가루가 될 때까지 맷돌에 갈리던 날들

죽음의 사슬이 나를 휘감고

죽음의 물살이 나를 덮쳤던(시 18:4) 동안

나는 쏟아진 물처럼

기운이 빠져 버렸고

뼈마디가 모두 어그러지고

나의 마음이 촛농처럼 녹아내려,

절망에 빠졌던 나날

나의 입은 옹기처럼 말라 버렸고,

나의 혀는 입천장에 붙어 있으니,

주님께서 나를 완전히 매장되도록

내버려 두셨기 때문이라고 생각하던 무렵

개들이 나를 둘러싸고,

악한 일을 저지르는 무리가 나를 에워싸고

내 손과 발을 묶어 뼈마디 하나하나가

다 셀 수 있을 만큼 앙상하게 드러나고,

원수들도 나를 보고 즐거워하던 시기(시 22:14-17)

내가 무덤으로 내려가는 사람(시 28:1)같이 되던 날

하느님이 나를 으스러뜨리셨다

하느님이 나를 부스러뜨리셨다

그가 나를 세워 과녁을 삼으시고

그가 쏜 화살들이 사정없이 내 허리를 뚫으시고

내 내장을 땅에 쏟아 내셨다(욥 16:12-13; 시 38:2).

무진장 참고 견디며 애간장 녹이며 기다리는 것 외에

아무것도 할 수 없었던 검은 두려움의 시간,

마라의 쓰디쓴 물을 마셔야 했던 자리,

깊은 어둠과 공포에 짓눌렸던 나날,

"어느 영혼이기에 이 밤 새이도록 끝없는 기다림의

직립으로 매달린 꿈의 뼈가 되어 있는가"(기형도).

하루하루를 천년처럼 끙끙 앓았던 시간의 몸살만을 느끼고

살아 있다는 것이 세상에서 가장 모진 일이라는 생각의 감옥에 갇혀

천장과 바닥만 있는 내 안의 유배지에 흰 벽처럼 앉아

움츠린 마음자리에 웅크린 어두운 그늘과

심신이 스러질 때까지 씨름하여

지우고 지워도 지워지지 않는 얼룩을

가까스로 어르고 달래어 보듬어 안은 채

시편을 반복해 송독(誦讀)하고

복음서를 읽고 또 읽노라면

동창으로 살그머니 올라오는 첫새벽 빛살을 타고

말씀의 한 잎이 살랑살랑 내 마음결에 날아와

살포시 내려앉아 잘랑 울리고

세미한 소리로 속살거리며 가만가만 여울지게 되어

바싹 마른 마음에 새벽이슬처럼 소롱소롱 내리고 맺혀

시나브로 은밀하게 가물거리는 아리고도 상서(祥瑞)로운 예감과

첫새벽 물안개처럼 자욱하게 내리고 감싸는

경이롭고 감미로운 그분의 세미한 소리에 감촉되고

영혼 속에 뭔가 어렴풋 심상(心象)이 떠오르면

그 주변을 조심조심 돌면서 사르고 살려

한 자 한 자 살 몸을 위해 써내려간다.

"나를 구원하신 주님의 의를 나의 가슴 속에 묻어 두지 않았고,

주의 성실하심과 구원을 말하렵니다.

주님의 한결같은 사랑과 그 미쁘심을

많은 회중 앞에서 감추지 않을 것입니다."(시 40:10)

이 작은 패널화(panel)는, 요셉이 마리아와 아기 예수님을 데리고 헤롯을 피하여 이집트로 가던 중 한 곳에 머물러 휴식을 취하는 장면이다. 이 그림은 렘브란트의 그림들 중 가장 초자연적인 빛이 숭고하게 빛나는 그림이기도 하다. 요셉과 마리아가 어린아이를 품에 안고, 목자가 지핀 타오르는 장작불을 쬐면서 휴식을 취하고 있다. 작은 호수에 비친 불빛이 주변의 풍광을 드러내면서 한층 평화롭고 고적하게 만든다.

앞에는 호수, 뒤에는 산, 위에는 어둑해진 하늘이 고행을 겪으며 고독을 가지 끝에 매단 채 타박타박 멀고 먼 길을 걸어갔을 피신하는 뿔가족(holy family)을 하느님의 은총인 양 아늑하게 품고 있다. 신비하고도 매혹적인 숲과 바야흐로 막 달빛을 가린 옅은 구름 사이에서 깊어가는 밤의 신비가 가지 않을 수 없던 길을 가는 성가족에게 스며든다. "고통당하고 있는 인간 앞에서 우리는 조용히 침묵하는 법을 배워야 한다. 이것만이 그의 존귀함에 부합하는 방법이다"(발터 니그).

마리아와 요셉에게 이집트 피신의 길은 가지 않을 수 없었던 길, 그래서 가야만 하는 길이었다. "오늘 아침엔 안개 무더기로 내려 길을 뭉텅 자르더니 / 저녁엔 헤쳐 온 길 가득 나를 혼자 버려둔" 길들, 그러나 장성한 예수님께서는 "오늘도 내일도 그 다음 날도, 나는 내 길을 가야 하겠다"(눅 13:33) 말씀하신다.

결국 예수님은 세상 사람들이 걸어간 큰길, 작은 길, 골목길, 모퉁이 길, 굽은 길의 맨 끝에 이르기까지 말씀과 행위 그리고 직관을 통해 하느님께 모든 것을 기어코 내맡김으로써 모든 시대의 온 인간을 위한 하느님의 생명과 은총으로 충만한 "참 삶(생명)의 길"(요 14:6)이 되셨다. 참 삶은 끝내 거짓 삶을 이길 것이다.

가지 않을 수 있는 고난의 길은 없었다
몇몇 길은 거쳐 오지 않았어야 했고
또 어떤 길은 정말 발 디디고 싶지 않았지만
돌이켜보면 그 모든 길을 지나 지금
여기까지 온 것이다
한번쯤은 꼭 다시 걸어 보고픈 길도 있고

아직도 해거름마다 따라와

나를 붙잡고 놓아주지 않는 길도 있다

그 길 때문에 눈시울 젖을 때 많으면서도

내가 걷는 이 길 나서는 새벽이면 남모르게 외롭고

돌아오는 길마다 말하지 않은 쓸쓸한 그늘 짙게 있지만

내가 가지 않을 수 있는 길은 없었다

그 어떤 쓰라린 길도

내게 물어오지 않고 같이 온 길은 없었다

그 길이 내 앞에 운명처럼 파여 있는 길이라면

더욱 가슴 아리고 그것이 내 발길이 데려온 것이라면

발등을 찍고 싶을 때 있지만

내 앞에 있던 모든 길들이 나를 지나

지금 내 속에서 나를 이루고 있는 것이다

오늘 아침엔 안개 무더기로 내려 길을 뭉텅 자르더니

저녁엔 헤쳐 온 길 가득 나를 혼자 버려둔다

오늘 또 가지 않을 수 없던 길

오늘 또 가지 않을 수 없던 길

—도종환, 「가지 않을 수 없던 길」 전문

렘브란트, 〈성가정〉, 1630

¹⁹헤롯이 죽은 뒤에, 주님의 천사가 이집트에 있는 요셉에게 꿈에 나타나서 ²⁰말하였다. "일어나서, 아기와 그 어머니를 데리고 이스라엘 땅으로 가거라. 그 아기의 목숨을 노리던 자들이 죽었다." ²¹요셉이 일어나서, 아기와 그 어머니를 데리고 이스라엘 땅으로 들어왔다. ²²그러나 요셉은, 아켈라오가 그 아버지 헤롯을 이어서 유대 지방의 왕이 되었다는 말을 듣고, 그 곳으로 가기를 두려워하였다. 그는 꿈에 지시를 받고, 갈릴리 지방으로 물러가서, ²³나사렛이라는 동네로 가서 살았다. 이리하여 예언자들을 시켜서 말씀하신 바, "그는 나사렛 사람이라고 불릴 것이다" 하신 말씀이 이루어졌다.

〈묵상본문: 마 2:19-23〉

16장

聖가정

예수님의 가정은 우리 가정의 본보기다. 렘브란트는 예수님의 가정에서 인간적으로 가정적인 행복을 참 친밀감 배어나도록 생생하게 그렸다. 그는 아기 예수님을 돌보는 어머니 마리아의 모습을 한 가락의 작은 미소와 자태의 풍만함으로써 부각시켰다. 아기를 향하여 한껏 허리를 굽힌 요셉의 사랑스런 눈길, 마리아의 품 안에서 한없이 평안히 잠들어 새록거리는 아기 예수님, 아기를 안고 있는 마리아의 안정된 자세, 인간의 원초적인 안식처는 엄마의 품이고 가정이고 집이다. 마리아의 붉은 옷과 아기를 감싼 초록 숄이 대조를 이루고, 요람은 덮개와 함께 오른쪽으로 미뤄져 있고, 요셉의 목공 도구들은 뒤쪽 벽에 옹기종기 걸려 있다.

본 주제는 특별한 성경 구절에 근거한 그림은 아닌 듯하다. 대개 성가족은 이집트로 피신하다가 안식하는 장면으로 그려졌고, 특히 중세 후기와 16세기에 많이 그려졌다. 그리고 아기 예수님과 부모가 벽과 지붕이 필요 없는 상상의 자연 풍경을 배경으로 그려졌는데, 렘브란트는 〈성가족〉을 항상 당대의 네덜란드 가구를 배치하여 그렸다.

이 그림에서는 가구들이 큰 역할은 하지 못하고 인물들의 크기가 시각적으로 캔버스를 꽉 채우고 있다. 색채와 구성에서 루벤스(Rubens)와 반 다이크(Van Dijck)의 흔적을 감지할 수 있다.

나에겐 아들이 한 명인데 올해 군목 후보생으로 목사 안수를 받았다. 초등학교 때까지는 그렇게 놀아달라고 졸랐는데도 시간이 없다는 핑계로 많이 놀아주지 못했다. 6학년이 지나고 중학생이 되자 아빠는 거들떠보지도 않는다. 사실 일주일 중 가족이 다 모여 두세 끼 밥 같이 먹기도 힘든 것이 다반사이며 대학 입학 이후에는 방학을 제외하곤 한 달에 한 번 정도 집에 온다. 그래서 주일 교회의 점심 식탁이 흩어진 가족이 만나는 각별한 장소가 되는 경우도 교회의 식당에서 자주 목격한다.

예수님께서는 한편으로 "누구든지 하느님의 뜻을 행하는 사람이 곧 내 형제요 자매요 어머니다"(막 3:35)라고 말씀하지만, 다른 한편 "그 사람은 제 부모를 공경하지 않아도 된다고 한다. 이렇게 너희는 너희의 전통 때문에 하느님의 말씀을 폐한다"(마 15:6) 하시면서 외식하는 자들의 위선을 신랄하게 비판하시기도 했다. 자식 사랑이야 흐르는 물 같지만, 부모 공경은 어려운 일이라 동서고금을 막론하고 고전에는 부모를 공경하라는 교훈이 반복해서 나온다. 하느님의 뜻의 이름으로 가족 이기주의를 경계하면서도 가족 사랑과 부모 섬김을 중시하는 말씀이라고 생각한다.

어머니의 가없는 갈애(渴愛)에는 성육신의 근본 뜻인 생명에 대한 아픈 마음과 살뜰한 자비와 인애가 만고이래(萬古以來) 만건곤(滿乾坤)하게 도도한 강물처럼 흐른다. 에베소 공의회(431년)가 선언한 것처럼 과연 예수님의 어머니 마리아는 하느님을 낳으신 어머니(Θεοτόκος)이다.

내가 내 자신에게 고개를 들 수 없을 때
나직이 불러본다 어머니
짓무른 외로움 돌아누우며

새벽에 불러본다 어머니
더운 피 서늘하게 거르시는 어머니
달빛보다 무심한 어머니

내가 내 자신을 다스릴 수 없을 때
북쪽 창문 열고 불러본다 어머니
동트는 아침마다 불러본다 어머니
아카시아 꽃잎 같은 어머니
이승의 마지막 깃발인 어머니
종말처럼 개벽처럼 손잡는 어머니

천지에 가득 달빛 흔들릴 때
황토 벌판 향해 불러본다 어머니
이 세계의 불행을 덮치시는 어머니
만고 만건곤 강물인 어머니
오 하느님을 낳으신 어머니

　　　　　—고정희,「땅의 사람들 8 – 어머니, 나의 어머니」전문

렘브란트, 〈성전에 계신 12세 예수〉, 1652

⁴¹예수의 부모는 해마다 유월절에 예루살렘으로 갔다. ⁴²예수가 열두 살이 되는 해에도, 그들은 절기 관습을 따라 유월절을 지키러 예루살렘에 올라갔다. ⁴³그런데 그들이 절기를 마치고 돌아올 때에, 소년 예수는 예루살렘에 그대로 머물러 있었다. 그의 부모는 이것을 모르고, ⁴⁴일행 가운데 있으려니 생각하고, 하룻길을 갔다. 그 뒤에 비로소 그들의 친척들과 친지들 가운데서 그를 찾았으나, ⁴⁵찾지 못하여, 예루살렘으로 되돌아가서 찾아다녔다. ⁴⁶사흘 뒤에야 그들은 성전에서 예수를 찾아냈는데, 그는 선생들 가운데 앉아서, 그들의 말을 듣기도 하고, 그들에게 묻기도 하고 있었다. ⁴⁷그의 말을 듣고 있던 사람들은 모두 그의 슬기와 대답에 경탄하였다. ⁴⁸그 부모는 예수를 보고 놀라서, 어머니가 예수에게 말하였다. "얘야, 이게 무슨 일이냐? 네 아버지와 내가 너를 찾느라고 얼마나 애를 태웠는지 모른다." ⁴⁹예수가 부모에게 말하였다. "어찌하여 나를 찾으셨습니까? 내가 내 아버지의 집에 있어야 할 줄을 알지 못하셨습니까?" ⁵⁰그러나 부모는 예수가 자기들에게 한 그 말이 무슨 뜻인지를 깨닫지 못하였다. ⁵¹예수는 부모와 함께 내려가 나사렛으로 돌아가서, 그들에게 순종하면서 지냈다. 예수의 어머니는 이 모든 일을 마음에 간직하였다. ⁵²예수는 지혜와 키가 자라고, 하나님과 사람에게 더욱 사랑을 받았다.

〈묵상본문: 눅 2:41-52〉

12살 예수

렘브란트는 1650년대 전반기에 이 주제에 몰입하면서 여러 번 반복해 그렸다. 이 주제는 중세 후기에 예수님의 생애나 마리아의 생애에 관한 전통적인 주기의 한 장면으로 그려졌다. 특히 이 주제는 성모통고[마리아의 일곱 가지 슬픔; 1단: 원죄 없이 잉태되신 동정 성모 마리아의 고통; 2단: 이집트로 피난을 가신 고통; 3단: 예루살렘 성전에서 예수님을 잃으신 고통; 4단: 십자가를 지고 가시는 예수님과 서로 만나신 고통; 5단: 십자가에 못 박혀 죽으신 예수님을 보신 고통; 6단: 예수님의 성시(聖屍)를 품에 안으신 고통; 7단: 예수님의 성시(聖屍)를 돌무덤에 장사지내심을 보신 고통]의 셋째 부분이었기 때문에 주로 성모께서 그림의 중심인물로 그려진다.

그러나 렘브란트는 예수님의 유년시절 여섯 가지(① 목자들의 경배, ② 할례, ③ 이집트로의 피신, ④ 성가정, ⑤ 성전에 계신 열두 살 예수, ⑥ 예수님께서 부모와 함께 성전에서 돌아오다)를 그리면서 열두 살 예수님을 중심인물로 그렸다. 가톨릭의 성모로부터 개신교의 그리스도 중심으로 옮겨진 것이다.

그림의 한가운데 홍안의 여린 소년 예수님의 모습이 앞뒤 좌우로 군중(선생들)에 둘러싸여, 그러나 군중과 구분되어 당차면서도 겸손한 모습으로 한눈에 들어온다. 어떤 사람은 앉아서, 어떤 사람은 난간에 기대어, 어떤 사람은 서서 어리석음을 깨우치는 그의 가르침을 듣기도 하고 묻기도 한다. "선생들은 아이의 예리한 답변에 감탄하며 다들 아이에게 사로잡혀 있었다"(눅 2:47, 메시지성경). 과연 예수님은 나면서부터 하느님을 아는 자, 생이지지자(生而知之者)이다. "가르침이란 진리에 대한 순종이 실천되는 공간을 창조하는 일이다"(파커 파머).

예수님
부를수록 새로운 당신의 그 이름만이
언제나 우리의 별이 되게 하소서
…
예수님
받을수록 놀라운 당신의 그 사랑만이
언제나 우리의 별이 되게 하소서
…
예수님
당신 안에
새롭게 시작하는 새해엔
우리도 별이신 당신을 닮아
또 하나의 별이 되게 하소서

마음마다 집집마다 거리마다
구원의 기쁜 소식을 빛으로 선포하는
별이 되게 하소서
…
예수님

부를수록 정다운 당신의 그 이름만이

우리의 빛나는 별이 되게 하소서

　　　　　　—이해인,「주현절 - 별이 되게 하소서」중에서

렘브란트, 〈젊은 유대인 예수〉, 1656

[29]나는 마음이 온유하고 겸손하니, 내 멍에를 메고 나한테 배워라. 그리하면 너희는 마음에 쉼을 얻을 것이다.

〈묵상본문: 마 11:29〉

18장
그리스도의 초상

1. 젊은 유대인 그리스도

그리스도는 환하고 빛나는 보이지 않는 살아 계신 하느님의 영광의 얼굴이다. 그리스도 안에서 무한하고 파악할 수 없이 빛나는 하느님의 얼굴을 볼 수 있게 되었다(Capax Dei). 전통적으로 옥좌의 그리스도, 만유의 주가 되시는 승리자 그리스도를 많이 그렸다. 렘브란트가 그린 그리스도의 얼굴을 이전의 레오나르도 다 빈치, 티치아노, 루벤스, 라파엘로, 벨라스케스가 그린 그리스도의 얼굴과 비교해보면 이 화가들이 그린 그리스도는 현실감이 떨어지고 피상적이라는 느낌이 든다. 현실감을 유지하면서 어떻게 현상의 깊이로 들어갈 수 있을까?

종교는 상징 속에 산다. 그런데 이 상징이 문자적으로 취해지거나 일상의 표층에까지 끌어내어진다면 종교 예술은 사라진다. 우리의 주님이며, 새로운 생명을 가져다준 예수님께서 마을의 학교 선생이거나, 혁명가, 도덕 교사 혹은 오랫동안 고난받은 슬픈 사람으로 일반화된다면 종교 예술은 그려지지 않는다. 종교 초상화에서 그리운 것은 신적 실재를 현시하는 작품의 투명한 초월이다. 작품을 통해 신적 실재를 볼 수 있어야 한다. 전통적 예수님 초상화에서 종교적 상징이 초상화를 대신했다면 전통적 상징이 사라진 시대의 예수님 초상화는 독특한 형식과 양식으로써 인간 일반의 삶의 표층을 돌파하여 삶의 깊이에 도달하려는 표현력이 드러나야 한다.

램브란트가 그린 그리스도의 얼굴에서 풍기는 말로 표현할 수 없는 기운은 다름 아니라 고요하고 자비로운 사람의 얼굴이다. 이 얼굴은 말할 수 없는 사랑의 감미로움뿐 아니라 삶의 고난과 죽음의 가느다란 슬픔을 그 안에 담고 있다. 그분의 에메랄드빛 눈은 머나먼 그 어떤 곳으로부터 존재의 슬픔과 현세의 아픔으로 다가오고, 그분의 이마는 고요하고 맑으며, 순수하고 부드럽게 이 세상의 어둠에 대해 이야기하고, 옅은 입술의 부드러운 선과 얼굴은 조화로운 균형을 이룬다. "밝은 얼굴은 사람을 기쁘게 하고, 좋은 소식은 사람을 낫게 한다"(잠 15:30). 이것이 어떻게 그려졌는지는 말할 수 없다.

예수님은 참으로 현존하지 않는 듯하며 그저 단순히 현현(顯現)만으로 만족하시는 듯하다(벨기에 시인 베르하렌). 램브란트가 생애를 통해 캔버스에 물감으로 예수님을 그렸다면, 예수님께서는 세상이라는 캔버스에 자신의 삶으로써 환한 하느님을 그렸을 것이다.

2. 조르주 루오와 시인 김춘수의 예수

시인 김춘수는 1922년 경남 통영에서 태어나 2004년 작고하기까지 31권의 시집을 낸다. 작고하기 1년 전인 2003년도에도 시를 발표한 매우 활동적인 시인이다. 시인은 소위 기독교 시인으로 잘 알려진 윤동주, 김현승, 박목월 시인처럼 분명하게 기독교인이라고 고백하는 사람은 아니다. 그는 세례를 받은 적도 없고, 교회를 내놓고 다닌 적도 없지만,

신앙적 주제나 소재를 다룬 시는 40여 편이 넘는다.

　사후에 나온 그의 수필집『왜 나는 시인인가』에는 400여 쪽 중, 110쪽에 달하는 분량에 "내 속에 자리한 예수"라는 제목의 글이 실려 있다. 평생 시인을 스쳐간 예수님은 넷인데, 하나는 아기 예수님, 둘은 도스토엡스키를 통해 만난 예수님, 셋은 일본 요코하마 헌병대 감방에서 만난 예수님 그리고 넷은 화가 조르주 루오(Georges Rouault, 1871~1958)를 통해서 만난 교외의 예수님이라고 고백한다.

　　예루살렘은 가을이다.

　　이천 년이 지났는데도

　　집들은 여전히 눈 감은 잿빛이다.

　　예수는 얼굴이 그때보다도

　　더욱 문드러지고 윤곽만 더욱 커져 있다.

　　좌우에 선 야곱과 요한,

　　그들은 어느 쪽도 자꾸 작아져 가고 있다.

　　크고 밋밋한 예수의 얼굴 뒤로

　　영영 사라져버리겠다. 사라져버릴까?

　　해가 올리브 빛깔로 타고 있다.

　　지는 것이 아니라 솔가리처럼 갈잎처럼

　　타고 있다. 냄새가 난다.

　　교외의 예수, 예루살렘은 지금

　　유카리나무가 하늘빛 꽃을 다는

　　그런 가을이다.

　　　　　　—김춘수,「교외의 예수 - 루오의 그림을 생각하며」 전문

루오, 〈교외의 예수〉, 1920-1924. 도쿄 브릿지스톤 미술관

시인은 루오의 예수상이 가장 특이하다고 생각한다. 루오가 교외라고 했지만, 고대 예루살렘인지 현대 파리인지 분간하기 어렵다. 날이 저물어가는 어스레한 불빛 속에서 집들은 눈감은 잿빛이다. 아니, 황톳빛이다. 낮과 밤의 경계선인 저녁녘이라 보아야 하리라. 그러나 해가 둔중한 빛깔로 불타고 있다. 나무는 잎이 다 졌는지 화면에는 보이지 않는다. 무겁고 쓸쓸한 배경이다.

예수님의 얼굴이 커다랗게 정면에 배치되어 있고, 그 옆에 두 사람의 인물을 조그맣게 세워놓고 있다. 아마 예수님의 제자인 듯하다. 세 사람이 다 윤곽만 드러나 있고 눈, 코, 입이 모두 다 그려져 있지 않다. 민숭민숭한 유령 같은 얼굴이다.

그런데 가만히 들여다보고 있노라면 제각기 그들은 뚜렷한 표정을 지니고 있다. 특히 예수님이 그렇다. 예수님의 이목구비의 경계는 이천 년의 풍상에 낡고 바래 자꾸 사그라져갔다. 그 대신 얼굴 윤곽만 몇 배로 커지고 또렷해졌다. 루오는 귀찮아서 이목구비를 생략해버린 것일까? 아니면, 그의 굵은 터치와 마티에르(재료의 질감) 때문일까? 이목구비가 없으면서 테두리만 선명하게 남아 있는 그것이 지금 우리가 가져볼 수 있는 예수님의 진짜 초상이 아닐지 모른다. 어쨌든 대상을 깎고 갈고 닦아 그 골간(骨幹)을 아주 간결하게 제시해 보여주고 있다.

화가와 시인에게 그리스도의 얼굴은 세월이 지날수록 그의 이목구비가 어떻게 생겼는지 그것은 알 수가 없고 또 절실하지도 않다. 다만 윤곽만 커지고 갈수록 선명해지는, 그러면서 세계를 늘 기쁨 밑에 슬픔으로 여울지는 그런 얼굴로 드러난다. 기쁨 밑으로 슬픔을 감춘다는 것이 얼마나 힘든 것인지, 삶은 얼마나 많은 비밀을 품고 있는지 알게 되고, 존재의 슬픔은 그러한 사실을 지그시 암시하는 하나의 근원적 정념(情

슌)임을 느끼게 된다. "모든 사물은 눈물을 머금고 있다"(베르길리우스).

시인은 '왜 나는 詩人인가?' 하는 물음에 대하여 이렇게 답한 적이 있다. "존재하는 것의 슬픔을 깊이깊이 느끼고 이해하려고 노력하기 때문에 나는 시인이다. 그중에서도 사람이란 더없이 슬픈 존재다. 사람으로 태어난 슬픔을 아름다움으로 승화시켜야 한다고 깊이깊이 느끼고 생각하기 때문에 나는 시인이다."

렘브란트, 〈세례자 요한의 설교〉, 1634-36

¹디베료 황제가 왕위에 오른 지 열다섯째 해에, 곧 본디오 빌라도가 총독으로 유대를 통치하고, 헤롯이 분봉왕으로 갈릴리를 다스리고, 그의 동생 빌립이 분봉왕으로 이두래와 드라고닛 지방을 다스리고, 루사니아가 분봉왕으로 아빌레네를 다스리고, ²안나스와 가야바가 대제사장으로 있을 때에, 하나님의 말씀이 광야에 있는 사가랴의 아들 요한에게 내렸다. ³요한은 요단 강 주변 온 지역을 찾아가서, 죄사함을 받게 하는 회개의 세례를 선포하였다. ⁴그것은 이사야의 예언서에 적혀 있는 대로였다. "광야에서 외치는 이의 소리가 있다. 너희는 주님의 길을 예비하고, 그 길을 곧게 하여라. ⁵모든 골짜기는 메우고, 모든 산과 언덕은 평평하게 하고, 굽은 것은 곧게 하고, 험한 길은 평탄하게 해야 할 것이니, ⁶모든 사람이 하나님의 구원을 보게 될 것이다." ⁷요한은 자기에게 세례를 받으러 나오는 무리에게 말하였다. "독사의 자식들아, 누가 너희에게 닥쳐올 진노를 피하라고 일러주더냐? ⁸회개에 알맞은 열매를 맺어라. 너희는 속으로 '아브라함은 우리의 조상이다' 하고 말하지 말아라. 내가 너희에게 말한다. 하나님께서는 이 돌들로도 아브라함의 자손을 만드실 수 있다. ⁹도끼를 이미 나무 뿌리에 갖다 놓으셨다. 그러므로 좋은 열매를 맺지 않는 나무는 다 찍어서 불 속에 던지신다." ¹⁰무리가 요한에게 물었다. "그러면 우리는 무엇을 해야 합니까?" ¹¹요한이 그들에게 대답하였다. "속옷을 두 벌 가진 사람은 없는 사람에게 나누어 주고, 먹을 것을 가진 사람도 그렇게 하여라." ¹²세리들도 세례를 받으러 와서, 그에게 물었다. "선생님, 우리는 무엇을 해야 하겠습니까?" ¹³요한은 그들에게 대답하였다. "너희에게 정해 준 것보다 더 받지 말아라." ¹⁴또 군인들도 그에게 물었다. "그러면 우리들은 무엇을 해야 하겠습니까?" 요한이 그들에게 대답하였다. "아무에게도 협박하여 억지로 빼앗거나, 거짓 고소를 하여 빼앗거나, 속여서 빼앗지 말고, 너희의 봉급으로 만족하게 여겨라." ¹⁵백성이 그리스도를 고대하고 있던 터에, 모두들 마음 속으로 요한에 대하여 생각하기를, 그가 그리스도가 아닐까 하였다. ¹⁶그래서 요한은 모든 사람에게 대답하였다. "나는 여러분에게 물로 세례를 주지만, 나보다 더 능력 있는 분이 오실 터인데, 나는 그의 신발끈을 풀어드릴 자격도 없소. 그는 여러분에게 성령과 불로 세례를 주실 것이오. ¹⁷그는 자기의 타작 마당을 깨끗이 하려고, 손에 키를 들었으니, 알곡은 곳간에 모아들이고, 쭉정이는 꺼지지 않는 불에 태우실 것이오." ¹⁸요한은 그 밖에도, 많은 일을 권면하면서, 백성에게 기쁜 소식을 전하였다. ¹⁹그러나 분봉왕 헤롯은 자기 동생의 아내 헤로디아와 관련된 일과 또 자기가 행한 모든 악한 일 때문에, 요한에게 책망을 받았고, ²⁰거기에다가 또 다른 악행을 보태었으니, 요한을 옥에 가둔 것이다. ²¹백성이 모두 세례를 받았다. 예수께서도 세례를 받으시고, 기도하시는데, 하늘이 열리고, ²²성령이 비둘기 같은 형체로 예수 위에 내려오셨다. 그리고 하늘에서 이런 소리가 울려 왔다. "너는 내 사랑하는 아들이요, 나는 너를 좋아한다."

〈묵상본문: 눅 3:1-22〉

19장

독사의 자식들아

〈세례자 요한의 설교〉는 16~17세기에 북·서 유럽에서 정규적으로 그려졌던 주제다. 특히 16세기에 교회와 사회가 자행했던 모든 종류의 악과 부패에 점점 시민들이 저항하면서 백성들을 촉구하여 회개하라고 외치는 세례자 요한의 설교는 당대의 시대적 분위기를 일신하는 견인차 역할을 했다. 인문주의자들과 종교개혁의 추종자들은 기독교 교리와 교회의 근원적인 순수성을 회복하고자 하는 열망이 불타오르고 있었다. 또한 네덜란드에서는 당시 회화사적으로 풍경화가 독자적이고 자립적인 장르로 출발하던 시기였다. 오랜 기간 자연 풍경은 성경의 이야기를 설명하는 배경화면으로 뒤에 물러가 있었으나, 본 그림은 풍경을 이야기에 끌어당겨 풍경이 또 하나의 완벽한 주제가 되고 있다.

세례자 요한 앞에는 군중이 구름떼처럼 몰려와 있고 뒤에는 로마 황제의 흉상이 새겨진 큰 기둥이 서 있다. 이것은 예수님의 길을 예비하는 세례자 요한이 등장하는 때가 디베료 황제가 통치한 지 열다섯 해 되던 시기라는 누가복음의 기록(눅 3:1-2)에 상응하기 위함이다. 경사진 강둑 위에서 회개를 촉구하는 세례자 요한의 거친 몸짓이 환한 조명을 받고 있다. 요한의 특징인즉 가차 없는 심판을 설교한다는 것과 그것이 세례를 베푸는 일로 이어진다는 것이다. 강물은 폐허가 된 건물 사이로 흐르고 있다. 요한 주변으로 몰려온 군중은 각양각색 울퉁불퉁한 인생을 살아온 사람들이다. 복음서의 저자들은 언급조차 하지 않았던 다양한 인종의 사람들, 즉 아프리카와 아시아의 인종에서 터키인과 아메리카 원주민까지 등장시켜 요한의 설교에 담긴 보편성을 보여주려 한다. 여자와 남자, 어린이와 늙은이, 부자와 가난한자, 시민에서 관료 그리고 군인에 이르기까지 모든 계층과 연령의 사람들이 다 망라된다.

대부분의 사람은 요한의 설교를 경청하고 있으나 어떤 사람들은 우는 어린이, 뛰어노는 어린이들 때문에 정신이 산만한 듯 보인다. 또 다른 사람들은 아예 관심도 없다. 그러나 정말 참신한 모티브는 전면의 어둡게 처리된 그림자 속에 있다. 오른쪽으로 개울에서 어린아이에게 똥을 누이는 어머니의 모습을 보라. 왼쪽에서는 개 두 마리가 서로 싸우고 뜻밖에도 암캐에 올라탄 수캐를 보게 된다. 마지막 한 마리는 바리새인들의 그림자 속에서 편히 엎드려 있다. 그림 정면에 요한에게 잔뜩 앙심을 품은 외식하는 자, 바리새인으로 보이는 두 사람이 긴 옷을 입고 요한에게서 등을 돌려 자기들끼리 속닥거리고 있다. 이와 같은 사람들을 오늘날에도 지나친 자기애적 성격장애를 지닌 학자들, 신학자들, 목사들, 장로들 중에서 종종 만난다. 인물의 크기에서 가히 요한에 필적할 만하다. 반은 짙은 어둠에 가려져 있는 것을 보면 요셉의 형제들처럼 사악한 음모(창 37:18)를 꾸미고 있는 게 분명하다. 렘브란트는 17세기에 이미 복음이 선포되는 세속적 조건을 도덕적으로 숨기지 않았다.

누가는 요한이 설교하는 동안 위선자 바리새인에 대한 직접적 언급은 하지 않는다. 렘브란트는 이 대목에서 그들을 명시하는 마태복음(마 3:7)에 기대고 있다. 그러나 누가 또한 요한의 입에서 나온 독설을 빼놓지 않는다. "독사의 자식들아, 누가 너희에게 일러 닥쳐올 진노를 피하라고 일러주더냐?"(눅 3:7). 임박한 역사 종말의 대망! 불같은 예언의 계시가 없다면 종교는 삽시간에 경직되며, 살아 있는 종교적인 삶은 부지불식간에 사라지고 만다. 세례자 요한은 "모든 사람이 하느님의 구원을 보게 될 것"(눅 3:6)이라는 희망의 씨앗을 뿌린 이스라엘의 마지막 예언자이다.

> 진리와 정의
> 자유와 평화가 승리하지 못해
> 오늘도 많은 이들이 울고 있는
> 이 시대의 어둠이 깊어 갈수록
> 더 가까이 들려오는
> 세례자 요한의 목쉰 소리
>
> "회개하라"
> "주의 길을 닦으라"
> 거듭 외치는 그 목소리에
> 우리는 저마다 귀를 세우고
> 겨울바람이 신음하는
> 황량한 들판을 바라봅니다
>
> 온 세상을 길이신 예수로 가득 채우고자
> 길을 고르게 하라고 외치는
> 당신의 음성이 커지면 커질수록
> 두려움에 보채는 마음들을 보십시오
> 길을 닦고 고르지 못한 부끄러움에

…

온 세상을 빛이신 예수로 가득 채우고자

죄의 어둠 몰아내라 외치며

당신은 "빛의 그림자"로

물러서길 원했던 세례자 요한이여

…

우리도 당신처럼

주님 만난 기쁨을

온 세상에 선포하는

희망의 예언자이게 하십시오

이웃을 주님께 데려가는

사랑의 안내자이게 하십시오

　　　　—이해인, 「당신의 목소리를 들으며 - 세례자 요한께」 부분

　전체적으로 회갈색과 연초록이 어우러진 색감이 그림의 분위기를 밝
고도 신비하게 만들면서 세례자 요한의 메시지가 사람의 마음을 철렁
이게 하고 폭풍처럼 온 땅을 뒤흔드는 위엄을 드러낸다.

피에로 델라 프란체스카, 〈예수님의 세례〉, c.1450

¹³그 때에 예수께서 요한에게 세례를 받으시려고, 갈릴리를 떠나 요단 강으로 요한을 찾아가셨다. ¹⁴그러나 요한은 "내가 선생님께 세례를 받아야 할 터인데, 선생님께서 내게 오셨습니까?" 하고 말하면서 말렸다. ¹⁵예수께서 그에게 말씀하셨다. "지금은 그렇게 하도록 하십시오. 이렇게 하여, 우리가 모든 의를 이루는 것이 옳습니다." 그제서야 요한이 허락하였다. ¹⁶예수께서 세례를 받으시고, 곧 물에서 올라오셨다. 그 때에 하늘이 열렸다. 그는 하나님의 영이 비둘기 같이 내려와 자기 위에 오는 것을 보셨다. ¹⁷그리고 하늘에서 소리가 나기를 "이는 내가 사랑하는 아들이다. 내가 그를 좋아한다" 하였다.

〈묵상본문: 마 3:13-17〉

20장

세례, 하느님과 일치되는 미의 사건

　주현절 후 첫째 주일은 예수님의 세례받음(受洗)을 기념하는 수세 주일이다. 〈예수님의 세례〉를 주제로 한 렘브란트의 그림이 없어 초기 르네상스 이탈리아 화가 피에로 델라 프란체스카(Piero della Francesca, 1416~1492)의 그림을 보면서, 1975년 12월 25일 성탄절에 세례 받던 어렴풋하고 아득한 이미지로 남은 유일한 경험을 떠올리며 '예수님의 세례'에 관하여 묵상하고 싶다.

　세례란 무엇인가? 당시 본인이 다녔던 교회는 폭발적인 성장의 기세로 기도와 전도 및 집회 외에 다른 교회적인 것들에 신경을 쓰지 못한 것 같다. 세례예식에 대한 이해도 미천했고 세례교육은 전혀 없었다. 세례 받고 싶은 간절한 열망이 있어 받고 싶다고 말했을 뿐인데 세례자 명단에 들어갔고, 아무런 교육 없이 그해 성탄절에 세례 받았다. 세례의 문이 아주 넓었다. 교육이나 어떤 예전적 절차가 문제가 아니라 성령으로 마음이 동하면 개인의 자유로운 결정으로 세례를 받는 것이라고 막연하게 생각하고 있었던 것 같다. 세례를 순전한 마음으로 사모했고 필수적이라 생각했지만, 훗날 아쉽게 생각한 건데 세례받기에는 터무니없이 부족한 상태였다. 최소한 3~6개월 정도 세례자를 위한 기초교육〔예배, 기도, 성경(십계명과 주기도문) 및 기본적 교리교육(사도신경을 포함한 주요 교리문답과 그리스도인으로서의 생활)〕이 필수적으로 선행되어야 한다고 생각한다.

나는 주님을 혹애(惑愛)한다는 단순한 열정과 순박한 믿음만을 가지고 85명쯤 되었던 세례자 이름을 차례로 부를 때 그중 한 명이 되어 몇 초 안 되는 순간 세례를 받은 것이다. 그 의미와 그 감동을 교육과 예전을 통해 길게 느끼고 자발적으로 표현할 수 있었던 시절이 아니었다. 아름답고 뭉클한 예전을 생각도 못 했고, 지금도 한국 개신교는 이런 점에서 참 가난하다고 생각한다.

신학교육을 받는 내내 하느님과 예수 그리스도, 성경과 역사에 대한 교육은 많았으나 교회론에서 말씀과 기도 생활 못지않게 성례전(＝세례와 성찬)이 차지하는 비중의 막중함을 인식하지 못했다. 이제는 한국 개신교 신학부에서도 예배학이 많이 보완되어 성례(세례와 성찬)에 대한 좋은 교육을 받을 수 있게 되어가고 있다.

예(禮)가 지나치면 전례주의에 빠지지만 예를 무시하면 무례(無禮)한 사람이 된다. 예식과 예배는 하느님의 은총의 선물이며 그 선물에 응답하는 인간의 지극한 정성이 담겨진 표현이다. 안셀름 그륀이 말하는 예식의 중요성을 나누고 싶다. "무릇 예식은 달리 표현할 수 없는 우리의 느낌을 표현하기 위해 있다. 예식은 말보다 훨씬 깊은 방식으로 서로를 결합할 수 있다. 그리고 하느님을 향해 우리 서로를 열어준다. 예식에서 우리 삶에 다른 차원이, 우리 땅과 접촉하는 하늘의 차원이 돌입한다. 예식은 예수 그리스도의 모습이 우리 가운데 보이게 한다."

세례에 관한 신학적 의미를 여러 가지 서술해볼 수 있지만, 프란체스카는 그림을 통해 세례를 아예 화안(和顏)한 하느님과의 감미로운 합일로 표현하려는 것 같다는 생각이다.

이는 내가 사랑하는 아들이다. 내가 그를 좋아한다.

This is my Son, chosen and marked by my love, delight of my life.

(마 3:17)

예수님의 세례는 그리스도인 세례의 본보기다. 그러므로 예수님의 세례에서 우리의 세례를 보는 것은 마땅한 일이다. 예수님께서 세례자 요한을 찾아 세례를 청했을 때 요한은 "내가 선생님께 세례를 받아야 할 터인데, 선생님께서 내게 오셨습니다" 하고 정중히 사양하는 의사를 간접적으로 표시한다. 그때 예수님께서 당신이 나에게 세례를 베풂으로써 "모든 의를 이루는 것"(마 3:15)이라 말씀하여 요한이 세례를 허락한다.

예수님은 요한의 세례에 축적된 이스라엘 역사의 문화적 형식들을 통해 면면히 이어온 하느님의 역사적 경험을 이어받는다. 메시지 성경은 "모든 의를 이루는 것"을 "오랜 세월 동안 이어져 온 하느님의 바로잡는 역사"라고 번역했다. 세례의 경험을 하느님과 개인 간의 수직적 종교 체험으로 축소해서는 안 된다. 세례는 개인이 공동체에서 소외되고 자신이 대상화할 수 있는 물화된 의식의 차원에 남는 사적인 체험이 아니다. 세례는 개인과 집단에 공히 무의식적 차원에 수북이 쌓이는 공동체적 '관계'의 성격을 띤다. 그래서 세례는 현재적 교회 공동체뿐 아니라 공동체의 역사로 들어가는 문이다. 세례는 세례 받는 자를 교회 공동체 및 공동체의 역사와 절합(=결합하고 표현, artikulation)한다. 개신교는 세례의 공동체적 의미와 역사적 의미를 강조할 필요성을 강하게 느낀다.

대학원 졸업을 앞둔 신실한 목회 후보생들의 고민 중 하나는 이런 것이다. "그저 사람들이 만들어놓은 제도에 따라서 그저 그런 목회를 하고 싫지 않아서 그렇습니다! 날 향한 하느님의 뜻이 구체적으로 무엇인지 잘 모르겠습니다. …"(졸업을 앞둔 한 대학원생이 보낸 문자 중에서).

교회 제도란 그저 사람들이 필요에 따라 혹은 인간적 욕망을 충족시키기 위해 만들어놓은 제도에 불과하니 그 제도를 수용하고 싶지 않다는 것이다. 그 제도는 너무 속된 것이 아니냐는 선입견(실제 교회의 비상식적 행동을 많이 경험했으니 선입견이라 말할 수도 없음)을 가지고 있다. 아마 이 신학도만이 아닐 것이다. 그렇지만 목회란 적어도 "날 향한 하느님의 뜻"을 받들어 모시는 것이고, 그것이 구체적으로 무엇인지 알고 난 뒤에 목회를 하고 싶다는 순수한 소망이 간절하다. 얼마나 귀한가!

사실 교회의 제도란 이 소망을 공동체적으로 키워주고 실현시켜주는 제도여야 한다. 그러나 애석한 현실은 그 구체적이고 순수했던 열망이 제도를 통과하면서 대개 탈색된다는 것이다. 가톨릭 사제 후보생 같으면 이런 고민을 하겠는가? 이런 점에서 루터의 종교개혁 교회의 후예답게 개인적 차원에서 끊임없이 싸워서 쟁취해야 하고 양심의 가책들과 끊임없이 투쟁하는 영적 유산이 여기서도 예외 없이 나타나지만, 이것 못지않게 교회의 공적 공신력을 지켜야 할 책임을 가진 감독과 교회 제도의 역할은 대단히 중요한 것이다.

세례를 통해 예수님 위로 천상으로 통하는 하늘문이 환하게 열린다. "누가 하늘을 보았다 하는가 / 누가 구름 한 자락 없이 맑은 / 하늘을 보았다 하는가"(신동엽, 「금강」 중에서). 감히 누가 하늘을 볼 수 있겠는가? 예수님 외에! 예수님의 세례에서 가장 황홀하게 아름다운 장면이다. 그리스도의 신비를 가리키는, 이보다 더 아름다운 그림이 어디 있을까 싶다. 예수님은 하늘의 신적 영역에 감싸지고 통한다. 세례를 통해 평화의 성령이 비둘기의 형상으로 임한다. 세례를 통해 아무도 침범할 수 없는 그만의 원초적 존재가치인 하느님이 그지없이 사랑하고 기뻐하는 하느님의 딸·아들(子女)이 된다.

창세기의 인간 창조에서 인간은 하느님의 말씀을 품수 받은 "하느님의 형상"(창 1:26)이다. 세례에서 예수님은 이것과 비교할 수 없을 정도의 관계로서 보이지 않는 완전한 하느님의 형상(골 1:15), 곧 하느님의 아들로 선언된다. 예수님은 세례를 통해 환한 하느님의 삶의 기쁨(delight), 하느님 삶의 자랑(pride of my life)이 된다. 하느님의 사랑의 시선은 사랑하는 아들을 영화롭게 하고, 예수님을 믿는 우리도 세례를 통해 하느님의 소리를 듣는다. "나는 영원한 사랑으로 너를 사랑하였고, 한결같은 사랑을 너에게 베푼다"(렘 31:3). 시편 시인의 다음 선언도 곁들인다. "주님께서는 나의 장기도 창조하시고, 내 모태에서 나를 짜 맞추셨습니다"(시 139:12).

구약은 하느님의 진노와 징벌의 성경이고 신약은 하느님의 용서와 사랑의 복음이라고 말하는 자가 있다. 그러나 나는 신구약 모두 하느님의 자비와 사랑의 복음이라고 생각한다. 구약에서도 인간의 죄악과 불평과 원망이 잠시 하느님의 심정에 영향을 미칠 수 있을지 몰라도, 그분과 인간의 관계를 근본적으로 고쳐놓지는 못한다. 하느님의 이스라엘 사랑은 영원하시다. 그분은 40년의 광야 생활과 다양한 제의 및 정결 예식의 규례를 주어, 대리석에서 아름다운 조각상을 절차탁마하여 드러내 보이는 조각가처럼 이스라엘을 하느님의 백성으로 만드시는 계획을 성실하게 이행하신다(레위기와 민수기 11:1-21:9 참조). 인간이 저지르는 죄라는 것이 본질적으로 거룩하고 영원한 것을 완전히 파괴한다는 생각은 어불성설이다. 그분의 영원한 사랑과 관심은 오직 그분에게서 나오는 것이기 때문이다. 특히 이사야는 하느님의 자애로운 사랑을 가슴 저리게 서술한다.

> 너는 눈에 넣어도 아프지 않을
> 나의 귀염둥이, 나의 사랑이다.
>
> (사 43:4)

> 여인이 자기의 젖먹이를 어찌 잊으랴!
> 자기가 낳은 아이를 어찌 가엾게 여기지 않으랴!
> 어미는 혹시 잊을지 몰라도 나는 결코 너를 잊지 아니하리라
>
> (사 49:15)

> 내가 잠깐 너를 내버려두었었지만,
> 큰 자비를 기울여 너를 다시 거두어들이리라.
> 내가 분이 복받쳐
> 내 얼굴을 잠깐 너에게서 숨겼었지만,
> 이제 영원한 사랑으로 너에게 자비를 베풀리라."
> 너를 건지시는 야훼의 말씀이시다.
>
> (사 54:7-8)

> 산들이 밀려 나고 언덕이 무너져도
> 나의 사랑은 결코 너를 떠나지 않는다.
> 내가 주는 평화의 계약은 결코 무너지지 않는다.
> 너를 불쌍히 여기시는 야훼의 말씀이시다.
>
> (사 54:10, 공동번역)

세례는 하느님의 사랑이 성령의 현존 속에서 인간 예수님에게 표현된 결정적 아름다움의 사건이다. 그분은 외적 성공이나 실패 혹은 확신에 따라 흔들리는 존재가 아니다. 그분은 자신의 '참 존재', '참 소중한 나', '참된 자신'을 깊고 신비한 방식으로 인정받는다. "내가 사랑하는 아들", 하늘에서 울린 이 말씀은 그 의미를 해석함에서 교리적 전통의 차이를 떠나 모든 인간 존재에 대한 가장 친밀하고 내밀한 관계의 진리를 드러낸다. 성령 안에서 말씀한 성부의 선언은 성부에 대한 성자의 "전적인 의존감정"(슐라이어마허), 실존의 전적 헌신과 귀의의 표현이기도 하다.

세례에서 들렸던 이 보옥(寶玉) 같은 인간 존재에 대한 인정은 바라마지않는 긍정의 경험에서 시작된다. 인간의 인간됨의 세속적 평가에서 평생 그가 한 일이나 선한 행실이나 인간의 착한 본성, 혹은 남들의 평가나 그가 획득한 명예나 소유 등이 중요한 판단 근거이겠지만, 인생사에 기초한 이러한 근거는 모두 유약하여 부서지기 쉬운 것이고 하느님의 선언만이 참으로 본질적이며 영원하다. 인간이 인간답게 살 수 있는 것은 자신의 존재 이유가 아무런 조건 없이 존재의 구석구석에 울려 아름답게 경험될 때뿐이다. 예수님의 세례에서처럼 성령이 선언하는 존재가치에 대한 절대적 인정받음과 칭찬받음의 경험은 우리가 참으로 힘차게 살 수 있는 호연지기(浩然之氣)이고 흔들리지 않는 생의 너른 터전이다.

만일 부모가 자식이 어릴 때 조건부로 인정하거나 구박한다면 자녀는 자기 자신 안에서 내면으로부터 살지 못하고 표면에 떠다니며 방황할 것이다. 삶을 지지해주는 중심이 없어져 이탈하고 삶에서 잘려나갈 것이다. 그는 자신과 일치되어 살지 못하고 분열된 모습으로 고군분투

하게 된다.

고대 교회는 381년 니케아-콘스탄티노플 신경에서 다음과 같이 당대 최고의 언어와 개념을 동원해 예수 그리스도의 존재를 아름답게 고백한다. 요체는 하느님과 예수님의 존재의 일치, 본성의 일치, 삶의 일치다.

> 그분은 모든 시간 이전에 성부에게서 나신, 하느님의 독생자이십니다. 그분은 하느님에게서 나신 참 하느님이시요, 빛에서 나신 빛이시요, 참 하느님에게서 나신 참 하느님이시며, 지으심을 받지 않고 나신 분(génitum, non factum) 성부와 한 본체로서(consubstantiálem Patri), 그분을 통해서 만물이 지음 받았습니다.

성자와 성부의 일치를 존재론적으로 표현한 문구는 단 한 곳, "한 본체"(=동일본질)란 표현뿐이다. 나머지는 모두 아름다운 성경적 은유를 사용했다. 그런데 교리사에서는 "한 본체"란 표현을 강조해서 쓰고 또 가르친다. 이상한 일이다. 454년 칼케돈 신조를 통해서 기독교는 헬라화(형이상학화)됐다는 주장은 좀 과장된 부분이 있어 보인다. 난 개인적으로 '탈형이상학의 하느님'이란 주제로 한참 이 문제와 씨름했는데, 너무 지나치게 걱정하지 않았나 하는 생각이 든다. 기독교 신앙과 신학은 그리스 언어를 차용해 사용했을지언정 헬라화된 적이 없다. 예수 그리스도의 세례라는 역사적 사건을 그리스 전통의 철학에서 추론할 수 없는 것이나 같은 이치다.

그림에서 상부의 원형은 하느님 아버지를 시각적으로 발현하는 화가의 기법이다. 화가는 그분께서 분명 원형에 포함되지 않은 다른 세계,

다른 존재에 속하고 있다는 사실을 분명히 하고자 한 것으로 보인다. 화가는 예수님을 그림의 중앙 전면에 세운다.

세례자 요한은 그 옆에 서 있다. 요한은 그의 오른손으로 세례기(조가비)를 들어 올려 푸른 하늘을 이고 계신 예수님의 머리에 물(성령의 상징)을 붓는다. 초기 교회에서는 세례를 밤중에 거행했는데 세례 반(盤) 안으로 들어가 세 차례 내려 붓는 물을 받아 썼다고 한다. 물은 아래로 흘러 예수님의 온몸을 적실 것이며, 예수님은 성령의 사람이 될 것이다. 세례 받는 자들이 물속에 폭 잠기기도 했다. 물은 죽음을 의미하기도 하고 홍해를 의미하기도 한다. 세례에서 그리스도와 하나가 됨으로써 그리스도와 함께 죽고, 부활에서 그리스도 함께 다시 사는 것이다(롬 6:3-4). 홍해를 건너 자유자재한 몸이 되는 것이다.

예수님의 머리, 세례기를 축으로 한 수직선상으로 흰 비둘기가 날아든다. 성령의 현존을 표현하기 위함이다. 예수님의 왼편으로는 생명나무가 크게 자라 있다. 그 나무는 후에 잘려 예수님이 지고 갈 십자가가 될 것이다. 그리고 그 옆에는 세 천사가 예수님의 탄생에서 찬양한 것처럼 세례의 사건의 의미를 다시 한번 아름답고 거룩하게 찬미한다.

예수님의 발밑으로 요단강이 흐르다 멈춘 듯 보인다. 요단강은 마치 세례대처럼 수평면을 이루고 있다. 요단강 뒤로 펼쳐진 풍경과 도시는 분명 새 예루살렘을 그린 것이다. 하늘은 푸르고 그 아래 구름이 둥실둥실 떠 흐른다. 요단강물 속에 숨은 자갈들이 하늘의 밝은 황금빛을 영롱하게 반사한다. 모든 사물이 명랑하고 은총을 받아 반짝반짝하고 뽀드득뽀드득 소리가 난다. "너 하느님의 도성아, 너를 가리켜 영광스럽다고 말한다"(시 87:3).

화가는 이 그림을 통해 거룩한 세례의 시간 속에 머물러 시간을 정지시키는 무궁의 순간을 포착한다. 세례자 요한의 오른쪽 뒤에 한 사람이 세례를 받기 위해 윗옷을 벗고 있다. 그의 휘어진 등은 요단강 위에 아치를 만든 것 같다. 화가는 예수님의 세례를 통해 전개되는 "정의가 깃들여 있는 새 하늘과 새 땅"(벧후 3:13)이 과거의 일이 아니라 현재 이 도시 토스카나(Toskana)에 일어나는 사태임을 표현한다.

요단강 강변 위에 보일락 말락 그려진 네 명의 알록달록한 옷을 입고 서 있는 서기관들, 그들은 열심히 무언가 논쟁하고 있지만 이 사건의 의미를 이해하지는 못한 것 같다. 그중 한 명은 오른손을 번쩍 치켜들고 있다. 무언인가 알았다는 신호일까? 그러나 그가 예수님의 세례와 함께 온 도시를 환하게 할 동터 오르는 왕겨빛 햇살의 신비한 분위기를 지각하고 있는지 의문이다. 예수님은 세례를 통해 하느님과 이슬의 꿈을 이룬다. 햇살이 떠오르면서 이슬은 사라지는 게 아니라 하늘과 한 몸이 된다는 것을…. 이슬의 꿈은 변화산의 변모(막 9:7)에서 다시 한번 제자들에게 현시된다.

> 이슬은 사라지는 게 꿈이 아니다
> 이슬은 사라지기를 꿈꾸지 않는다
> 이슬은 햇살과 한 몸이 되기를 바랄 뿐이다
> 이슬이 햇살과 한 몸이 된 것을
> 사람들은 이슬이 사라졌다고 말한다
> 나는 한때 이슬을 풀잎의 눈물이라고 생각했다
> 때로는 새벽별의 눈물이라고 생각했다
> 그러나 이슬은 울지 않는다
> 햇살과 한 몸을 이루는 기쁨만 있을 뿐

이슬에게는 슬픔이 없다

　　　　　　　　　　　　—정호승, 「이슬의 꿈」 전문

렘브란트, 〈악마가 예수께 천하의 영광을 보여주다〉, 1650

¹그 즈음에 예수께서 성령에 이끌려 광야로 가셔서, 악마에게 시험을 받으셨다. ²예수께서 밤낮 사십 일을 금식하시니, 시장하셨다. ³그런데 시험하는 자가 와서, 예수께 말하였다. "네가 하나님의 아들이거든, 이 돌들에게 빵이 되라고 말해 보아라." ⁴예수께서 대답하셨다. "성경에 기록하기를 '사람이 빵으로만 살 것이 아니라, 하나님의 입에서 나오는 모든 말씀으로 살 것이다' 하였다." ⁵그 때에 악마는 예수를 그 거룩한 도성으로 데리고 가서, 성전 꼭대기에 세우고 ⁶말하였다. "네가 하나님의 아들이거든, 여기에서 뛰어내려 보아라. 성경에 기록하기를 '하나님이 너를 위하여 자기 천사들에게 명하실 것이다' 그리고 '그들이 손으로 너를 떠받쳐서, 너의 발이 돌에 부딪치지 않게 할 것이다' 하였다." ⁷예수께서 악마에게 말씀하셨다. "또 성경에 기록하기를 '주 너의 하나님을 시험하지 말아라' 하였다." ⁸또다시 악마는 예수를 매우 높은 산으로 데리고 가서, 세상의 모든 나라와 그 영광을 보여주고 말하였다. ⁹"네가 나에게 엎드려서 절을 하면, 이 모든 것을 너에게 주겠다." ¹⁰그 때에 예수께서 그에게 말씀하셨다. "사탄아, 물러가라. 성경에 기록하기를 '주 너의 하나님께 경배하고, 그분만을 섬겨라' 하였다." ¹¹이 때에 악마는 떠나가고, 천사들이 와서, 예수께 시중을 들었다.

〈묵상본문: 마 4:1-11〉

21장

반권력과 빈천의 영광

"부(富)와 귀(貴)는 사람들이 바라는 바이지만 정당한 방법으로 얻은 것이 아니면 받아들이지[處] 않으며, 빈(貧)과 천(賤)은 사람들이 싫어하는 바이지만 정당한 방법으로 얻은 것이 아니라도 버리지 않는다"(富與貴는 是人之所欲也나 不以其道得之면 不處也하며, 貧與賤은 是人之所惡也나 不以其道得之라도 不去也니라,『論語』, 里仁, 5장).

사람은 대개 칭찬을 목말라하고 명예에 굶주리며, 돈에 환장하고 권력에 비굴해지며, 환락에 유혹받고 아름다움에 넘어간다. 이것들이 세상을 이기지 못하는 인간의 유혹이며 강박이다. 악마들이 지배하는 광야의 고독한 시험은 세례시 확증되었던 예수님의 인간적 정체성(하느님의 아들)을 앗아가려는 시도다. 위기의 순간에 자신의 바른 정체성을 버리고 거짓과 위선 및 굴종을 받아들이라는 유혹이며 위협이다. 숫자 40일은 이스라엘 백성의 광야 40년을 의미하기도 하고, 모세가 율법을 받기 위해 시내산에 머물렀던 40일을 의미할 수 있다. 여하튼 40일 금식은 생명의 리듬이 위협당할 만한 과도한 시간을 의미한다.

금식이 시작되면 처음에 허기를 느끼게 되고, 그 다음에는 음식에 대한 욕구가 사라지면서 몸은 가벼워지고 자연의 순수한 힘에 의해 여러 날 동안 식욕이 생기지 않는다. 밖으로부터 영양분을 얻지 못하는 육신은 자신의 살을 연소시킴으로써 지탱한다. 이때 자체 연소가 신체의 중요한 기관을 손상시키면서 다시 원초적인 허기에 시달린다.

예수님은 이 허기 앞에서 ① '너는 돌들을 빵으로 바꿀 수 있는 자다,' ② '너는 성전에서 뛰어내릴 수 있는 자다,' ③ '너는 다른 사람들로 네 권세에 절하게 만들 수 있는 자다'라는 유혹의 말을 듣는다. 현기증이 날 만큼 자극적으로 현혹하는 말들이다. 근대세계 이후 소수의 인간은 테크놀로지를 통해 악마의 제안을 실제 누리고 있는지도 모른다.

유혹의 본질은 예수님이 초자연적 존재(Being)임을 놀라운 기적 행위(Act)를 통해 한방에 드러내보라는 미혹이다. 자신을 대상화, '사물화'해보라는 유혹이다. 이것들은 오늘날 첨단 기술 중심의 세상에서 더욱 강하게 엄습하는 유혹이며, 그 중심에는 자본이 웅크리고 있다. 대부분 자기도 모르는 사이 이 유혹을 유혹으로 인식하지 못한 상태로 휘말린다. 진보된 문명은 상품의 유혹을 아주 정상적인 것으로 가동한다. 그래서 모두가 자신을 객체화하고 상품화하여 높은 교환가치(몸값)의 대상(object of exchange value)이 되고 싶어 한다. 자본주의 사회의 모든 관계는 물화(루카치)되었다. 그러나 예수님은 늘 자비의 주체(subject of compassion)시다.

악마의 유혹은 예수님의 핵심 정체성을 파괴하는 것이다. 그러나 육체의 금식은 영의 감각을 더욱 민감하게 함으로써 양심은 더욱 명징해진다. 예수님께서는 이러한 유혹의 말들에 대해 '아니다', '아니다', '아니다', 나는 사물화될 수 없는 하느님의 사랑받는 자다, 라고 딱 잘라 말씀하신다. 행여 예수님께서 여느 범부처럼 부귀(富貴)를 탐하고 빈천(貧賤)을 싫어했다면 불가능했을 답변이다. 그것은 스스로 하느님의 사랑을 떠난 것이고, 하느님의 아들의 실제가 없는 것이다. 그분의 전 생애는 하느님의 '사랑받는 자'였고 하느님을 '사랑하는 자'였다는 이 정체성을 삶의 한가운데서 끊임없이 드러내는 참삶이었다. 예수님의 대상 관계는 인간과 사물의 관계로 추상화할 수 없는 인격과 인격의 관계다.

렘브란트는 이 드로잉에서 예수님의 세 번째 유혹을 묘사한다. 악마 (유혹자)가 예수님을 거대한 산 정상으로 데려가 깊은 골짜기 벼랑에 앉히고 주술을 일으켜 천하의 모든 영광을 보여주어 예수님을 어리둥절케 한다. 악마에게 무릎 꿇고 경배하기만 하면 그 영광이 깡그리 네 것이 되도록 한다는 것이다. 예수님은 세계의 왕이 아닌가? 악마가 예수를 새로운 세상에 파송이라도 한다는 말인가? 천하를 지으시고 다스리시는 이 앞에서 가당찮은 제안이다.

부활하신 주님은 그의 제자들을 산 위로 불러 모은다(마 28:16). 그리고 예수님께서 악마가 제안했던 것을 실제로 권위 있게 말씀하신다. "나는 하늘과 땅의 모든 권세를 받았다"(마 28:18). 악마의 제안과 예수님의 말씀은 무엇이 다른가? 첫째, 주님께서는 땅의 권세만이 아니라 하늘의 권세도 가지신 분이다. 하늘의 권세가 빠진 땅의 권세는 모호하고 부서지기 쉽다. 하느님이 세운 하늘권세의 기준과 심판 아래에 있는 땅의 권세만이 선을 위한 권세가 될 수 있다. 하느님의 축복 아래에 있는 권세만이 믿을 수 있다.

또 다른 점은 예수님이 가지신 권세는 부활한 자의 권세다. 다시 말해 이 권세는 십자가와 그의 죽음을 전제한다. 이 권세는 다른 산, 그가 조롱당하고 불의의 심판을 받아 십자가형을 받았던 골고다를 전제한다. 그리스도의 왕국은 악마가 유혹하는 지상의 왕국이나 지상의 영광과 전혀 다르다. 세상의 영광은 점점 소멸하는 겉모습이지만, 그리스도의 영광은 제자들이 실행해야 하는 선포의 겸손을 통해 드러난다. 그것은 "모든 민족을 제자로 삼아서, 아버지와 아들과 성령의 이름으로 세례를 주고, 내가 너희에게 명령한 모든 것을 그들에게 가르쳐 지키게 하는"
(마 28:19f) 것이다.

악마와의 3라운드 게임은 "사탄아, 물러가라"는 예수님의 이 한마디
직심(直心)으로 악마가 완패한다. 예수님께서도 우리 여느 인간처럼 실
제로 유혹의 갈등을 겪는다. 그는 유혹을 받았지만 죄를 짓지 않는다.
그는 유혹의 위기 속에서 기도하신다. 그는 아버지에게 유혹을 이길 수
있는 힘을 구하여 악마를 뒤로 물리친다. 그의 순수성은 하느님의 뜻을
행하는 데 있고, 하느님 나라의 십자가를 지는 데 있다. 이런 의미에서
예수님께서는 "죄를 지으신 일이 없고"(벧전 2:22) "모든 점에서 우리와
마찬가지로 시험을 받으셨지만 죄가 없으신"(히 4:15) 분이다.

성자의 '죄지을 수 없음'(non posse peccare)의 교리는 선재하는 로
고스로부터 추론한 논리적 결과가 아니라, 도래하는 하느님 나라의 실
천에서 그리스도가 행한 생명 살림의 일에 근거한 것으로 해석되어야
한다. 여기에 그리스도의 삶 속에 내재하는 신비가 있다. 성자의 '죄지
을 수 없음'의 전통적 교리는 그리스도 인격의 신비를 그의 본성의 형이
상학으로 전환해서 생긴 어려움이다. 성경은 광야의 유혹에서 생긴 신
비의 차원을 이야기한다. 성경은 그리스도의 성령 충만과 하느님의 아
들로서의 자기의식을 상징적으로 이야기한다. 그러므로 예수의 무죄성
의 물음은 위로부터 성육신의 형이상학으로 답변되거나 아래로부터 인
간의 공통된 경험의 심리학으로 설명되어서는 안 되며, 예수님의 메시
아적 정체성과 사명의 특별한 맥락에서 그리스도의 신비를 묘파하는
진술로 보아야 한다.

악마가 떠난 자리에 천사들이 나타나 예수께 시중든다. 드로잉의 중
앙에 두 개의 동심원이 보이는데, 이것은 접시 세공을 위해 그린 것이라

는 주장도 있다. 그러나 렘브란트가 공예품을 생산했다는 기록은 없다. 두 개의 이 원은 악마가 예수님의 마음에 크고도 더욱 크게 불러일으키려고 시도한 지상의 영광에 대한 환상을 그려 넣은 것이라고 보는 게 더 설득력이 있어 보인다.

초기에 펜과 잉크로 그린 렘브란트의 드로잉에서는 첫 시험을 묘사한다. 중세 시대에 악마는 보통 반신 모양의 피조물로서 염소의 다리와 꼬리 그리고 괴기한 날개를 가진 끔찍하고 섬뜩한 괴물로 그렸다. 그러나 렘브란트는 이 드로잉에서 악마를 보통 죽음을 상징하는 해골로 그렸다. 악마의 유혹이란 곧 마음의 죽음이란 뜻이다. 해골의 몸에 괴기한 날개와 꼬리가 그려 있다. 누구든 마음이 죽으면 해골의 몸처럼 되어 괴기한 날개와 꼬리가 자랄 수 있다는 의미일 것이다. 자기의 마음 다스리기가 얼마나 어려운 일인지, 성경에 "자기의 마음을 다스리는 사람은 성을 점령한 사람보다 낫다"(잠 16:32)고 말한다.

마음 바르게 서면

세상이 다 보인다

빨아서 풀 먹인 모시 적삼같이

사물이 싱그럽다

마음이 욕망으로 일그러졌을 때

진실은 눈멀고

해와 달이 없는 벌판

세상은 캄캄해질 것이다

먹어도 먹어도 배가 고픈 욕망

무간지옥이 따로 있는가

권세와 명리와 재물을 좇는 자

세상은 그래서 피비린내가 난다

—박경리,「마음」전문

렘브란트, 〈예수님께서 나병환자를 치유하시다〉, 1655-1660

⁴⁰나병 환자 한 사람이 예수께로 와서, 그 앞에 무릎을 꿇고 간청하였다. "선생님께서 하고자 하시면, 나를 깨끗하게 해주실 수 있습니다." ⁴¹예수께서 그를 불쌍히 여기시고, 손을 내밀어 그에게 대시고 말씀하셨다. "그렇게 해주마. 깨끗하게 되어라." ⁴²곧 나병이 그에게서 떠나고, 그는 깨끗하게 되었다. ⁴³예수께서 단단히 이르시고, 곧 그를 보내셨다. ⁴⁴그 때에 예수께서 그에게 말씀하셨다. "아무에게도 아무 말도 하지 말아라. 가서, 제사장에게 네 몸을 보이고, 네가 깨끗하게 된 것에 대하여 모세가 명령한 것을 바쳐서, 사람들에게 증거로 삼도록 하여라." ⁴⁵그러나 그는 나가서, 모든 일을 널리 알리고, 그 이야기를 퍼뜨렸다. 그러므로 예수께서는 드러나게 동네로 들어가지 못하시고, 바깥 외딴 곳에 머물러 계셨다. 그래도 사람들이 사방에서 예수께로 모여들었다.

〈묵상본문: 막 1:40-45〉

II. 초월자의 감각

22장

감각, 너를 구원할 몸빛

우리가 찾는 예수님은 어떤 분이신가? 그리스도론의 근본 물음이다. 성경 본문과 그림을 함께 성찰하는 중 예수님은 나병환자의 감각을 회복시킴으로써 구원을 실행하시는 분이라는 생각이 떠올랐다.

앞의 그림은 매우 단순한 양식의 드로잉이지만 얼핏 봐도 완벽하고 자연스러운 구성이며 역동적인 어울림 미(美)의 극치를 보여주는 작품이다. 화폭 속 인물의 배열을 숙고한 흔적이 깊게 배어 있다. 오른쪽 위에서부터 대각선으로 왼쪽 아래를 향해 인물을 배치했으며 중앙에 예수님의 모습을 보다 크고 힘 있게 그렸다.

오른쪽, 두 제자는 결코 편하지 않은 뜨악한 표정으로 심드렁하게 서 있다. 반면 예수님께서는 사랑하는 마음으로 몸과 허리를 한껏 굽혀 나병환자를 향해 손을 내미신다. 예수님에게 나병환자는 용도 폐기된 눈앞에 없는 존재가 아니라 그의 존재감이 더욱 환하고 강렬하게 드러나는 보석 같은 존재다. 누가 땅에 닿을 수 있으랴, 몸과 허리를 굽히지 않는다면. 이와 달리 제자들은 필요 이상 다가서지 않을 뿐 아니라 내키지 않는 마음이지만 예수님 때문에 어쩔 수 없이 구경하고 있는 모습이다. 제자란 구경꾼으로서의 존재는 아니건만.

그러나 예수님은 온온(溫溫)한 기운 가득한 마음을 자신의 손가락 끝까지 모아 나병환자의 머리에 얹는다. 렘브란트는 예수님의 손을 두 번 그렸다. 그는 예수님께서 손을 내밀자 환자가 예수님의 손을 덥석 잡는 행위도 그렸다. 그리고 다시 한번 몸을 굽히고 손을 내밀어 환자의 머리를 만진다. 하느님은 몸을 굽혀 마룻바닥의 아이를 안아 올려 가슴에 안는 위대한 어머니 같은 분이다.

예수님께서는 하느님을 사랑할 때, "네 마음을 다하고 목숨을 다하고 뜻을 다하고 힘을 다하여 사랑하라"(막 12:30)고 가르치셨다. 그리고 이웃을 사랑할 때는 "네 몸 같이 사랑하여라"(막 12:31; 마 19:19, 22:39; 눅 10:27; 롬 13:9; 갈 5:14; 엡 5:28, 33; 약 2:8; 레 19:18, 34; 잠 19:8) 하셨다. 여기서 '몸'은 자기 자신과 교환 개념이다. 그러나 '몸'이 '자기 자신'보다 더 구체적 표현이다. 이웃을 사랑할 때는 구체적으로, 자기 몸으로 대상을 느끼듯, 네 몸 같이, 몸으로 다가가 사랑해야 한다. 사랑하는 사람이나 사랑받는 사람이나 몸 전체가 참여해야 한다. 이웃 사랑 속에 당신의 '자기'가 생긴다. 이웃 사랑의 모든 것이 당신 자신이다. 몸은 오감을 갖춘 살아 있는 살이다. 그러니 "네 몸 같이 사랑하여라" 하는 말씀은 몸의 감각(오감)을 통하여 느낌으로써 몽글몽글 솟아오르는 온 감정이 살아나면서 영그는 인격 전체의 사랑이라고 할 것이다.

하느님 사랑은 세상에서 변함없이 이어지는 가장 경이로운 로맨스다. 하느님께서도 눈으로 의인을 눈여겨 살피시고, 귀로 의인의 부르짖는 소리를 귀 기울여 들으시며, 몸으로 마음 상한 사람에게 가까이 계신다(시 34:15-18). 하느님의 아들 예수님께서도 나병환자에게 손을 내밀어 그의 몸을 만진다(Jesus reached out his hand and touched the man).

나병은 흉측한 죽음의 전염병이기 때문에 모세의 율법에서 제사장이

병자를 추방하도록 규정하고 있다(레 13:2-44). 율법에 따르면 나병환자는 사람이 오면 그에게 가까이 다가오지 못하도록 딱따기로 경고하는 소리를 내거나 옷을 찢고 머리를 풀며 윗입술을 가리고 "부정하다, 부정하다"(레 13:45) 외쳐야 했다. 민수기에는 악성 피부병 환자를 진 밖으로 내보내야 하는 이유를 거룩하신 하느님이 진 안에 머무르시기 때문에 진을 더럽히지 않도록 하기 위함이라고 설명한다(민 5:2-3). 예수님께서는 백성을 거룩하게 하시려고 성문 밖에서 고난을 받으신 것이 아닌가(히 13:12).

아무튼 나병환자는 율법과 관습체제에 의해 자기 자신 스스로 부정(不淨)하다고 부정(否定)을 강요당함으로써 인간 사회에 의해 잔혹하게 검열되고 가혹하게 억압되어 무자비하게 배제되는 대상이다. 그는 타인의 규정에 의해 자기 자신을 받아들일 수 없는 사람이 되었다. 그는 자신을 받아들일 수 없기 때문에 사람들의 모든 말과 눈빛을 자신에 대한 거절로 생각한다. 한 사람의 삶 속에서 이런 악순환이 반복된다. 무참히 헐리는 무허가 건물처럼 허가받을 수 없는 무허가 인생(시인 송경동)이다. 문둥이 시인 한하운의 시에서처럼 이건 정말 변호도 할 수 없는 어처구니없는 천형(天刑)이다.

죄명은 문둥이…
이건 참 어처구니없는 벌이올시다.

아무 법문의 어느 조항에도 없는
내 죄를 변호할 길이 없다.

옛날부터
사람이 지은 죄는
사람으로 하여금 벌을 받게 했다.

그러나 나를
아무도 없는 이 하늘 밖에 내세워놓고

죄명은 문둥이⋯
이건 참 어처구니없는 벌이올시다.

—한하운, 「벌」 전문

나병환자는 타자의 시선에 의해 자신을 스스로 주체라고 선언하기를 거부당한 사람들을 총칭한다. 그들은 세상이 그어놓은 타율에 의해 자기 자신을 있는 그대로 받아들일 수 없기 때문에, 다른 사람들에게 거부당하고 차단당하고 격리되어 고립된다. 그들은 사람들에게도 자기 자신에게도 편안한 마음을 갖지 못하는 지끈지끈 아픈 영혼과 쓰라린 몸을 가진 사람, 그렇지만 보통 사람들보다 더 높은 용광로처럼 타오르는 인간의 꿈을 가진 사람들이다.

우리는 신체(몸)를 통해 대상을 느끼고 타자와 교류하며 세계를 지각하고 알아간다. 신체의 감각은 우리가 세상과 느낌으로 소통하고 정서를 조정하여 생각과 행실의 강약을 조절하는 감관이다. 신체는 늘 우리와 함께 있다. 우리는 신체다. 신체는 자연적 자아이자 지각의 주체다. 나는 감각하는 나이고 신체(몸)다. 신체에 나병이 걸렸다는 것은, 이러한 모든 기관이 망가져 기능을 상실함으로써 우리가 세계의 거의 대부분을 제대로 지각하지 못하고 받아들이지 못한다는 사실을 의미한다. 신체는 발진이나 종양을 통해 우리가 받아들여지지 못하고 소통하지 못함을 표현한다.

이처럼 자신의 몸(피부)뿐 아니라 몸 밖의 세상이 그를 배제하고 억압함으로써 자기를 받아들일 수 없는 사람, 자신을 사랑할 수 없는 사람, 다른 모든 이에게 배척받고 있다고 생각하는 사람이 지금 예수님께 한 걸음씩 다가온다. 그는 한 인간으로서 계속해서 그렇게 살 수 없음을 절감한다. 잠시라도 감옥 같은 곳에서 격리된 채 살아본 경험이 있는가? 인간은 한 시라도 거부당하고 격리된 채 인간답게 살 수 없다. 그래서 그는 무릎을 꿇고 절박한 심정으로 간청한다. "선생님께서 하고자 하시면, 나를 깨끗하게 해주실 수 있습니다"(막 1:40).

예수님께서는 이 간청을 듣고 처방하거나 그를 판단하지 않는다. 처방은 또 다른 규율이며 판단은 거리를 만들고 대상과 분리하기 때문이다. 예수님께서는 나병에 대하여 구약에서 가르친 모든 규범과 일련의 종교적 타부(금제)를 의식적으로, 아니 본능적으로 위반한다. 그 위반의 힘은 자비(compassion)에서 나온 것이다. 예수님께서는 사회적 관습으로 굳어진 나병에 대한 암묵적 압력에도 불구하고, 나병에 대한 모든 종교적 계명에 대항하여 나병환자에게 무의식적으로 다가가서서 그를 접촉하신다.

예술사(지성사)는 규범 위반과 해체의 역사란 말을 하는데, 예수님께서는 인간이 보기에 피부의 추한 것(나병)에 이끌려 피부의 출렁임이 감추고 드러내는 영혼의 아름다움을 봄으로써 추하다고만 판단하는 일반화된 상식을 위반하고 해체한다. 출렁이는 피부(주름) 속에 숨어 있는 삶이란 얼마나 깊고 넓은 것인가. '넓은 세계'가 정치 경제 사회 같은 외재적 거대 담론에만 있는 것은 아니다. 우리는 모두 인간이지만 곤경에 처한 인간은 인간의 한계를 시험하고 하늘로 쏘아 올린 작은 공이다.

용서는 받아들일 수 없는 것을 받아들이는 것이다(폴 틸리히). 용서는 삶 속에서, 몸으로, 피부로 행하는, 사람에 빠진 예수님의 감각적 사랑이다. 나병환자에게 손을 내밀어 만지심은 사랑의 감각적 표현이며 언제 어디서나 "시온의 돌들만 보아도 즐겁고 그 티끌에도 정(情)을 느끼는"(시 102:14) 예수님의 민감하고 빼어난 영적 감수성이다. 히브리서는 예수님의 공감능력(compassion)을 아주 조심스럽게 말한다. 그는 "우리의 연약함을 동정하지 못하시는 분이 아닙니다"(히 4:15). 바울은 그리스도 공동체의 생활규범으로서의 공감능력을 이렇게 표현한다. "기뻐하는 사람들과 함께 기뻐하고, 우는 사람들과 함께 우십시오"(롬 12:15). 구약의 욥도 그 능력은 빼어나다. "고난받는 사람을 보면, 함께 울었다. 궁핍한 사람을 보면, 나도 함께 마음 아파하였다"(욥 30:25).

공감능력은 신학하기와 목회 그리고 그리스도인 되어가기의 동력이다. 신학대학은 사유의 훈련뿐 아니라 자기애적 냉담과 교만 그리고 냉소적 불신에서 벗어나는 훈련의 장이어야 한다. 신학대학은 눈으로는 보이지 않는 중요한 것을 보는 영적 감각과 마음이 동하는 공감능력이 두루두루 구석구석 스며들어, 골고루 자라게 하는 좋은 공동체적 삶을 훈련하는 마당이어야 한다. 신학적으로 성찰한다는 것은 예수님의 영적 감수성을 가지고 일상의 고통이나 기쁨 같은 현실들을 깊이 생각하는 것이다.

구약에서 야훼 하느님도 이집트에서 겪는 히브리인들의 신산고초(辛酸苦楚)를 단순히 정보를 통해 아는 것이 아니다. 야훼는 나의 백성이 고통 받는 것을 똑똑히 보았고, 또 억압 때문에 괴로워서 부르짖는 소리를 듣고 그들의 고난을 분명히 알고 내려오신다(출 3:7-8). 하느님은 그 백성의 가시 돋친 상처 속으로 깊숙이 들어오신다. 하느님은 "힘이 빠진 사람에게 힘을 주시고 기진한 사람에게 기력을 주시는 분이시다"(사 40:29).

예수님의 감각적 터치(감촉)와 함께 나온 말씀이 나병환자를 치유하고 구원한다. 말씀(logos)은 감각적 터치를 통해 새살이 돋게 한다. 예수님은 측은히 여기는 한마음으로 환자의 모든 것, 혼절할 듯한 고통과 아뜩한 벼랑 끝 절망과 오싹한 자기 증오를 철저히 몸으로 느끼고 공유한다. 살의 고통에서 비롯된 삶의 고통은 철저히 자기만 느낄 수밖에 없는 주관적인 것이며 그러므로 전적으로 자기에게 쏠려 있다. 그러나 예수님은 손을 펴심으로써 사적 차원으로 매몰되어 나눌 수 없는 살(신체)의 고통을 나누면서 환자와 친밀한 관계를 맺으시고, 고통을 공적 차원으로 끌어낸다. 나병환자를 터치하신다. 그와 촉각적으로 접촉하신다.

예수님께서는 환자의 몸이 더럽지 않으며, 그의 내면 깊고 깊은 곳은 티 없이 고요하고 맑다는 것을 아신다. 어떤 악(惡)도 어떤 상처도 침범할 수 없는 자리, 하느님이 고유하게 머무는 자리를 발견하고, 거기를 살며시 일깨우고 살포시 만지신다. 예수님께서는 사람의 아름다운 자리를 아신다. 그가 아름다움의 사람이기 때문이다. 예수님은 "들풀들이 바람에 흔들리는 것을 / 용서하는 들녘의 노을 끝 / 사람의 아름다움을 아름다워하는 / 아름다움의 깊이"(정호승)이기 때문이다. 예수님은 그에게 사랑의 영을 불어넣으신다. 만진다는 것은 "내가 그대를 있는 그대로 받아들인다"는 것을 뜻한다. 만짐은 접촉하고 혼합된다는 뜻이다. 예수님의 느낌이 환자의 고통의 느낌과 섞이면서 그의 원통한 마음도

풀어진다. 그를 바로 안다. 그와 통정(通情)한다. 그에게 도취된다. 도
취는 실천능력을 변용시키는 미학적 힘이다. 나병환자는 이렇게 노래
한다.

> 나는 문둥이가 아니올시다
>
> 나는 정말로 문둥이가 아닌
>
> 성한 사람이올시다
>
> (…)
>
> 하늘과 땅 사이에
>
> 꽃과 나비가
>
> 해와 별을 속인 사랑이
>
> 목숨이 된 것이올시다
>
> —한하운,「나는 문둥이가 아니올시다」중에서(2연과 5연의 순서를 바꿨다)

　　환자 스스로는 도저히 할 수 없는 일, 금지된 일이 예수님의 행실로
인해 선물처럼 주어진다. 말 그대로 사회와의 '접촉'이 생겨난 것이다.
그는 더 이상 회피해야 할 비인격, 언터처블, 불가촉천민이 아니다. 그
는 이제 같은 인간으로 같이 느낄 수 있도록 허락되고 변화되었다. 생생
하고 경험적이며 사건적인 삶의 감각이 회복되어 그는 온전한 몸으로,
삶으로 걸어 나온 것이다. 그는 더 이상 나병으로 인해 사회와 대지에서
추방된 사람이 아니다. 인간은 신체 이외에 다른 것이 아닌, 곧 건강한
신체로 서기를 원한다. 육체의 복권(復權)을 중세의 금욕주의에 대한
반동으로 르네상스 시대의 특징이라고 설명하는 일이 종종 있지만, 예
수님에게 구원은 우선적으로 질병에 걸린 육체의 복권에 다름 아니다.

예수님의 하느님 나라 이야기는 고난에 대한 민감함과 타자의 고통에 대한 공감과 감응의 "미학적 힘"(멘케)에 대한 이야기다. 하느님 나라는 '복되어라'라고 행복에 대해 말하지만, 인간의 실제 삶에서는 고통으로부터의 해방이 급선무이고 이것이 전제되어야 한다. 그래서 기독교 신학은 고난당하는 자의 정의에 대한 질문을 던져야 한다. 그런데 교회는 이 실제적 질문을 죄인의 속죄에 대한 관념적 질문으로 변화시킴으로써 죄 없이 고초당하는 자의 정의에 대한 질문을 멀리하게 되었다.

"그렇게 해주마. 깨끗하게 되어라." 나는 그대 곁에 있다. 나는 그대를 받아들인다. 예수님의 이 포용의 말씀은 권력과 특권의 규칙을 헐고 고난당하는 자의 정의를 세우는 말씀이다. 예수님은 환자의 죄에 대하여 민감한 것이 아니라 고난에 대하여 민감하시다. 이제 그대의 과제는 그대 자신을 인정하고 그대 자신을 받아들이는 일이다. 그대는 그대의 치유를 위해 이제 스스로 행동해야 한다. 이 순간, 나병은 사라지고 환자는 자기 자신을 받아들인다. 그는 자신의 깨끗함, 자기 자신과 하나됨을 느낀다(안셀름 그륀,『예수, 자유의 길』, 53-54).

치유와 구원의 과정에서 sola gratia(은총), sola fide(믿음)에 이어 '오직 감각으로만'(solus sensus)을 덧붙여 말하고 싶다. 근대 이후의 정신세계에서 믿음과 이성, 은총과 경험은 양자택일의 사안이 아니라 떼려야 뗄 수 없는 관계가 되었다. 나병환자의 치유 과정에서 감각과 몸(신체)의 중요성을 새롭게 인식해야 좋을 성싶다. 하느님 나라는 몸의 나라며, 몸은, 몸의 고통으로부터 해방됨은 나라의 관심사고 나라의 주요 사안이다. 온갖 병에 걸린 몸, 장애로 구부러진 몸, 간질과 중풍에 걸린 몸, 손이 오그라든 몸, 신열이 나는 몸, 혈루증에 걸린 몸, 나병으로 흉측하게 된 몸, 귀신 들린 몸, 눈먼 몸, 귀먹고 말 더듬는 몸, 심지어 죽은 몸. 기독교에 대한 니체의 비판, 기독교는 "도덕적이기만 할 뿐이며", "생의 적대시, 생에 대한 원한 가득 찬 거역"(『비극의 탄생』)이란 비판이 가당치 않음을 이제는 확실히 알아야 한다.

독일의 경건주의자 외팅어(F. Oetinger)는 "신체성은 하느님 사역의 목적이다"라고 했고, 그리스 교부 이레니우스(Irenaeus)는 "하느님의 영광은 생동적인 인간이며, 인간은 하느님의 영광을 위하여 산다"(Gloria enim Dei vivens homo, vita autem homininis visio Dei)라고 하지 않았던가. 스위스 심리학자 보스(Medard Boss)는 천상적인 단계에 이르기를 원할 때는 반드시 감각적인 경험, 좀 더 구체적으로 육체적인 감각의 경험도 함께 충분히 체험해야 한다고 말한다.

말씀이 육신(몸, 신체)이 되었다는 성육신의 사건, 이것은 인간의 소통 방법과 전혀 다른 하느님의 새로운 의사소통 유형이다. 이 진리가 복음적 진리일 것 같은데, 왜 교회 전통은 육신(Sarx)! 육신! (먹고, 마시고, 배설하고, 임신하고, 출산하는) 육체! 그러지 않고 변함없이 영원한 말씀(Logos)! 초월적 말씀! 순수한 말씀!만 외칠까? 그러니까 반대편에서 지젝(Slavoj Žižek)과 같은 과격한 발언이 등장하는 법이다. "기독교의 전복적 핵심은 오로지 유물론적 접근을 통해서만 이해할 수 있으며, 역으로 진정한 변증법적 유물론자가 되기 위해서는 기독교적 경험을 거쳐야 한다는 것이 나의 주장이다"(『죽은 신을 위하여』, 11). 지젝 이전에 에른스트 블로흐 또한 "무신론자만이 훌륭한 기독교인이 될 수 있다"라고 말한다.

복음은 오래전에 말씀이 육신이 되어야 진리일 수 있다고 말한 것이 분명하다. 말씀의 방향(Wohin)은 육신이다. 육신의 출처(Woher)는 말씀이다. 복음은 말씀과 육신의 전일적(全一的) 구성이다. 육신 없는 말씀은 공허한 관념이고 말씀 없는 육신은 맹목적 욕구 덩어리일 뿐이다. 먹을 것이 입속에 있는데도, 더 먹으려는 욕구를 버리지 않는다(시 78: 30).

땅에 침을 뱉어 갠 진흙의 차갑고 축축하고 부드러운 질감이 나면서부터 눈먼 사람을 고친 것처럼(요 9:6), 살아 있는 인간은 하느님의 숨결로 빚어진 오래된 진흙이다. 말씀의 속살은 예수님의 말씀이 위선자들을 향한 몸살 앓는 욕설에서 그로테스크하게 드러난다는 생각이다.

위선자야!

눈먼 인도자들아!

뱀들아! 독사의 새끼들아!

회칠한 무덤!

믿음이 적은 자들아!

이 쌍말들은 시편의 시인이 드렸던 복수시(시편 58:6-9, 69:22-28, 83: 9-18, 109:6-15, 137:8-9) 같기도 하고 神을 걸고 하는 맹세나 서약 같은 느낌이 들기도 한다. 오늘날 방송에서도 금하는 그분의 욕설과 상소리는 위선과 허위를 비틀 수밖에 없는 패러디이며, 예쁘게 꾸며진 표면을 뚫고 실재의 참모습을 들여다보게 한다.

그러나 몸 전체가 상처투성이인 사람을 어떻게 다정하게 어루만질 수 있을까? 아시시의 프란체스코는 이렇게 하는 예수를 따르기로 결심하고, 나병환자를 보면 자연스레 구역질이 나오는 것을 극복하기 위해 아예 환자에게 다가가 입맞춤을 하였다고 한다. 나병환자와의 입맞춤, 죽음과 삶의 키스, 해골과 미인의 포옹, 상상하면 그로테스크한 미, 광희(狂喜)의 원리이다.

우리는 섬세한 감촉(touch)의 기갈 속에서 산다. 고상한 생각과 말이나 언어보다 더 강력한 힘, 살아 있음, 생동성(vividitas)은 역겨운 것도 끌어안고 함께 살아보려는 광적(狂的) 감촉에서, "생명의 감수성"에서, 제기랄 톡 까놓고 말해 "염치"에서 생긴다.

베스트셀러 작가로 유명한 분이 돌아가시면서 전 재산 십억이 넘는 돈을 모교인 국립서울대학교에 기부하고 갔습니다. 살아 계실 때 온화한 모습 그대로

얼마 뒤 부산 사는 진순자(73) 할머니는 군밤장수 야채장사 파출부 일을 하며 평생 모은 일억 팔백만 원을 아프리카 최빈국 우간다 굶주려 죽어가는 어린아이들에게 보냈습니다
"우리도 굶주려 원조 받아 공부도 하고 학용품도 사고 그
랬단다, 우간다 아이들아 공부 열심히 해야 한다."
당부도 담아서

농사짓고 공장 일 하는 사람들의 공부 모임에서 시를 공부하다 나온 얘기였는데 누가 내게 물었습니다. 둘의 차이가 무엇이라 생각하느냐고
나는 계급성이라고 말하려다
감수성이라고 말했습니다

계급적 감수성이라고 말하려다
생명의 감수성이라고 말했습니다

감수성은 윤리적인 거라고 말하려다

제길, 감수성은 고상한 것이 아니라 염치라고 말했습니다

—백무산, 「감수성」 전문

염치는 인간에 대한 최소한의 감각이다. "복음은 몸과 함께 살아져야 한다"(로저 슈츠, 떼제 공동체 창시자). "영혼 안에서의 하느님의 탄생"(마이스터 에크하르트)의 길과 '온 몸의 감각 안에서의 하느님의 탄생'은 서로 배척하는 길이 아니라 공명(共鳴)하고 상응(相應)하는 길이어야 한다는 생각이다.

오토 3세(980~1002)의 경전 사본, 〈산상설교〉

³ᵃ"마음이 가난한 사람은 복이 있다. 하늘 나라가 그들의 것이다. ⁴슬퍼하는 사람은 복이 있다. 하나님이 그들을 위로하실 것이다. ⁵온유한 사람은 복이 있다. 그들이 땅을 차지할 것이다. ⁶의에 주리고 목마른 사람은 복이 있다. 그들이 배부를 것이다. ⁷자비한 사람은 복이 있다. 하나님이 그들을 자비롭게 대하실 것이다. ⁸마음이 깨끗한 사람은 복이 있다. 그들이 하나님을 볼 것이다. ⁹평화를 이루는 사람은 복이 있다. 하나님이 그들을 자기의 자녀라고 부르실 것이다. ¹⁰의를 위하여 박해를 받은 사람은 복이 있다. 하늘 나라가 그들의 것이다.

〈묵상본문: 마 5:3-10〉

23장

팔복

앞의 그림은 10세기 경전 사본의 미니어처(세밀화)다. 예수님이 황금 빛 찬란한 바탕 위 보좌에 앉아 12제자와 무리들에게 말씀을 가르친다.

마태복음은 구조와 내용에서 구약의 오경을 닮았다는 게 학자들의 중론이다. 모세가 십계명을 받기 위해 시내산에 오르듯이, 예수님께서 말씀을 가르치기 위해 산에 오르신다. 모세는 시내산에서, 예수님께서는 산 위에서 하느님의 말씀을 전하신다.

그러나 하느님은 시내산에 경계선을 그어 모세만이 시내산에 오르는 것이 허락되었고 백성에게는 금지되었다(출 19장). 더구나 모세가 산으로부터 지상으로 내려왔을 때 아주 기겁할 일이 벌어진다. 이스라엘 백성은 모세에게 부정적으로 반응한다. 그들은 모세가 없는 동안 우둔함과 불신으로 가득 차, 주 하느님을 저버리고 금으로 거푸집에 부어 수송아지 상을 만들어 거기에 경배하며, 그 주위를 돌면서 춤을 추고 광란의 나날을 보낸다. 그 광경을 본 모세는 하느님 말씀이 또렷이 새겨진 돌판 두 개를 산 아래로 내던져 깨뜨려버린다. 그리고 이 백성은 재앙을 맞는다(출 32장).

예수님은 이 그림에서 백성들과 새로운 계약을 맺기 위해 제2의 시내산에 오르신다. 새 계약은 "해야 한다" 또는 "하지 말아라"와 같은 명령이나 금지와 같은 말씀이 거의 없다. 새 계약의 말씀은 "복되어라!"

(Μακάριοι)로 시작하는 축복의 말씀이다.

그림에서 산 위에 앉으신 것처럼 옥좌에 앉으신 예수님은 오른손으로 축복하시고 왼손으로 가르치시고 설명하신다. 예수님 좌우에 12제자는 이스라엘 12지파의 대표자로 6명씩 양옆으로 모여 있다. 제자들의 시선이 모두 예수님을 향해 있는 것으로 보아 정신을 가다듬고 말씀을 열심히 듣고 있는 모습이다. 그들이 두 손을 앞으로 들고 있는 모습은 말씀 한 마디 한 마디를 빼놓지 않고 고스란히 가슴에 받아 담겠다는 의지의 표시다.

예수님의 주위에 몰려든 무리들도 시내산의 이스라엘 백성과는 전혀 다르게 반응한다. 그들은 만물을 새롭게 받아들이는 과정에 있다. 산자락 아래에는 구약의 시내산에서처럼 두려움과 공포에 떨며 멀리 달아나려는 겁 많은 백성들(출 20:18-21)이 아니라 낙원의 한가운데 있는 생명나무와 선과 악을 알게 하는 나무(창 2:9) 주변에 양쪽으로 네 명씩 모여 서 있다.

이들의 태도 또한 제자들의 태도와 같다. 예수님의 말씀은 이들에게 잃었던 낙원의 꿈을 되살리고 하늘나라에 대한 소망을 갖게 하는 것이다. 그리고 하늘과 땅을 이어주는 세계산의 중심에 서 있다. 종교학에서 산은 어머니로부터 생명을 이어받은 우주의 배꼽이다. 이들은 하느님이 주시는 생명을 받기 위해 생명의 산에 서 있는 것이다. 왼쪽에 있는 남녀 한 쌍은 서로 사랑하여 팔을 두르고 있다. 오른편 끝 두 남자는 서로 손을 잡고 있으며, 서로 연대감 속에서 하나로 뭉쳐 있다.

예수님의 팔복 말씀은 지금까지 들어보지 못한 본래 영혼의 참모습을 보고 평화의 세상을 세우는 새로운 말씀이다. 희랍어 성경을 어순대로 옮긴 가톨릭 200주년 기념성경에서 인용하겠다.

복되어라, 영으로 가난한 사람들!
하늘나라가 그들의 것이니.
Μακάριοι οἱ πτωχοὶ τῷ πνεύματι,
ὅτι αὐτῶν ἐστιν ἡ βασιλεία τῶν οὐρανῶν.

복되어라, 슬퍼하는 사람들!
그들은 위로를 받으리니.

복되어라, 온유한 사람들!
그들은 땅을 상속받으리니.

복되어라, 의로움에 굶주리고 목마른 사람들!
그들은 배부르게 되리니.

복되어라, 자비를 베푸는 사람들!
그들은 자비를 받으리니.

복되어라, 마음이 깨끗한 사람들!
그들은 하느님을 뵙게 되리니.

복되어라, 평화를 이룩하는 사람들!
그들은 하느님의 아들들이라 일컬어지리니.
복되어라, 의로움 때문에 박해를 받는 사람들!
하늘나라가 그들의 것이니.   (마 5:3-10)

산상수훈에는 우리의 자연적 감정이나 일반 윤리적 행위와 충돌하는 말씀도 많다. 산상수훈은 우리가 "눈으로 본 적도 없고 귀로 들은 적도 없으며 사람의 마음속에 떠오른 적도 없는"(고전 2:9) 새로운 말씀이다. 그래서인지 존 웨슬리의 표준설교 44편 중 13편이 산상수훈이다. 그래서 웨슬리는 바울의 로마서(칭의의 복음)를 전제로 한 산상수훈의 신앙(성화의 복음)을 가르친다.

결핍은 사람을 무감각하게 만들고, 고통은 인간을 까마득한 절망의 늪으로 빠져들게 한다. 사람들에게서 받는 조롱과 멸시는 사람의 마음에 큰 상처를 남긴다. 그러나 예수님의 말씀은 세상의 척도가 아니라 하느님 나라의 은혜 '충만'과 흐뭇한 '넘침'으로부터 터져 나오는 창조적 사랑의 척도로 느끼고 행동하기를 요구하는 말씀이다.

그들이 산에서 내려왔을 때 율법학자들과는 다른 권위 있는 예수님의 지혜의 말씀에 놀라 많은 무리가 예수님을 따랐다. 산상수훈은 새로운 존재인 우리가 따라야 할 진정한 삶에 이르는 새로운 규율이다(마 7:29).

렘브란트, 〈어린아이들을 예수님에게로 데려옴〉(100길더의 판화), 1649

[17]예수께서 그들과 함께 산에서 내려오셔서, 평지에 서셨다. 거기에 그의 제자들이 큰 무리를 이루고, 또 온 유대와 예루살렘과 두로 및 시돈 해안 지방에서 모여든 많은 백성이 큰 무리를 이루었다.

〈묵상본문: 눅 6:17〉

24장

땅 위에 선 예수님

〈100길더의 판화〉로 더 잘 알려진 〈어린아이들을 예수님에게로 데려옴〉에 마태복음 19장의 이야기들이 복합적으로 표현되었다면, 렘브란트의 〈예수님의 설교〉는 성경의 특별한 본문을 언급하지 않고 다만 예수님의 설교와 이를 귀여겨듣는 자들에 대한 영향을 묘사하는 것에 집중한다. 르네상스 이탈리아 미술과 비교하여 렘브란트는 화려한 아름다움에 대하여 전혀 관심이 없는 듯한 화가다. 추한 것까지도 노골적으로 피하지 않으려고 했다. 렘브란트는 이것을 카라바조에게서 배운다. 조화와 아름다움보다는 진실과 성실성을 더 중차대하게 여겼다. 균형 있는 배치감, 형식적인 완벽한 조화의 유희가 이 그림에서도 나타난다. 이러한 전통은 이탈리아 미술에서 배운 것이다.

그리스도는 가난하고 배고프고 슬픈 사람들을 향해 설교한다.

너희 가난한 사람들은 복이 있다.
하느님의 나라가 너희의 것이다.

너희 지금 굶주리는 사람들은 복이 있다.
너희가 배부르게 될 것이다.
너희 지금 슬피 우는 사람들은 복이 있다.

너희가 웃게 될 것이다.

(눅 6:20-21)

설교를 듣고 있는 사람들의 모습, 태도를 상상해보라. 설교하는 예수님의 주변에 몰려든 사람들의 표정들에서 렘브란트의 섬세한 감각과 아주 숙달된 솜씨를 엿볼 수 있다. 예수님의 뒤에 있는 사람은 아마도 바리새파 사람인 듯하다. 예수님께서는 정면에 보이는 어린이, 아예 엎드려 유일하게 예수님의 설교에 무심하고, 동실한 흙냄새 맡으며 땅에 무심코 무늬를 새기는 어린아이를 가슴에 품고 말씀하시는 것은 아닌가 생각된다.

예수님의 〈눈〉은 살펴보시는 눈이다. 예수님의 〈얼굴〉에서 빛나는 광휘는 잦아든 대신 말씀을 듣고 있는 사람들의 마음속에서 빛난다. 예수님의 〈고개〉는 항상 갸우뚱하여 유머러스하고 정겹다. 예수님의 〈손〉은 축도할 때 모양으로 두 손을 들고 계신데, 그 손이 참 크기도 하다. 그 손은 "은혜를 모르는 사람들과 악한 사람들에게도 인자하시며"(눅 6:35) 십자가에 나타난 고난의 사랑(suffering love)과 자비를 형상화한 것이리라. 예수님의 서 계신 〈몸〉은 자연의 질서와 대립하는 인간적 의지의 힘을 상징하는 기념비적 수직선이 아니라, 유연한 에스(S) 자형 곡선이다. 말씀이 몸의 흐름을 타고 차분하게 땅 위에 있는 사람들에게 소통된다.

이 그림에는 기적적 병자 치유도 없고 논쟁도 없고 딴전을 피우는 사람도 없다. 시무룩한 표정을 짓고 있는 사람들도 의심과 비평의 눈으로 거리를 두고 있는 사람들도 믿음과 기대를 갖고 경청하는 이들의 분위기에 촉촉이 젖어드는 듯하다. 모든 이가 열심히 설교를 듣고 그 숨겨진

렘브란트, 〈예수님의 설교〉, 1652

뜻까지도 헤아려 온 마음으로 속 깊이 받아들이고 있다.

> 주님의 말씀의 맛이 내게 어찌 그리 단지요!
> 내 입에는 꿀보다 더 답니다.

(시 119:103)

"미에 감동한다는 것은, 로마인들이 죽음을 그렇게 일렀듯이, '많은 사람들이 모인 곳으로'(ad plures ire) 향한다는 뜻이다"(발터 벤야민). 구석에 쭈그리고 우두커니 앉아 턱을 괴고 황홀경에 흠뻑 빠져 큰 허공을 오도카니 바라보는 한 늙은이를 보라. 그는 예수님의 설교에서 불가항력적으로 자신을 매료시키고 압도하는 힘, 곧 말씀의 숭고미를 명징하게 직감하고 찬양한다.

> 주님의 교훈은 완전하여서 사람에게 생기를 북돋우어 주고,
> 주님의 증거는 참되어서 어리석은 자를 깨우쳐 준다.
> 주님의 교훈은 정직하여서 마음에 기쁨을 안겨 주고,
> 주님의 계명은 순수하여서 사람의 눈을 밝혀 준다.
> 주님의 말씀은 티 없이 맑아서 영원토록 견고히 서 있으며,
> 주님의 법규는 참되어서 한결같이 바르다.
> 주님의 교훈은 금보다, 순금보다 더 탐스럽고,
> 꿀보다, 송이꿀보다 더 달콤하다.
>
> (시 19:7-10)

예수님의 삶에서 드러나는 유의미한 사건을 가령 복음사가 〈마태〉는 "가르침(διδάσκων), 하늘나라의 복음 선포(κηρύσσων), 모든 질병을 고침(θεραπεύων)"(마 4:23, 9:35)으로 요약한다. 그러므로 교회와 신학의 일은 복음을 가르치고(didactics) 선포하며(kerygmatics) 몸과 마음을 치료하는(therapeutics) 일이다. 그중 으뜸은 복음 선포다. 예수님의 이 복음 선포는 그분에게 가장 뛰어난 사명이고 가장 각별한 임무다.

복음 선포는 예수님의 심중에 자리 잡은 가장 우선적이고 매우 중요한 사역이다. 말씀 사역이란 궁핍해진 사물에 생명을 주고 생명의 좋음, 생의 아름다움을 약속하는 일이다. 말씀 사역은 세계에 의미를 선사하는 일이다. 〈누가〉는 예수님의 소명의 메시지를 간결하고 정확하게 언급한다.

주님의 영이 내게 내리셨다.

주님께서 내게 기름을 부으셔서,

가난한 사람에게 기쁜 소식을 전하게 하셨다.

주님께서 나를 보내셔서,

포로 된 사람들에게 해방을 선포하고,

눈먼 사람들에게 눈 뜸을 선포하고,

억눌린 사람들을 풀어 주고,

주님의 은혜의 해를 선포하게 하셨다.

(눅 4:18-19; 시 146:7-9)

〈마가〉에 따르면, 예수님께서 많은 병자를 고쳐주신 가버나움에 계속 머무르시기를 제자들이 바랐을 때, 예수님께서는 그들에게 이렇게 말씀하신다. "우리가 다른 가까운 마을로 가자. 거기서도 전도(복음 선포)하리니 내가 이를 위하여 왔노라"(막 1:38). "이에 온 갈릴리에 다니시며 그들의 여러 회당에서 전도하시고 또 귀신들을 내쫓으시더라"(막 1:39). 〈마가〉는 예수님께서 제자를 선택하고 파송하는 이유를 "전도(복음 선포)도 하며 귀신을 내쫓는 권능도 가지게 하려는 것이었다"(막 3:14-15)라는 말씀으로 요약한다. 복음 선포는 말씀을 가르치는 것과 실행으로 이루어진다. 가르침과 실행은 예수님의 인격과 삶의 생생하고도 구체적인 표현이다. 그분은 자신의 가르침과 실행으로 인격을 살아내셨고, 그분의 인격은 가르침과 실행과 그분이 가신 길(십자가와 부활의 파스카)을 통해 완성된다. 성령의 임재와 동행 속에서 말씀이 회개(Μετανοεῖν)의 삶을 통해 새 생명으로 자라는데, 이것이 예수님에게서 비롯된 구원사건이다.

　기독론의 도입 물음은 전통적으로 예수의 인격(person, 예수는 누구인가?)과 행위(works, 예수께서 무슨 일을 하셨나?)에 대한 물음이다. 예수님의 인격(신분)은 신약성경에서 '하느님의 아들', '주님', '그리스도'(메시아) 등으로 칭해졌다. 그리스도의 인격에 대한 이해는 고대교회 300여 년 좌우편에서 여러 이단의 위협을 받다가 칼케돈 공의회에서 양성론(신성-인성)으로 확정되었고, 그 후 1300여 년을 신성, 인성의 관념(교리)의 늪에서 허우적거렸다. 18세기 이후 '역사적 예수 연구와 예수 세미나'의 망치로 교리를 부수고 하느님 나라 운동의 주인공으로서 예수의 실제적 삶과 그 영향력으로서 예수운동을 탐구하고 밝히는 데 실질적인 자극과 도움을 주었다.

　그러나 역사적 예수 연구의 공헌 이면에 신약성경에서 불렀던 '주님', '그리스도', '하느님의 아들'의 신비와 아름다운 매력이 회색빛으로 바랬고, 결과적으로 지금 교회와 신앙은 중심과 좌표를 상실한 실정이다. 이들에게 성경에서 말하는 성령의 현존 안에서 우리를 위한 예수님의 삶과 가르침 그리고 죽음과 부활의 의미(구원론)는 역사적, 사회학적 예수운동이 되었기 때문이다. 기독교 신앙을 역사적 맥락과 사회적 지평 위에 세운 것은 바람직하나 예수님이 우선 우리 안에, 교회 안에 살아 계신 부활의 주님으로 선포되고 계승되어야 한다는 것이 나의 신학적 신념이다.

　복음 선포의 내용은 환한 하느님이 다스리는 공동체(모듬살이), 즉 '하느님 나라'(공관복음), '진리와 생명'(요한복음), 성령 안에서 실현되는 '하느님의 의'(바울서신)다. 마태는 복음 선포의 내용을 모아 다섯 개의 자료실을 만들었지만, 누가는 복음의 말씀을 가난한 사람들의 삶의 공동체와 담론 안에 흩어 배치했다. '복음적 삶의 공동체'는 하느님의 사랑의 교제와 소통을 모범(패턴)으로 삼아 서로 다른 사람들과 더불어 믿고 더불어 사는 공동체이며, 이것은 교회와 신학대학이 죽으나 사나 이행해야 할 모형이다. 마태복음에서는 예수님께서 가르치시기 위해 산에 오르시지만(마 5:1) 누가복음에서는 가르치기 위해 산에서 아래로 내려와 땅 위에 서신다(눅 6:17). 웨슬리의 야외 설교는 예수님의 땅 위의 설교를 이어받은 것이라 생각한다.

렘브란트는 창조, 타락, 예수 그리스도 등 구약과 신약의 모든 이야기를 그림의 소재로 삼았는데 요한계시록만큼은 그리지 않았다. 계시 말씀의 내면화, 믿음을 통한 주체적 수용을 중시한 결과라 보아야 할 것이다. 이 그림에서도 렘브란트는 사물의 주름과 사물의 심장을 보여 준다. 그림을 통해 교회에서 추상화되고 신학에서 객관화되기 쉬운 인간의 살아 있는 생생한 신앙에 집중한다. 예수님께서 한가운데 계시고 주변의 사람들은 아주 가까이 예수님 옆에 있다. 렘브란트는 신앙을 기적을 통해서나 혹은 적대자들의 주장을 반박하는 열정을 표현함으로써 혹은 초자연적인 신성을 드러냄으로써 말하려고 하지 않는다.

신앙은 이성이나 전통이나 다른 어떤 것에 대한 충성으로써 볼 수 없는 것을 본다. 신앙은 교의의 결과이거나 교회 조직의 결과도 아니며 예배를 온통 준수함으로써 얻어지는 것도 아니다. 신앙은 성령 안에서 그리스도와의 인격적인 만남과 변화의 결과다. 전자가 중요하지 않다는 말이 아니다. 전자는 말(末)이며 후자가 본(本)이기 때문에 본말(本末)이 전도(顚倒)되어서는 안 된다는 뜻이다.

발터 니그는 렘브란트의 작품에 흐르는 신앙에 대해 이렇게 말한다. "렘브란트 작품에는 신앙이 치열하게 살아 있고 또 움직인다. … 중세 시대에 제단의 배경이 된 성화를 그린 화가는 많았지만, 렘브란트가 그

린 성경의 장면을 표현하는 그림보다 더 진지하고 뜨거운 신앙을 보여
주는 그림은 없다. 신성의 현존, 이 현존이 엄청난 힘으로 사람의 마음
을 사로잡는다." 렘브란트의 독특한 시선은 객관적 사물이 주관적 의식
의 단순한 인상이나 체험으로 보이는 현대적 상황으로 나아가는 길 위
에 있다.

　예수님의 가르침의 사역은 하느님과 연합하고 모듬살이를 이루어 살
면서 하느님과 동료 인간들을 향한 사랑이 흘러넘치는 것이다. 〈사역〉
이란 정의로 차고 사랑으로 넘치게 하는 것이다. 아래에서 위로 올라가
려 할 때 차고 넘치는 일은 결코 일어나지 않는다. 위에서 아래로 내려
와 땅 위에 서는 것이 '차고 넘침'의 충분조건은 아닐지라도 필요조건임
에는 틀림없다. 예수님은 많은 사역을 하신 것이 아니라 마음을 온전히
다하여 충일한 것을 말씀하셨다. 말씀이 몸이 되신 예수님에게 몸을 얻
지 못한 말씀은 없다.

빈센트 반 고흐, 〈씨 뿌리는 사람〉, 1888년 11월

¹예수께서 다시 바닷가에서 가르치기 시작하셨다. 매우 큰 무리가 모여드니, 예수께서는 배에 오르셔서, 바다쪽에 앉으셨다. 무리는 모두 바닷가 뭍에 있었다. ²예수께서 비유로 여러 가지를 가르치셨는데, 가르치시면서 그들에게 이렇게 말씀하셨다. ³"잘 들어라. 씨를 뿌리는 사람이 씨를 뿌리러 나갔다. ⁴그가 씨를 뿌리는데, 더러는 길가에 떨어지니, 새들이 와서 그것을 쪼아먹었다. ⁵또 더러는 흙이 많지 않은 돌짝밭에 떨어지니, 흙이 깊지 않으므로 싹은 곧 나왔지만, ⁶해가 뜨자 타버리고, 뿌리가 없어서 말라 버렸다. ⁷또 더러는 가시덤불 속에 떨어지니, 가시덤불이 자라 그 기운을 막아 버려서, 열매를 맺지 못하였다. ⁸그런데 더러는 좋은 땅에 떨어져서, 싹이 나고, 자라서, 열매를 맺었다. 그리하여 삼십 배, 육십 배, 백 배가 되었다." ⁹예수께서 덧붙여서 말씀하셨다. "들을 귀가 있는 사람은 들어라."

〈묵상본문: 막 4:1-9〉

25장

봄을 품은 대지

신약의 마태복음서를 읽으면서 제일 처음 만나는 예수님의 가르침은 〈산상수훈〉인데 마가복음서에서는 〈씨 뿌리는 사람의 비유〉(막 4:3-9)다. 이 비유는 〈산상수훈〉에 비해 짧고 쉬우며 평이하다. 여기에는 눈 곱만큼도 도덕적 계명을 주는 말씀이 없다. 도덕적 계명은 언제나 미완으로 남는다. 그러나 자연에서 취한 비유의 말씀은 자연의 생명이 그러하듯이 30배, 60배, 100배로 차고 넘친다.

농부의 삶을 말하고자 하는 것인지, 여러 종류의 밭을 말씀하시려는 것인지, 하느님 나라에 관한 것인지, 말씀을 잘 들으라는 교훈인지, 씨를 뿌리면서 결코 절망하지 말라는 말씀인지는 4장을 전부 계속 읽어나가면서 깨닫게 되는 이해들이다.

빈센트 반 고흐가 1888년 그린 '씨 뿌리는 사람'이란 제목의 그림을 예수님의 이 비유와 연관 지어 생각해오지 못하다가, 고흐도 틀림없이 이 비유를 읽거나 적어도 이 비유를 연상하면서 그림을 그렸을 것이라는, 그분께서 홀연히 그런 생각을 주셨다고밖에 달리 말할 수 없다. 고흐가 이 그림에서 장 프랑수아 밀레의 그림을 본받았다는 것은 다 알려진 사실이다. 그는 밀레의 그림을 여러 가지로 변형하며 일련의 그림을 그렸는데, 마침내 스스로 마음에 드는 한 가지 표현양식에 당도한다.

예수님께서 농부의 일상 속에서 하느님 나라의 비유를 생각해냈듯이 고흐는 평범한 것 속에 깃든 무한함과, 일상에서 직접 체험한 신비로움을 작품으로 그려낸다. 비유는 근본적으로 '만물이 하나'라는 유기적 세계관에 뿌리를 두고 있다고 말할 수 있다. 이러한 인식은 근대의 자연관이나 선형적 시간 의식과는 대척점에 자리 잡고 있고, 자연신학을 맹비난하는 계시신학과도 같이 갈 수 없다. 칼 바르트도 결국 후기에 세계를 하느님 나라의 비유라고 말할 수밖에 없었다. 비유는 세상에서 과학이 찾아낸 가능성과 필연성의 논리가 아니라 하느님 나라를 암시하는 '불가능한 것의 시학'(Poetics of the impossible, John Caputo)이다. 시적 언어는 불가능한 것을 가능하게 하는 유일한 가능성이다. 시란 "자유의 과잉을, 혼돈을 시작하는 것이다. 모기소리보다도 더 작은 목소리로 시작하는 것이다. 모기소리보다도 더 작은 목소리로 아무도 하지 못한 말을 시작하는 것이다. 아무도 하지 못한 말을. 그것을…"(김수영).

좋은 비유는 만물에 대하여 마음이 열리고 감각이 깊이 동화될 때 나올 수 있는 것이다. 여기서 중요한 포인트는 가장 신비스러운 것을 가장 일상적인 것에서 발견하는 대(對) 세계에 대한 신성한 감각이 누구에게나 열려 있음을 인식하는 것이다. 이 감각은 개방적이며 다채로운 세계 경험과 그 발현을 보여주는 "범속한 트임"(발터 벤야민)일 것이다. 예수님의 비유는 신성한 영역(하느님 나라)과 거리를 둔 인간이 동시에 거기에 속해 있음을 변증법적으로 말해주는 이야기의 방식이다.

"고흐는 신성한 존재를 표현하기 위해 전통적인 종교화에서 나오는 주제와 도상을 선택하지 않았다. 대신 일상생활에서 흔히 마주치는 주제 가운데서 신성한 것을 포착하려 노력했다. … 고흐는 씨 뿌리는 사람, 땅 파는 사람, 농촌 아이들처럼 소박한 인물을 그릴 때나 창녀를 그릴 때도 신성한 품격을 부여했다. 무지하고 가난하며 온순한 사람들이 가진 인자한 태도에 대한 경외심은 네덜란드 시절에 제작한 첫 번째 걸작 〈감자 먹는 사람들〉로 구체화되어 나타났다"(에릭슨,『영혼의 순례자 반 고흐』, 140).

씨 뿌리는 시기이니 이른 봄이다. 저녁이라기보다는 아침이다. 농부의 하루 삶은 해뜨기 전 햇새벽녘부터 시작된다. 금세 동쪽에서 아침 날 빛이 도처에서 환하게 오른다. 강렬하다. 속삭이지 않는다. 농부의 등 뒤로 새싹대신 지상에서 움튼 해, 지평선 위에 동글게 놓여 있다. 농부는 아침 해가 오르는 줄도 모르고 일의 삼매경에 빠져 있다.

레몬을 수평으로 잘라 붙인 둥그런 레몬 조각 같은 태양이 지평선 위에 걸려 잔잔하게 이글거린다. 그 엄마 입술 햇살이 아기 볼 흙살에 접촉하여 스미어든다. 봄빛을 뿜어내는 듯 하늘은 쑥빛으로 물들어 있고 진홍색 뜬구름이 흐르고 흘러 봄기운을 짜릿하게 살랑인다. 지평선 아래 군청색과 갈색을 띤 땅과 밭 사이로 초록빛 이랑이 지평선 모서리 끝까지 뻗어 있다.

화폭은 지평선을 통해 상하로 나뉘고 오른쪽 아래 귀퉁이에서 자란 나무로 좌우로 나뉜다. 이 나무의 중간 부분 가지를 베고 난 밑자락에서 새싹이 꽃송이처럼 붉게 자라는 것에 봄 풍경이 오밀조밀 다 모여 붐빈다.

　싹 틀라나
　몸 근질근질한 나뭇가지 위로
　참새들 자르르 내려앉는다
　가려운 곳을 찾지 못해
　새들이 무작위로 혀로 핥거나 꾹꾹 눌러 주는데

가지들 시원한지 몸 부르르 떤다
다시 한 패거리 새 떼들
소복이 앉아 엥엥거리며
남은 가려운 곳 입질 끝내고는
후드득 날아오른다
만개한 꽃 본다.

—신달자, 「봄 풍경」 전문

농부의 얼굴 형태는 뭉개져 있지만 오른팔을 휘휘 저으며 한 움큼씩 씨를 뿌리는 힘찬 몸의 율동이 진갈색 흙빛과 어울려 올차게 느껴진다. 농부의 머리는 태양의 아래쪽 가장자리와 이어져 씨를 뿌리면서 태양 에너지를 땅에 뿌리는 것만 같다. 하늘과 땅을 분명하게 연결한 이 모습에 '종교적 아우라'가 만들어진다.

아침부터 저녁까지 이어지는 농사일은 힘들고 고단한 일이다. 기쁨으로 할 수는 없는 일이다. 농사의 고단함을 시편은 눈물과 울음으로 표현하고 있다. 그러나 씨앗이 움트고 싹트고 자라 열매를 풍성하게 거둘 때는 기쁨을 안겨준다.

눈물을 흘리며 씨를 뿌리는 사람은
기쁨으로 거둔다.
울며 씨를 뿌리러 나가는 사람은
기쁨으로 단을 가지고 돌아온다.

(시 126:5-6)

비유(막 4:3-9)에서 농부의 씨는 더러 길가에 떨어져 새들이 와서 쪼아 먹고, 더러 돌짝밭에 떨어져 뿌리가 없어 해가 뜨자 말라버렸고, 더러 가시덤불 속에 떨어져 기운이 막혀 열매를 맺지 못했지만, 더러는 좋은 땅에 떨어져 30배, 60배, 100배까지 놀라운 결실을 맺는다. 다 익히 아는 말씀이지만 읽을 때마다 신명 나게 하는 말씀이다. 이 모두 웅숭깊은 주님께서 하시는 일이니 농부는 열심히 씨를 뿌릴 뿐이다. 씨를 뿌리는 농부가 왼손으로 쥐는 듯 가리키는 가슴에 자그마하니 새초롬하게 새겨진 Y자 모양의 녹색 그림이 주님께서 이루실 불가능한 것의 희망을 상징한다는 생각이 든다.

> 주님께서는 사막을 연못으로 만드시며,
>
> 마른 땅을 물이 솟는 샘으로 만드시고,
>
> 굶주린 사람들로 거기에 살게 하시어,
>
> 그들이 거기에다 사람 사는 성읍을 세우게 하시고,
>
> 〈밭에 씨를 뿌리며〉 포도원을 일구어서,
>
> 풍성한 소출을 거두게 하시며,
>
> 또 그들에게 복을 주시어,
>
> 그들이 크게 번성하게 하시고,
>
> 가축이 줄어들지 않게 하신다.

(시 107:35-38)

렘브란트, 〈예수와 사마리아 여성〉, 1659

¹요한보다 예수께서 더 많은 사람을 제자로 삼고 세례를 주신다는 소문이 바리새파 사람들의 귀에 들어간 것을 예수께서 아셨다. ²-사실은, 예수께서 직접 세례를 주신 것이 아니라, 그 제자들이 준 것이다.- ³예수께서는 유대를 떠나, 다시 갈릴리로 가셨다. ⁴그렇게 하려면, 사마리아를 거쳐서 가실 수밖에 없었다. ⁵예수께서 사마리아에 있는 수가라는 마을에 이르셨다. 이 마을은 야곱이 아들 요셉에게 준 땅에서 가까운 곳이며, ⁶야곱의 우물이 거기에 있었다. 예수께서 길을 가시다가, 피로하셔서 우물가에 앉으셨다. 때는 오정쯤이었다. ⁷한 사마리아 여자가 물을 길으러 나왔다. 예수께서 그 여자에게 마실 물을 좀 달라고 말씀하셨다. ⁸제자들은 먹을 것을 사러 동네에 들어가서, 그 자리에 없었다. ⁹사마리아 여자가 예수께 말하였다. "선생님은 유대 사람인데, 어떻게 사마리아 여자인 나에게 물을 달라고 하십니까?" (유대 사람은 사마리아 사람과 상종하지 않기 때문이다.)¹⁰예수께서 그 여자에게 대답하셨다. "네가 하나님의 선물을 알고, 또 너에게 물을 달라는 사람이 누구인지를 알았더라면, 도리어 네가 그에게 청하였을 것이고, 그는 너에게 생수를 주었을 것이다." ¹¹여자가 말하였다. "선생님, 선생님에게는 두레박도 없고, 이 우물은 깊은데, 선생님은 어디에서 생수를 구하신다는 말입니까? ¹²선생님이 우리 조상 야곱보다 더 위대하신 분이라는 말입니까? 그는 우리에게 이 우물을 주었고, 그와 그 자녀들과 그 가축까지, 다 이 우물의 물을 마셨습니다." ¹³예수께서 말씀하셨다. "이 물을 마시는 사람은 다시 목마를 것이다. ¹⁴그러나 내가 주는 물을 마시는 사람은, 영원히 목마르지 아니할 것이다. 내가 주는 물은, 그 사람 속에서, 영생에 이르게 하는 샘물이 될 것이다." ¹⁵그 여자가 말하였다. "선생님, 그 물을 나에게 주셔서, 내가 목마르지도 않고, 또 물을 길으러 여기까지 나오지도 않게 해주십시오." ¹⁶예수께서 그 여자에게 말씀하셨다. "가서, 네 남편을 불러 오너라." ¹⁷그 여자가 대답하였다. "나에게는 남편이 없습니다." 예수께서 여자에게 말씀하셨다. "남편이 없다고 한 말이 옳다. ¹⁸너에게는, 남편이 다섯이나 있었고, 지금 같이 살고 있는 남자도 네 남편이 아니니, 바로 말하였다." ¹⁹여자가 말하였다. "선생님, 내가 보니, 선생님은 예언자이십니다. ²⁰우리 조상은 이 산에서 예배를 드렸는데, 선생님네 사람들은 예배드려야 할 곳이 예루살렘에 있다고 합니다."

²¹예수께서 말씀하셨다. "여자여, 내 말을 믿어라. 너희가 아버지께, 이 산에서 예배를 드려야 한다거나, 예루살렘에서 예배를 드려야 한다거나, 하지 않을 때가 올 것이다. ²²너희는 너희가 알지 못하는 것을 예배하고, 우리는 우리가 아는 분을 예배한다. 구원은 유대 사람들에게서 나기 때문이다. ²³참되게 예배를 드리는 사람들이 영과 진리로 아버지께 예배를 드릴 때가 온다. 지금이 바로 그 때이다. 아버지께서는 이렇게 예배를 드리는 사람들을 찾으신다. ²⁴하나님은 영이시다. 그러므로 하나님께 예배를 드리는 사람은 영과 진리로 예배를 드려야 한다." ²⁵여자가 예수께 말했다. "나는 그리스도라고 하는 메시아가 오실 것을 압니다. 그가 오시면, 우리에게 모든 것을 알려 주실 것입니다." ²⁶예수께서 말씀하셨다. "너에게 말하고 있는 내가 그다." ²⁷이 때에 제자들이 돌아와서, 예수께서 그 여자와 말씀을 나누시는 것을 보고 놀랐다. 그러나 예수께 "웬일이십니까?" 하거나, "어찌하여 이 여자와 말씀을 나누고 계십니까?" 하고 묻는 사람이 한 사람도 없었다. ²⁸그 여자는 물동이를 버려 두고 동네로 들어가서, 사람들에게 말하였다. ²⁹"내가 한 일을 모두 알아맞히신 분이 계십니다. 와서 보십시오. 그분이 그리스도가 아닐까요?" ³⁰사람들이 동네에서 나와서, 예수께로 갔다.

〈묵상본문: 요 4:1-30〉

26장

물(水)의 신학

렘브란트는 성경의 동일한 주제를 에칭, 드로잉, 유화 등으로 일생토록 여러 편의 작품을 남겼다. 〈예수와 사마리아 여성〉도 그런 경우이다. 설교로 치면 한 본문을 사뭇 다르게 보고, 강조하고, 해석하며 여러 번 설교한 것에 해당한다.

우물을 중심으로 왼쪽에 도르래를 이용하여 두레박으로 물을 기르기 위해 몸과 얼굴에 힘을 준 여성, 오른쪽에 머리가 기울 정도로, 손짓을 하면서까지 무언가 현실 세계와는 다른 신비한 세계를 설명하시려는 예수님 그리고 그 사이에 이 마주이야기를 아니, 이 난데없이 일어난 엉뚱한 만남을 지켜보고 있는 호기심 많은 어린아이의 얼굴이 보인다. 그림의 왼편 구석에는 음식을 구하러 나갔다가 돌아온 제자들이 크게 놀란 표정으로 서로 수군거리고 있다.

전면의 바위벽과 같은 어두운 우물과 후면의 빛으로 환하게 물들어 있는 수가성이 대조를 이룬다. 이 대조는 깊이의 신비함을 드러내면서 살아 있는 현실적 분위기를 지어내기도 한다. 어둠 속에서 확신 없이 예배를 드리는 너희와 밝은 대낮에 확신 속에서 예감 가득한 예배를 드리는 우리(요 4:22)의 대조일까. 한밤의 칙칙하게 어둡고 차가운 우물의 막힌 벽과 정오의 밝고 환하게 타오르는 태양의 뚫린 열기가 서로 대조된다. 여기서 대조의 요소들은 하나가 다른 하나를 배척한다기보다는 서로 껴안고 보충하면서 예수님의 메시지를 밝힌다. 그림의 화풍과 관련하여 한 마디 더하자면 16세기 베네치아의 화려한 화풍을 이어받아 빛과 공기가 창조하는 분위기 속에서 끊임없이 변화하는 정조를 시적으로 매우 잘 옮김으로써 풍성한 예술품을 만들고 있다.

본문의 키워드는 뭐니 뭐니 해도 '물'이다, 생수다, 콸콸 흐르는 영원한 생명의 샘물이다. 물은 우리의 약동하는 생명을 표시한다. 물이 갇히고 오염되어 탁류가 되어가는 현시점에서 맑은 물, 흐벅지게 흐르는 물, 풍성한 물은 우리에게 가장 절박한 생물학적 요구가 되고 있다. 물의 맑음, 물의 흐름, 물의 음악, 물의 미소, 물의 평화에 대한 갈증은 점점 깊어진다. 물은 또한 성서신학, 조직신학, 윤리, 여성신학, 실천신학 그리고 영성의 주제가 되고 있다. 신비주의자들은 심령이 메말라 스스로 빛나는 하느님의 얼굴을 보고 싶은 갈증이 심한 사람들이다. 신비주의자들은 심령의 가장 깊디깊은 곳에서 솟아오르는 해가 닳도록, 달이 닳도록 영원히 마르지 않는 샘물이신 살아 계신 하느님을, 요컨대 '물의 신학'(Theology of Water)을 말한다.

물의 속성이 많이 있지만, 그중 빼어난 속성은 땅으로 스며들어 온갖 생명체를 살린 후 살그머니 빠져나가는 무위(無爲)의 혜적임이다. 그 자연스러운 잠적(潛跡)은 배울 만하다. 시인 김용택은 예술에 관하여 이렇게 말한다. "예술은 손에 잡힌 현실이 아니고 온몸에 스며들게 하는/현실이지요. 나는 스며드는 것을 좋아한답니다. 느끼고 스/며드는 것들은 떼어낼 수 없습니다"('통영의 밤' 중에서). '물의 신학'은 예술처럼 "입술로 스며 그대 몸속 / 어루만져 속속들이 살린 후 / 마침내 그대를 빠져나가"(김선우, 「한 방울」 중에서) 다시 꽃잎에 영롱하게 현신(現身)하는 이슬방울처럼 생명을 살리는 신학이다.

'물'은 요한복음에 약 20번 등장한다. 약 절반은 자연적 정화의 기능을 암시하고(요 1:26, 31, 33; 3:23; 2:7, 9; 4:46; 13:5) 나머지는 상징적의미를 가진다. 상징은 단순한 단어놀이거나 객관적 정보가 아니다. 상징은 초월적 신비를 드러내 보이고 신비에 대한 변형적 경험을 가능하게 하는 지각 가능한 실재이다. 상징을 통해 초월적 실재와 농밀한 만남의 경험이 있는 자는 필경 삶의 변화를 경험한다. 요한복음의 물은 예수님께서 선사하는 약속의 생수(요 4:10, 11, 14; 7:38)요, 겟세마네의 고뇌에 찬 간절한 기도 중에 땀이 핏방울 같이 되어 얼굴을 적시고 흐르고 흘러 땅에 뚝뚝 떨어지는 한혈(汗血)이요(눅 19:44), 창에 찔린 십자가 예수님의 옆구리에서 나오는 피와 물(요 19:34)이고, 새로운 삶을 보장하는 성령과 함께 쓰인 물이다(요 3:5). 그러니 요한의 '물의 신학'은 노자의 '물의 철학'과 다르다. 노자의 '물의 철학'은 다함없이 흐르는 물, "최고의 선은 물과 같다"(上善若水)로 집약된다.

4장의 사마리아 여성 이야기를 3장의 니고데모 이야기와 비교하여 이해하자면, 남자와 여자, 유대인과 이방인, 낮과 밤의 대조가 두드러진다. 3장이 이슥한 밤에 구원의 의미를 슬어놓은 상징이라면, 4장의 초점인 한낮의 우물은 성서의 쓰임에서 남녀의 결혼이 이루어지는 장소이기도 하다. 이삭(창 24)과 야곱(창 29:1-30), 모세(출 2:15-22)는 우물에서 미래의 부인을 만난다. 따라서 요한복음 4장의 본문은 사랑의 본문이 지닌 공통 특징을 지시할 뿐만 아니라 창세기 24장의 배경에서 읽을 수 있다.

사마리아 여성의 여섯 남편은 좀처럼 수그러들지 않는 사랑에 대한 갈망이고 헤어질 수밖에 없었던 아픈 가슴에 사무쳐 길게 맺힌 한(恨)에 대한 이름 지을 수 없는 이름이다. 사랑의 삶에 대한 무한한 이 갈망을 유한한 인간이 풀 수 없고 충족시킬 수 없다는 사실이 노출된다. 여섯 남자는 일곱 번째 남자, 우리를 사랑하시는 분, 그래서 십자가에서 당신의 가슴을 찔리게 하셨던 예수님을 가리키고 있다. 본문은 사마리아 여성이 메시아이신 예수님을 접(接)해 신랑으로 맞이하는 이야기이다(배경, 요 2:1-12, 3:27-29).

요한복음은 생명의 물을 주고자 하는 예수님의 갈증이면서 동시에 생명의 물, 곧 하느님에 대한 갈애(渴愛)를 해갈하고자 나선, 영생의 물을 기르고 싶은 신비주의자의 복음이다. 영생은 차안과 피안에서의 구원을 가리키는 총괄 개념이며 "유일하신 참 하느님과 그가 보내신 자 예수 그리스도"(요 17:3)와 은밀히 내통할 수 있는 지식에까지 이르는 것이다. 영원한 생명이란 새 맛이 든 구수한 삶이며, 제삶이고 참삶이며, 죽음을 통해서도 사위어질 수 없는 교부들이 말한 신적으로 변화된 삶(神化)이다.

육신의 갈증을 해결하러 대낮에 야곱의 우물로 나온 여성은 예수님에게서 영원히 목마르지 않는 영생하도록 솟아나는 샘물을 만난다(요 4:13-14). 예수님에게 생수는 당장 육신의 갈증을 해결할 수 있는 물이 아니라 하느님의 지혜이며 하느님의 영이다. "목마른 사람은 다 나에게로 와서 마셔라. 나를 믿는 사람은, 성경이 말한 바와 같이, 그의 배에서 생수가 강물처럼 흘러나올 것이다. 이것은, 예수를 믿은 사람이 받게 될 성령을 가리켜서 하신 말씀이다"(요 7:37-39).

그러나 세상에는 사마리아 여성처럼 육신의 긴급한 갈증이 해결되기를 원하는 사람들의 외침으로 가득하다. 물의 거룩한 상징성만을 주장함으로써 현실적으로 가난한 자들의 배고픔과 목마름의 현실을 간과할 수 없다. 마침내 예수님은 십자가에서 진리의 영의 생수가 되어 그의 제자들에게 물과 피를 쏟아붓고(요 19:34), 믿는 자들에게는 그의 말씀을 육화할 수 있는 능력을 그들의 가슴에 선사한다. 예수의 다음 말씀은 유머 감각 없이 알아들을 수 없다.

> 이 물을 마시는 사람은 다시 목마를 것이다.
> 그러나 내가 주는 물을 마시는 사람은,
> 영원히 목마르지 아니할 것이다.
> 내가 주는 물은, 그 사람 속에서,
> 영생에 이르게 하는 샘물이 될 것이다.
>
> (요 4:13-14)

갈증이 깊어만 가는 세계 도처에서 목마르지 않는 생수에 대한 타는 가슴속 목마름의 외침이 쟁쟁하게 들려온다. 십자가상에서 예수님의 외침은 목마른 사람들의 그 모든 목마름을 대변한다. "내가 목이 마르다"(요 19:28). 십자가상의 예수님께서 당신 마음을 여시고 창으로 찔린 당신 옆구리에서 사랑의 물을 흘러 보내신다. 오늘도 목이 말라 외치는 작디작은 자들(마 10:42, 25:35)의 음성을 듣고 우리가 물이 되어 생명의 맑은 물이 메마른 세상에 가득 채워지고 거리거리마다 여울져 흐르길 바란다. "선생님! 내게 그 물을 주셔서 내가 다시는 목이 마르지 않게 해주시고, 이 우물을 찾는 일이 없게 해주십시오"(요 4:15).

> 우리가 물이 되어 만난다면
> 가문 어느 집에선들 좋아하지 않으랴.
> 우리가 키른 나무와 함께 서서

우르르 우르르 비오는 소리로 흐른다면.

흐르고 흘러서 저물녘엔
저혼자 깊어지는 강물에 누워
죽은 나무뿌리를 적시기도 한다면.
아아, 아직 처녀인
부끄러운 바다에 닿는다면.

그러나 지금 우리는
불로 만나려 한다.
벌써 숯이 된 뼈 하나가
세상에 불타는 것들을 쓰다듬고 있나니

만리 밖에서 기다리는 그대여
저 불 지난 뒤에
흐르는 물로 만나자.
푸시시 푸시시 불꺼지는 소리로 말하면서
올 때는 인적 그친
넓고 깨끗한 하늘로 오라.

　　　　　　　　　—강은교,「우리가 물이 되어」전문

독일 메셰데에서 나온 히타-고사본

³⁵그 날 저녁이 되었을 때에, 예수께서 제자들에게 말씀하셨다. "바다 저쪽으로 건너가자." ³⁶그래서 그들은 무리를 남겨 두고, 예수를 배에 계신 그대로 모시고 갔는데, 다른 배들도 함께 따라갔다. ³⁷그런데 거센 바람이 일어나서, 파도가 배 안으로 덮쳐 들어오므로, 물이 배에 벌써 가득 찼다. ³⁸예수께서는 고물에서 베개를 베고 주무시고 계셨다. 제자들이 예수를 깨우며 말하였다. "선생님, 우리가 죽게 되었는데도, 아무렇지도 않으십니까?" ³⁹예수께서 일어나 바람을 꾸짖으시고, 바다더러 "고요하고, 잠잠하여라" 하고 말씀하시니, 바람이 그치고, 아주 고요해졌다. ⁴⁰예수께서 그들에게 말씀하셨다. "왜들 무서워하느냐? 아직도 믿음이 없느냐?" ⁴¹그들은 큰 두려움에 사로잡혀서 서로 말하였다. "이분이 누구이기에, 바람과 바다까지도 그에게 복종하는가?"

⟨묵상본문: 막 4:35-41⟩

27장

삶의 풍랑

마가복음은 마태복음이나 누가복음에 있는 예수님의 탄생 이야기가 없을뿐더러 세례 이후의 시험도 간단하게 언급한 후 시급하게 예수님의 공생애 활동을 기술한다. 활동을 시작하자마자 제자를 부르고 병을 고치고 유대인들과 논쟁을 하고 또 병을 고치고, 그 활동과 가르침이 매우 빠르고 과중하다고 느껴진다. 마가복음에서 예수님의 활동이 얼마나 신속하고 성급하게 이루어지는지 '곧'이라는 부사가 40회나 반복해서 나오는 것만 봐도 쉽사리 파악할 수 있다. 몇 군데만 언급하겠다.

시험을 받으시자마자 쉴 사이도 없이 〈곧〉 성령이 예수를 광야로 내보냅니다(막 1:12). 예수님께서 부르자마자 그들은 〈곧〉 그물을 버리고 예수를 따라갑니다(막 1:18). 귀신 들린 사람을 고치자 예수의 소문도 〈곧〉 갈릴리 주위의 온 지역에 두루 퍼집니다(막 1:28).

예수님께서는 시간적으로 빈틈이 없을 뿐 아니라 공간적으로도 광야와 갈릴리 주변의 바다와 마을과 산을 거듭 이동하시면서 복음을 전하고 이적을 행하신다. 4장에는 하루에 일어난 일이 기록되어 있다. 예수님께서 바닷가에 나가 씨 뿌리는 사람의 비유를 가르치시고, 그 비유를 말씀하신 목적과 비유의 숨은 뜻을 설명하시고, 한 말씀과 두 가지 비유를 더 말씀하시고, 그날 저녁이 되어 거라사로 가시려고 갈릴리 바다를 건너게 된다. 예수님께서 배에 오르시자마자 피곤하여 고물에서 베개를 베고 잠에 곯아떨어진 사정이 이해된다.

이 장의 그림은 11세기 경전 사본의 미니어처 회화 중에 있는 것이다. 바탕색 전체가 푸른 빛깔이어서 폭풍의 격한 진동으로 바다와 하늘이 겹친 느낌을 준다. 세상은 온통 풍랑이 이는 깊고 깊은 바다다. 배의 형상도 무엇이든 몽땅 집어삼킬 듯 커다랗게 입을 벌리고 있는 큰 물고기의 모습이다. 뒤집어질 듯 위태위태하기만 하다. 제자들은 얼굴이 사색이 되어 정신없이 노를 젓지만 부질없다. 활대에 맨 4각 돛을 지탱하는 돛대가 폭풍의 위력에 부러질 것만 같다. 배에 비해 엄청 크게 그려진 돛의 천이 폭풍에 펄럭이는 위세가 곧 배를 뒤집어놓을 것만 같다. 배 뒤편에서 두려움에 사로잡힌 제자들은 오들오들 떨고 얼굴이 사색이 되어 점점 작아지는 모습이다. 모두들 거룩한 후광을 지니고 있지만, 그저 하늘만을 마냥 올려다볼 뿐이다. 그들의 조상이 불렀던 시편 노랫가락의 흥과 신명은 온데간데없이 사라졌다.

> 하느님은 우리의 피난처이시며, 우리의 힘이시며,
> 어려운 고비마다 우리 곁에 계시는 구원자이시니,
> 땅이 흔들리고 산이 무너져 바닷속으로 빠져들어도,
> 우리는 두려워하지 않는다.
> 물이 소리를 내면서 거품을 내뿜고 산들이 노하여서 뒤흔들려도,
> 우리는 두려워하지 않는다(셀라).
>
> (시 46:1-3)

이때 한 제자가 머뭇머뭇 주저하면서 지나치게 크게 그려진 손으로 예수님을 깨우려고 한다. 예수님은 오른팔을 베고 뱃전 가장자리에 누

위 세상모르고 깊은 잠에 빠져 있는 모습이다. 예수님의 웃옷자락이 뱃전 밖으로 나와 있는데도 바람이 한 점도 닿지 않은 듯 평온한 나비의 날개처럼 그려져 있다.

아무런 동요를 하지 않는 예수님의 모습, 어찌 이리도 자약(自若)할 수 있단 말인가. 예수님의 주무심은 하느님께 대한 굳은 신뢰를 상징한다고 볼 것이다. 우리가 불안 가운데서 우리 영혼의 내면에서 빠져나와 하느님 안에 머물면, 우리를 삼킬 듯한 파도도 견디어내고 그 파도는 점점 잦아들 것이다. 파도는 주님 안에 머문 우리를 삼킬 수 없다. 주님의 도움으로, 주님 안에서 우리는 구원의 시편을 찬양할 수 있다.

> 주님께서는
> 바다의 노호와 파도 소리를 그치게 하시며,
> 민족들의 소요를 가라앉히셨습니다.
>
> (시 65:7)

위험한 고비가 닥칠 때 제자들은 자기들끼리만 있다고 생각한다. 우리의 영혼이 무의식적인 물속에 잠길 때 우리는 거의 홀로 남아 있다는 두려움에 떤다. 예수와 단절된 것처럼 느낀다. 우리는 예수를 느끼지 못한다. 우리는 그분의 말씀을 익히 알고 있지만 절체절명의 순간에 우리는 그 말씀을 떠올리지 못하고, 그 말씀들은 우리 안에서 아무런 능력을 발휘하지 못한다. 얼마나 수많은 어리석음을 지나야, 얼마나 뼈저린 비참을 지나야 예수님 말은 나의 삶이 될까.

키르케고르는 1850년, 폭풍 속에서 주무시는 예수님에 대해 이렇게 풀어냈다. "더없이 높은 존재가 보잘것없는 존재와 그렇게나 닮았다.

오직 아이만이, 그것도 아주 어린 아이만이, 아니면 동물만이 폭풍 속에서도 편안히 누워 잘 수 있다. 우리처럼 다른 사람들은 그렇게 할 수 없다. 그렇다면 우리들은 어떻게 해야 할까? 그렇다, 제자들처럼 해야 한다. 그리스도를 외쳐 부르는 것이다." 위기에 처하여 우리가 외쳐 부르는 그리스도 '상징'의 힘을 얻어야 한다.

마가복음은 호수를 세 번 건너는 예수님의 모습(4:35-41, 6:45-52, 8:14-21)을 보여준다. 예수님께서는 거센 풍랑이 이는 삶의 호수를 건너가는 우리의 여정에 동행하신다. 호수 건너편, 곧 하느님의 항구에서 호수를 힘껏 무사히 잘 건너도록 영광의 빛을 비추어주신다. 거센 풍랑이 이는 호수 위를 노 저어 가는 배는 연약하고 위태로운 인간의 삶을 의미한다.

바다를 건너는 때는 하루가 지나고 다음 날을 기다리는 저녁과 밤이다. 저녁이 기울고 어두운 밤이 찾아오면 항상 악마가 득세하는 시간이다. 어둠이 드리워지면, 인간의 영혼 안에 악마의 세력이 나타나기 시작한다. 이때 우리 영혼의 내면에 거센 풍랑이 일기 시작한다. 어둠이 가장 짙을 때 예수님께서는 십자가에 달리실 것이고, 어둠이 가장 짙게 깔릴 것이다. 이때 우리 영혼 안에 잠든 예수님을 깨워 그분의 한마디 명령을 들어야 한다. "고요하고 잠잠하여라!"

하느님,
물들이 주님을 뵈었습니다.
물들이 주님을 뵈었을 때에,
두려워서 떨었습니다.
바다 속 깊은 물도

무서워서 떨었습니다.

(시 77:16)

예수님은 우리의 불안을 극복하도록 도와주시는 분이다. 불안은 우리를 기어이 무의식의 소용돌이에 빠지게 하고 멸망으로 이끄는 병이다. 예수의 말씀, "안심하여라. 나다(ἐγώ εἰμι). 두려워하지 말아라(힘내시오. 나요. 겁내지 마시오)"(막 6:50). 이보다 더 크게 "존재의 용기"를 일깨우는 말씀이 어디 있을까. 예수 그리스도의 하느님은 항상 우리를 불안에서 해방하고, 우리에게 신뢰를 불러일으키시는 하느님이다. 우리를 불안에 떨게 하는 하느님이 있다면 그것은 악마일 뿐이지 예수의 하느님은 아님을 믿어도 좋다. 이 신뢰와 용기를 주시는 하느님은 구약에서 모세를 통해 여호수아에게 말씀한 하느님이다.

그대는 마음을 강하게 하고 용기를 내시오. 그대는, 주님께서 그대의 조상에게 주시기로 맹세하신 땅으로 이 백성과 함께 가서, 그들이 그 땅을 유산으로 얻게 하시오. 주님께서 친히 그대 앞에서 가시며, 그대와 함께 계시며, 그대를 떠나지도 않으시고 버리지도 않으실 것이니, 두려워하지도 말고 겁내지도 마시오(신 31:7-8).

렘브란트, 〈갈릴리 호수의 폭풍 속의 그리스도〉, 1633

³⁵그 날 저녁이 되었을 때에, 예수께서 제자들에게 말씀하셨다. "바다 저쪽으로 건너가자." ³⁶그래서 그들은 무리를 남겨 두고, 예수를 배에 계신 그대로 모시고 갔는데, 다른 배들도 함께 따라갔다. ³⁷그런데 거센 바람이 일어나서, 파도가 배 안으로 덮쳐 들어오므로, 물이 배에 벌써 가득 찼다. ³⁸예수께서는 고물에서 베개를 베고 주무시고 계셨다. 제자들이 예수를 깨우며 말하였다. "선생님, 우리가 죽게 되었는데도, 아무렇지도 않으십니까?" ³⁹예수께서 일어나 바람을 꾸짖으시고, 바다더러 "고요하고, 잠잠하여라" 하고 말씀하시니, 바람이 그치고, 아주 고요해졌다. ⁴⁰예수께서 그들에게 말씀하셨다. "왜들 무서워하느냐? 아직도 믿음이 없느냐?" ⁴¹그들은 큰 두려움에 사로잡혀서 서로 말하였다. "이분이 누구이기에, 바람과 바다까지도 그에게 복종하는가?"

〈묵상본문: 막 4:35-41〉

28장

믿음, 어두운 지층 속을 기어가는 힘

17세기면 네덜란드가 해상을 지배하고 있을 무렵인데 렘브란트는 바다 풍경을 이상하게도 딱 한 점 남겼다. 앞의 그림은 보스턴의 이사벨라 스튜어트 가드너 박물관에 소장된 작품인데 불행하게 1990년 3월 18일에 습격으로 도난당한 이후 아직 찾지 못하고 있다. 렘브란트는 그림에서 성경 본문의 모든 것을 실감나게 보여준다.

호수를 뒤집는 무서운 광풍, 배에 부딪는 흰 이빨을 드러낸 사나운 물결, 하늘을 뒤덮는 흑암의 구름, 그 아래에서 허둥거리는 난파선. 이 순간들을 렘브란트의 이 그림보다 더 실제로 체험하는 듯한 느낌을 주도록 포착하여 표현한 작품은 아마 없을 것이다. 격노한 호수와 검은 구름으로 덮인 하늘이 그림을 꽉 채운다. 이것에 비하면 성경의 언어는 한참 추상적이라 느껴진다. 물이 배 안으로 치고 들어와 배는 언제 침수되고 전복될지 모를 위급한 지경이다. 갈릴리 호수의 위험은 예고 없이 별안간 닥친다고 한다. 렘브란트는 이러한 날씨의 변덕스러움을 아는지, 거뭇한 구름의 틈새로 빛나는 햇빛의 여운을 희미하게 그려 넣고 있다.

급박한 위기 속에서 삶을 향한 몸부림은 본능적이며 필사적이다. 렘브란트는 배에 있는 제자 12명의 전전긍긍하는 행동을 기록하듯 상세하게 그려 넣었다. 세찬 바람으로 배가 45도 정도 들려 뒤집힐 것만 같다.

〈뱃머리〉의 다섯 명은 광풍에 흔들리는 배 안에서 본능적 감각으로 혼신을 다해 살아남을 행동을 취한다. 둘은 돛을 잡고 있고, 둘은 돛대를 끌어 앉으려고 하나 몸이 휘몰린다. 나머지 한 명은 오른손으로 돛 줄을 잡고 왼손으로는 얼굴을 덮치는 바닷물을 막아보려고 애쓰고 있다.

〈배의 중앙〉에 세 사람이 보인다. 중앙 저쪽에 짙푸른 색의 옷을 입은 제자는 공포에 질린 듯 웅크려 먼 곳을 절망적으로 바라보고 있고, 이쪽 밝은 색 옷을 입은 제자는 숨을 곳이라도 찾으려는 듯 질린 얼굴로 아래를 바라보고 있다. 그 옆에 푸른 빛 옷을 입고 오른손으로 돛줄을, 왼손으로는 모자를 쥐고 있는 이가 화가 자신이다. 렘브란트 비평가들은 모자가 날아갈까 봐 왼손으로 모자를 누르고, 파선 직전에 처한 배의 줄을 오른손으로 잡은 채 발버둥치고 있는 푸른 빛깔 계통의 옷을 입은 사람의 얼굴이 바로 렘브란트 자신임을 지적한다.

렘브란트는 파선 직전 목숨이 위험한 지경에 처한 상황에서 기껏 자기의 모자가 날아갈까 봐 저어한다. 그는 사실상 안전을 보장해줄 수 없는 쓰러져가는 배의 줄에 몸을 지탱할 수밖에 없는 우스꽝스럽고 어수룩한 모습으로 그때, 그곳의 성경의 극적인 사건에 참여한다. 이 사건은 렘브란트가 자신의 굴곡진 삶 속에서 경험한 것이었기 때문에 그에게 참된 것이었을 것이다. 그는 사건의 일부가 되고 사건은 그의 일부가 되어 서로 동화된다.

그림의 〈아래쪽〉에 또 다른 다섯 명의 제자가 있다. 한 사람은 예수님의 옷을 잡고 깨우고 있다. 그 옆의 사람은 손을 올리고 다급하게 애원하듯 상황 설명이라도 하려는 듯 보인다. 그리고 그 옆의 사람은 무릎을 꿇었는지 낮은 자세로 두 손을 모아 기도하고 있다. 그 아래 빨간 옷을 입은 자는 뱃멀미를 이기지 못한 듯 비틀거리며 실그러져 호수를 향해 토하는 모습이다. 맨 아래 오른쪽 배 후미의 제자는 안간힘을 다해 노를 잡고 있으나 중과부적이다. 렘브란트가 13명의 제자를 그려 넣은 것도 인상적이다. 모두 생존을 위해 분투 중이다. 이 세상의 삶은 온통 생존을 위해 투쟁하는 생의 각축장이다. 이 순간을 극적으로 기술한 마태복음(마 8:23-25)을 읽어보도록 하자.

> 예수님께서 배에 오르시니, 제자들이 그를 따라갔다.
> 그런데 바다에 큰 풍랑이 일어나서,
> 배가 물결에 막 뒤덮일 위험에 빠지게 되었다.
>
> 그런데 예수님께서는 주무시고 계셨다.
> 제자들이 다가가서 예수를 깨우고서 소리쳤다.
> "주님, 살려 주십시오. 우리가 죽게 되었습니다."
> 주님, 포도주로 달아오른 용사처럼 분연히 일어나십시오.

비슷한 상황을 겪은 듯이 시편의 기도는 더욱 다급하고 절실하며 곡진하다.

> 하느님,
> 나를 구원해 주십시오.
> 목까지 물이 찼습니다.
> 발 붙일 곳이 없는
> 깊고 깊은 수렁에 빠졌습니다.
> 물 속 깊은 곳으로 빠져 들어갔으니,

큰 물결이 나를 휩쓸어갑니다.

큰 물결이 나를

덮치지 못하게 해주십시오.

깊은 물이 나를

삼키지 못하게 해주십시오.

큰 구덩이가 입을 벌려

나를 삼키고

그 입을 닫지 못하게 해주십시오.

(시 69:1-2, 15)

난관에 처할 때마다 옛날 어른들은 살다가 보면 무슨 '수'가 난다고 말씀하곤 했다. 세상에는 내가 가보고 겪어보지 못한 수가 얼마나 많은가. 모든 제자가 "얼이 빠지고 간담이 녹는"(시 107:26) 와중에서도 예수님만 이제 막 깨어난 듯, 자신들에게 항의하는 두 제자를 조용한 얼굴로 물끄러미 바라보고 계시다. 예수님의 오른손은 가슴에, 왼손은 배의 낮은 벤치에 기대어 있는 느긋하고 편안한 자세다. 풍랑 앞에서 살길을 찾아 안간힘을 다하는 제자들과 이와 극명하게 대조되는 예수님의 평안한 자세, 성경은 도대체 무슨 수를 말하고자 하는 것일까?

배가 뒤집힐 것 같은 폭풍과 풍랑 앞에서도 무서워하지 말고 〈믿음〉을 가지라는 말씀인가? 제자들의 믿음을 문제시하는 말씀인가? 광풍을 잠재우고 격랑의 바다도 고요하게 만드는 예수님의 초인간적인 역능을 통해 그분이 하느님의 아들 그리스도임을 초자연적인 방법으로 입증하려는, 〈그리스도론적〉인 말씀인가?

오늘의 세계는 기적이 준비되어 있는 세계, 갑자기 기적이 일어나는

세계는 아니다. 이와 함께 세계에 대한 매혹, 경이, 몽상, 환상의 미감
(美感)도 거의 사라졌다. 교회의 역사에서 바다는 혼돈의 세상이고, 배
는 구원의 교회를 상징한다. 세상 사람이 추구하는 부와 권력과 명예
앞에서 흔들리는 크리스천, 교회는 부와 권력과 명예를 좇지 말고 예수
님을 깨우라는 〈교회론적〉인 말씀인가?

감리교신학대학에서 1930년대 조직신학을 가르쳤던 정경옥 교수는
『그는 이렇게 살았다』(1938년)에서 현대인은 절박한 시대의 풍랑을 극
복하기 위해 예수님을 깨우지 않고 물질을 믿고 사람을 믿는다는 점을
지적한다. 그는 현대 교회의 모습을 이렇게 질책한다. "현대 교회는 교
회 안에 계신 예수님을 훌륭하신 선생으로 모시기만 하고, 우리의 생활
에는 직접 간섭을 하시도록 하지 않는 것 같다. 예수님은 우리의 생활
속에서 주무시고 제자들은 풍랑을 만나자 자기들의 재주와 힘과 계획
으로 일을 바로잡아 보려고 하는 것이다."

정경옥은 예수님을 모셔다 놓기만 하고 예수님을 깨우지 않는 교회
를 질타한다. 그는 교회가 예수님을 깨워 그의 사상과 인격과 구속의
은총을 옷 입어야 한다고 강조한다. 우리는 이렇게 기도해야 한다.

주님, 깨어나십시오.
어찌하여 주무시고 계십니까?
(…)
일어나십시오.
우리를 어서 도와주십시오.
주님의 한결같은 사랑으로,
우리를 구하여 주십시오.　　　　　　　　　　　　　　(시 44:23, 26)

이 본문을 〈인간학적〉으로 읽으면 어떻게 될까? 호수에 광풍이 일고 물결이 요동치자 배는 크게 뒤흔들리고, 배 안에 있는 사람들의 몸도 떨리고, 마음에 공포를 느끼고, 삶의 호흡이 가빠진다. 내가 딛고 서 있는 터전이 모조리 흔들리는 긴박한 위기의 상황이다. 이때 '예수를 믿는 믿음'이란 무엇인가?

인간은 위험한 고비 앞에서 언제나 불안에 떤다는 점에서 믿음이 없다. "너희가 어찌하여 믿음이 없느냐"(막 5:40). 그러나 이런 상황에서 오들거리는 인간이 보통 인간의 자연스러운 모습이 아닌가. 보통의 인간을 비루하고 보잘것없으며 용렬한 사람이라 말할 수 있을까. 그러면 믿음이란 예수님께서 우리를 위해 광풍을 잠재울 기적을 발휘하실 것이라고 믿는 것인가? 믿음이 이것만을 의미한다면 인간은 불가피하게 매사에 수동적이고 의존적이 될 것이 뻔하지 않은가? 이런 믿음의 사람이라면 평생 미성숙한 인간이라는 평가를 받게 될 것이다.

믿음은 예수님의 말씀, "안심하여라. 나다(ἐγώ εἰμι). 두려워하지 말아라"는 말을 믿고 지키는 기개이며 흔들리지 않는 절개와 지조다. "힘내시오. 나요. 겁내지 마시오"(막 6:50). '믿는다'는 것은 생각(思), 사고, 사유와 다르다. '믿는다'는 것은 행함과도 다르다. '믿는다'는 것은 느낌(感)과도 다르다. '믿는다'는 것은 이성적 '생각', 실천적 '행동', 감성적 '느낌'을 모두 거느리는 심성(心性)의 움직임, 예수님을 향한 온 마음의 작용이다. 예수 그리스도의 하느님은 항상 분망(奔忙)해진 마음의 불안에서 우리를 해방하고, 우리에게 신뢰를 불러일으키시는 하느님이다. 얇고 나붓나붓 흔들리는 우리의 믿음에 도탑고 굳센 독신(篤信)의 용기를 더하신다.

우리를 불안에 떨게 하는 하느님은 악마일 뿐이지 예수의 하느님은 아니다. 믿음은 파란이 이는 삶으로부터 무사안일로 도피할 수 있는 비상 탈출구가 아니다. 용케 여태까지 그럭저럭 무사히 사는 것을 바라지만, 세상의 풍랑 속에서 삶 전체의 험난함을 안고 넘어가는(抱越) 생사(生事)가 대개의 인간이 겪는 현실이 아닌가. 더 이상의 출렁임을 거부하는 우리의 무사안일함 속에 마음은 어느새 시들어 바싹 메마른 낙엽처럼 파삭파삭해질지도 모를 일이다.

> 그냥 물이 아니라 한사코 헤엄치는 물
> 그냥 땅이 아니라 무작정 기어가는 땅
> 한 세월 너는 그렇게 오고 있는 것이다
>
> 오랜 세월 너는 떠나가고 있는 중이다
> 눈 오는 오리온좌에서 습한 전갈좌까지
> 어두운 지층 속에 길을 만드는 것이다
> ―이성복, 「움직이는 누드」 중에서

살아 있는 삶은 "그냥 물이 아니라 한사코 헤엄치는 물"이다. 그래서 믿음은 "어두운 지층 속에 길을 만드는" 굳센 삶, "늪을 기어가는 기쁨"(라캉), "눈을 맞고 선 굳고 정한 갈매나무"(백석)와 같은 포월(抱越)의 절개와 지조를 기르고 키운다. 믿음의 질은 〈겉〉으로 무엇을 믿고 〈밖〉으로 무엇을 선포하느냐에 달려 있지 않다. 믿음은 우리가 〈안〉으로 한사코 어떤 사람이며, 우리가 〈밖〉으로 기어코 어떤 기운을 뿜어내며 사느냐에 달려 있다.

외젠 들라크루아, 〈게네사렛 호수의 그리스도〉, 1841

²²어느 날 예수께서 제자들과 함께 배에 오르셔서, 그들에게 말씀하셨다. "호수 저쪽으로 건너가자." 그들이 출발하여 ²³배를 저어 가고 있을 때에 예수께서는 잠이 드셨다. 그런데 사나운 바람이 호수로 내리 불어서, 배에 물이 차고, 그들은 위태롭게 되었다. ²⁴그래서 제자들이 다가가서 예수를 깨우고서 말하였다. "선생님, 선생님, 우리가 죽게 되었습니다." 예수께서 깨어나서, 바람과 성난 물결을 꾸짖으시니, 바람과 물결이 곧 그치고 잔잔해졌다. ²⁵예수께서 그들에게 말씀하셨다. "너희의 믿음이 어디에 있느냐?" 그들은 두려워하였고, 놀라서 서로 말하였다. "이분이 도대체 누구시기에 바람과 물을 호령하시니, 바람과 물조차도 그에게 복종하는가?"

〈묵상본문: 누가 8:22-25〉

29장

주여, 우리가 죽겠나이다

　나는 앞에서 게네사렛 호수의 광풍 사건을 마가복음 본문을 따라 렘브란트의 그림을 통해 묵상했다. 이번에는 같은 사건을 외젠 들라크루아와 함께 누가복음 본문을 따라 묵상하고자 한다.

　들라크루아(Eugène Delacroix, 1798~1863)는 프랑스인이 자랑하는 대표적인 낭만주의 화가다. 유럽의 낭만주의 시대는 시기적으로 계몽주의 시대와 상당히 겹치는데 낭만주의가 이성대신 감성을 중시했다 하여 반계몽주의로 비판한다면 그것은 매우 안이한 짧은 주장이다. 계몽주의는 이성(합리성) 독점의 시대가 아니라 이성과 감성이 쌍두마차가 되어 이끈 시기이다. 낭만주의는 미적 근대, 혹은 낭만적 근대를 통해 계몽주의의 도구적 합리주의가 지배하는 근대를 견제하고 보충했다.

　합리주의가 직선이라면 낭만주의는 곡선이고, 합리주의가 뾰족하게 모난 돌이라면 낭만주의는 각이 둥글둥글하게 흐릿해지고 갈고 닦인 몽돌이다. 합리주의가 자연을 대상화하여 관찰하고 분석하여 지배하려고 했다면 낭만주의는 자연이 드러나는 그대로 느끼고자 했고 자연의 본성에 더욱 깊이 들어가 스며들고자 했다. 무엇보다 합리주의가 주체의 자율성을 앞세워 주체를 절대화했다면 낭만주의는 초월자와의 관계를 유지하고 동경한다. 이성적 근대가 유한과 무한을 분리했다면, 낭만적 근대는 유한과 무한의 일치를 탐색한다. 서양의 낭만주의는 동양의 예술정신과 통한다.

들라크루아는 바다 그림을 좋아했는데 특히 제리코(Théodore Géri-cault, 1791~1824)의 〈메두사호의 뗏목〉에 감명을 받았다. 그는 런던 (1825)과 모로코와 알제리(1832)에 배를 타고 여행한 경험을 토대로 작품을 그렸다. 그는 〈단테의 배〉(1822)로부터 〈돈 주앙호의 파선〉 (1840)을 거쳐 〈게네사렛 호수의 그리스도〉(1853)에 이르기까지 여러 번 다양한 바다를 그렸다.

예수님과 제자들이 배를 타고 호수를 건넌다. 처음에 호수는 잔잔했고 예수님께서는 깊은 잠에 드신다. 그런데 느닷없이 호수에 사나운 풍랑이 몰아쳤다. 배 안으로 물이 들이쳐서 배가 뒤집힐 지경이다. 그리스도께서는 이 사실을 인지하지 못한 채 주무시고 계신다.

화가는 화폭에서 호수 위의 배를 뒤에 있는 산자락과 비스듬하게 배치했다. 배 안에는 아홉 명의 제자가 타고 있다. 두 제자는 어떻게 해서라도 배의 중심을 잡고 항해를 계속하려고 무진 애를 쓰고 있다. 셋째 인물은 배의 난간에 위험하게 기대어 거센 물에 휩쓸려 달아나는 노를 잡으려 한다. 하늘을 덮고 있는 먹구름은 거센 바람이 몰려오고 호수의 물결이 포효(咆哮)할 것을 예고한다.

들라크루아는 심상찮은 자연의 살찬 요동침을 자연의 드라마틱한 천변만화를 통해 표현하기보다는 배 안에 타고 있는 한 제자의 '질풍노도' (Strum und Drang)의 몸짓을 통해 표현한다. 가운데 있는 한 제자가 두 손을 하늘을 향해 치켜들고 큰 소리로 "주여, 우리가 죽겠나이다" 하고 외친다.

절박한 순간, 마음의 불안과 공포의 정념이 있는 그대로 가감 없이 전달된다. 경험적 자아가 절박하게 위협받는 감정을 느껴 억누르지 못하고 폭발하듯 소리칠 제 절대의 소리가 터진다. "주여, 우리가 죽겠나이다." 몸이 뒤집힐 정도로 궁지에 몰린 감정의 폭발 속에서 절대자에게로 통하는 직관이 요동친다.

궁즉통(窮則通), 궁하면 통한다는 주역의 말씀(원래, 窮則變, 變則通, 通則久=궁하면 변하고, 변하면 통하며, 통하면 오래간다)처럼 궁할 때 반사적으로 즉시 생기는 직관의 언어는 외침이다. "주여!" 외침은 매개를 제거한 순수하고 직접적인 의사소통이다. 간절한 외침(외마디)은 '主'를 호명(呼名)한다. '主'는 삶의 결이 혼탁해지고 꺼칠해지면서 뱃속에서부터 온몸을 뒤틀며 솟구쳐 올라오며 울부짖는 살 떨리는 소리를 들어주시는 분을 나중에 의미 있게 표기(naming)한 문자일 것이다. 여기서 '통'(通)은 대단히 중요하다. '통'이란 곤궁한 지경에 처한 인간과 하느님 사이의 감응과 소통을 의미한다. 죽음의 분리를 '통'이 연결하여 생명의 주님이 나타나 구해준다.

다른 한 제자는 바람에 벗겨질 것 같은 겉옷을 오른손으로 간신히 잡고 있는 모양이다. 그러나 그리스도께서는 고물에서 의인의 잠을 주무시고 계신다. 거룩한 아우라가 예수님을 감싸 덮고 있다. 그는 깊은 안식에 들어가 계신다. 외부의 어떤 악한 환경도 그분의 안식, 하느님께 대한 굳은 신뢰를 헤살부릴 수 없다. 맹자가 말하는 대용(大勇)이며 부동심(不動心)이다. 우리가 불안 가운데서 허우적거리는 우리 영혼의 내면에서 빠져나와 환한 하느님 안에 머물면, 우리를 삼킬 듯한 파도는 이내 사라질 것이다. 파도는 우리를 결코 삼킬 수 없다.

들라크루아가 이 그림을 통해 표현하고자 하는 것은 무엇일까? 드라마틱하게 움직이는 초록빛깔의 물과 기겁한 제자들, 이것과 뚜렷이 대조되어 사나운 바람과 성난 물결은 있을 수 없다는 듯 그리스도에게서 그윽하게 흘러나오는 숭고한 평화의 빛. 첫새벽에 우리의 마음에, 우리의 성벽과 궁궐에, 내 친척과 이웃에게, 우리 주 하느님의 집에 평화가 깃들기를 빈다(시 122:6-9).

오 하느님,

이른 새벽에 우리는 당신께 부르짖습니다.

우리의 생각들을 당신께 집중시켜

당신을 예배드릴 수 있도록 도와주소서.

우리 혼자서는 이것을 할 수 없습니다.

우리 안에는 짙은 어둠이 깃들어 있습니다.

그러나 당신께는 빛이 있습니다.

우리는 외롭고 쓸쓸합니다.

그러나 당신은 우리를 떠나지 않으십니다.

우리의 마음은 연약하기 그지없습니다.

그러나 당신께서 우리를 도와주십니다.

우리는 한시도 마음이 편치 않습니다.

그러나 당신께는 평안이 있습니다.

그러나 당신께는 인내가 있습니다.

우리는 당신의 길을 알지 못합니다.

그러나 당신은 우리를 위한 길을 알고 계십니다.

우리를 자유에로 회복시켜 주소서.

오늘 하루를

당신과 사람들 앞에서

책임감 있게 살아갈 수 있는 능력을

우리에게 베풀어 주소서.

주님,

이번 주에 그 무슨 일이

우리에게 닥친다고 하더라도

당신의 이름이 찬양받게 하소서.

　　—디트리히 본회퍼, 「새벽의 기도」(사형집행을 기다리며 쓴 기도문)

렘브란트, 〈기적적인 고기잡이〉, 1655

¹예수께서 게네사렛 호숫가에 서 계셨다. 그 때에 무리가 예수께 밀려와 하나님의 말씀을 들었다. ²예수께서 보시니, 배 두 척이 호숫가에 대어 있고, 어부들은 배에서 내려서, 그물을 씻고 있었다. ³예수께서 그 배 가운데 하나인 시몬의 배에 올라서, 그에게 배를 뭍에서 조금 떼어 놓으라고 하신 다음에, 배에 앉으시어 무리를 가르치셨다. ⁴예수께서 말씀을 그치시고, 시몬에게 말씀하셨다. "깊은 데로 나가, 그물을 내려서, 고기를 잡아라." ⁵시몬이 대답하였다. "선생님, 우리가 밤새도록 애를 썼으나, 아무것도 잡지 못했습니다. 그러나 선생님의 말씀을 따라 그물을 내리겠습니다." ⁶그런 다음에, 그대로 하니, 많은 고기 떼가 걸려들어서, 그물이 찢어질 지경이었다. ⁷그래서 그들은 다른 배에 있는 동료들에게 손짓하여, 와서 자기들을 도와달라고 하였다. 그들이 와서, 고기를 두 배에 가득히 채우니, 배가 가라앉을 지경이 되었다. ⁸시몬 베드로가 이것을 보고, 예수의 무릎 앞에 엎드려서 말하였다. "주님, 나에게서 떠나 주십시오. 나는 죄인입니다." ⁹베드로 및 그와 함께 있는 모든 사람은, 그들이 잡은 고기가 엄청나게 많은 것에 놀랐던 것이다. ¹⁰또한 세베대의 아들들로서 시몬의 동료인 야고보와 요한도 놀랐다. 예수께서 시몬에게 말씀하셨다. "두려워하지 말아라. 이제부터 너는 사람을 낚을 것이다." ¹¹그들은 배를 뭍에 댄 뒤에, 모든 것을 버려 두고 예수를 따라 갔다.

〈묵상본문: 눅 5:1-11〉

30장

오! 하느님, 나는 당신의 것입니다

렘브란트는 이 말씀의 주제를 단순한 도로잉으로 한 번에 그렸다. 베드로의 반응이 중심 주제임은 두말할 필요도 없다. 기적의 흔적은 그물이 돛 위에 희미하게 걸려 있고, 고기잡이에 참여한 몇 사람이 뒤로 무릎 꿇고 있는 모습에서 간접적으로 엿볼 수 있을 뿐이다. 갈릴리 호수와 주변의 아름다운 풍경은 모조리 생략되어 있다. 펜의 가는 움직임과 흐느끼는 듯이 흐름을 만들어낸 치명적인 붓의 선만이 가냘프게 돛 달린 고깃배임을 말해준다.

이 주제는 누가복음에만 기록된 베드로와 그의 동료들이 제자로 부름 받는 소명(召命)에 관한 이야기다. 마태복음(마 4:18-22)과 마가복음(막 1:16-20)에서는 예수님께서 갈릴리 호숫가를 거니시다가 그물을 던지는 베드로와 안드레를 향해 "사람을 낚는 어부가 되라" 말씀하시니 그들이 곧 그물을 버려두고 예수님을 따른 것으로 기록하고 있다. 그리고 조금 후에 세베대의 아들들 야고보와 요한이 예수님의 부름을 받고 따른다.

렘브란트는 제자들의 소명을 마태와 마가를 제쳐두고 누가의 본문에서 가져온다. 그림의 초점도 그물이 찢어질 정도의 베드로의 기적적인 고기잡이가 아니라 예수님의 무릎 아래에 엎드려 '나는 누구일까' 다시한 번 자기의 정체성을 묻는 사도 베드로다. "당신은 누구요?"라는 질문에 감히 대답하지 못한 경험이 있는가? 그런 사람이 있다. 그자가 할 수 있는 대답은 "주여 나를 떠나소서. 나는 죄인이로소이다"(눅 5:8)라는 말뿐이다. 죄인, 모순과 역설의 존재로서 좋은 씨만 뿌렸는데 가라지만 번성하는 세상(마 13:27)의 일원으로 사는 존재다. 사실 인간은 '자기'가 누구인지 잘 모르면서 산다. 분주한 세상에서 자기를 잘 찾지 못하면서 산다.

복음서에서 기적은 마술적 현상의 신화학에 속하지 않고 구원 사건의 신학의 영역에 속한다. 기적 이야기는 초자연주의에 속한 것이거나 형이상학적 신의 전능을 드러내기 위한 수단이 아니라 구원 사건의 '시학'에 속한다. 기적은 마술이 아니라 인간이 보기에 불가능한 것의 가능성을 드러내는 불가능한 것의 시학으로 서술된 담론이다. 불가능한 것의 가능성을 말하는 기적은 우리의 생명을 변화시킨다. 아뜩한 절망이 휩쓸고 간 폐허에 희망의 속살을 곱게 움트운다. 증오가 지글지글 끓는 곳에서 사랑을 꽃피운다. 슬픈 외로움이 있는 곳에 즐거운 사귐을 선물한다. 기적은 성경의 경이로운 이야기에 속하며, 성경은 사건의 시학에 속한다. 이것들은 초자연적 현상에 대한 목격담이 아니다. 하느님 나라의 생명 변혁적 특성을 그리는 상상의 힘이다. 성경의 기적이란 요행심(僥倖心)의 소산이 아니라 "모순을 통해 삶을 살아가는 힘이 우리로부터가 아니라 하느님으로부터 온다는 것을 배우는 것이다"(파커 파머, 『가르침』, 52). 마술이 불가능한 것의 단순한 속임수이고 강한 힘에 대한 환상적 선망이라면 기적은 순전하며 약한 하느님의 힘들의 연주다.

렘브란트가 이 그림을 그린 해는 1655년이다. 렘브란트의 일생을 수놓은 수많은 불행은 탕자의 불행과 별반 다르지 않다. 1635년에 아들 롬바르투스를 잃고, 1638에는 큰딸 코르넬리아를 잃고, 1640년에 둘째 딸 코르넬리아를 잃으며, 1642년 깊이 흠모하고 사랑했던 아내 사스키아(Saskia)마저도 잃는다. 그 후 렘브란트는 생후 9개월 된 아들 티투스와 둘만 남는다. 아내 사스키아의 죽음 이후 지원지난(至遠至難)한 고통 속으로 빨려 들어간다. 티투스의 유모였던 헤이르체르 디르흐크와의 불행한 관계는 여러 차례의 법정 소송을 거쳐 1654년 그녀를 보호 시설에 감금함으로써 끝이 난다.

이 그림을 통해 이제 그는 삶의 모퉁이를 돌아 자신이 한없이 흠이 많은 죄인임을, 즉 당신의 것임을 통절하게 고백하고자 하는 것은 아닐까. 예수님은 우리를 죄인으로 취급하지 않으신다. 예수님은 우리에게 죄인이라는 말부터 먼저 하시지 않는다. 사람들은 자신의 더 큰 허물을 감추기 위해 타인의 허물을 드러내어 도덕적으로 정죄하기부터 시작하지만 예수님은 죄책감을 강조하고 심리적으로 억압하지 않으신다. 예수님은 우리를 일으키시고 세워 하느님의 신적 삶에 동참할 수 있는 딸·아들로 성장할 수 있도록 이끌어주실 뿐이다. 이렇게 영적 성장은 이루어진다.

영적 성장은 교육이나 새로운 규범의 수립에만 있는 것이 아니다. 더 중요한 것은 무조건적인 사랑을 부어줌으로써 움이 돋는 삶의 변화다. 예수님은 베드로에게 새로운 존재를 선사한다. 타자에 의해 주어진 존재는 타자를 위해(for) 주어야(give)한다. 타자이신 예수님께서 나에게 다가와 나를 위해 자신을 준다, 즉 용서(forgive)한다. 나의 과오를 용서할 뿐 아니라 나의 모호한 실존을 풀어주고 넉넉하게 만든다. 나의 잘못된 '행동'의 사슬을 벗겨주는 것이 아니라 나의 '존재'의 사슬을 벗겨준다.

렘브란트의 그림이 걸리는 자리는 중세의 교회에서처럼 교회의 벽이 아니라 마음의 지성소이다. 렘브란트는 예로부터 내려오는 형식에서 벗어나 하느님과 실제로 맺는 신앙을 표현했다.

—발터 니그

나는 누구인가?
사람들은 종종 말하길
내가 감방에서 걸어 나올 때
마치 영주가 자기 성에서 나오듯
침착하고, 활기차고, 당당하다고 한다.

나는 누구인가?
사람들은 종종 말하길
내가 간수들에게 말을 건넬 때
마치 내가 명령하는 사람인 양
자유롭고, 다정하고, 분명하다고 말한다.

나는 누구인가?
사람들은 또 말하기를
마치 내가 승리에 익숙한 사람인 양
불행한 나날을 견디면서
평화롭고, 미소를 지으며, 자연스럽다고 한다.

나는 정말 다른 사람이 말하는
그런 사람인가?

아니면 나는 다만 나 자신이 알고 있는
그런 사람에 불과한가?

새장에 갇힌 새처럼
불안하게 뭔가를 갈망하다가 병들고
목이 졸린 사람처럼
숨 가쁘게 몸부림치고

색깔과 꽃과 새소리를 그리워하고
친절한 말과 인간다운 친근함을 그리워하고
사소한 모독에도 분노에 떨며

큰 사건을 간절히 기대하고
멀리 떨어진 친구를 그리워하다
낙심하고 슬퍼하고
기도하고 생각하고
글 쓰는 일에 지쳐 허탈에 빠지며
의기소침하여 모든 것과 작별하려는 그런 존재.

나는 누구인가?
전자인가 후자인가?
오늘은 이런 인간이고
내일은 다른 인간인가?
타인 앞에서는 위선자이고

자기 자신 앞에서는 경멸할 수밖에 없는
가련한 약자인가?

나는 누구인가?
이 고독한 물음들이 나를 비웃는다.

내가 누구인지
오, 하느님 당신께서는 알고 계십니다.
나는 당신의 것입니다.

—디트리히 본회퍼, 「나는 누구인가」 전문

"주여 나를 떠나소서. 나는 죄인이로소이다"라는 베드로의 고백과 "오, 하느님! 나는 당신의 것입니다"라는 본회퍼의 고백은 사실 시대를 뛰어넘은 동일한 고백이고 그리스도인의 존재 의미를 몽땅 드러내는 고백, 참자기의 회복이라는 생각이다. 예수님과의 만남은 나의 눈이 열려 다른 눈을 가지고 오늘을 살게 하고, 마음을 열어 어제의 만남을 오늘 다르게 체험할 수 있게 한다.

콘라드 비츠, 〈고기잡이 기적〉, 1443-1444

¹예수께서 게네사렛 호숫가에 서 계셨다. 그 때에 무리가 예수께 밀려와 하나님의 말씀을 들었다. ²예수께서 보시니, 배 두 척이 호숫가에 대어 있고, 어부들은 배에서 내려서, 그물을 씻고 있었다. ³예수께서 그 배 가운데 하나인 시몬의 배에 올라서, 그에게 배를 뭍에서 조금 떼어 놓으라고 하신 다음에, 배에 앉으시어 무리를 가르치셨다. ⁴예수께서 말씀을 그치시고, 시몬에게 말씀하셨다. "깊은 데로 나가, 그물을 내려서, 고기를 잡아라." ⁵시몬이 대답하였다. "선생님, 우리가 밤새도록 애를 썼으나, 아무것도 잡지 못했습니다. 그러나 선생님의 말씀을 따라 그물을 내리겠습니다." ⁶그런 다음에, 그대로 하니, 많은 고기 떼가 걸려들어서, 그물이 찢어질 지경이었다. ⁷그래서 그들은 다른 배에 있는 동료들에게 손짓하여, 와서 자기들을 도와달라고 하였다. 그들이 와서, 고기를 두 배에 가득히 채우니, 배가 가라앉을 지경이 되었다. ⁸시몬 베드로가 이것을 보고, 예수의 무릎 앞에 엎드려서 말하였다. "주님, 나에게서 떠나 주십시오. 나는 죄인입니다." ⁹베드로 및 그와 함께 있는 모든 사람은, 그들이 잡은 고기가 엄청나게 많은 것에 놀랐던 것이다. ¹⁰또한 세베대의 아들들로서 시몬의 동료인 야고보와 요한도 놀랐다. 예수께서 시몬에게 말씀하셨다. "두려워하지 말아라. 이제부터 너는 사람을 낚을 것이다." ¹¹그들은 배를 뭍에 댄 뒤에, 모든 것을 버려 두고 예수를 따라 갔다.

〈묵상본문: 눅 5:1-11〉

Ⅲ. 믿음의 꽃, 영광

31장

깊은 곳, 구원의 신비가 머무는 자리

앞의 작품은 스위스의 화가 콘라드 비츠(Konrad Witz, 1400?~1446?)의 것이다. 그림이 놀랍고 우리를 매혹시키는 이유는 사실주의에서나 볼 수 있는 것처럼 기적을 세부적으로 묘사하고 있기 때문이다. 예수님께서는 갈릴리 호숫가를 아무런 큰일도 일어나지 않을 것 같은 일상적인 모습으로 한가로이 소요하고 계신다.

이 작품의 미술사적 중요성은 이전까지 풍경이 주제의 주변 요소로만 사용되다가 작가의 주요 관심사로 등장했다는 점에 있다. 풍경도 우리 앞에서 일어나는 복음의 사건만큼 요긴한 비중을 갖고 그려진 것이다. 비츠는 스위스의 화가로서 철저한 자연 관찰을 통해 사실적인 기법과 표현을 사용하였다. 그는 르네상스 미술의 특징을 잘 대변하는 혁신적인 미술가로 손꼽히기도 한다. 특히 이 작품은 당시 르네상스 미술에서도 새로운 표현기법을 구사한 작품으로 많이 알려져 있다.

앞서 본 같은 주제로 그린 렘브란트의 그림이 단순 소박하고 그리스도 앞에서의 인간의 죄와 겸허를 드러낸다면, 비츠의 이 그림은 섬세하고 화려하며 그리스도의 구원 신비를 말하는 듯 보인다. 〈렘브란트〉의 그림이 종교개혁 이후 개신교 신앙인답게 내 영혼 안에 일어난 변화의 기적을 보여주는 것이라면, 〈비츠〉는 중세 가톨릭 신앙인의 유산을 따라 내 밖에 임하는 구원의 떨리는 은총의 신비를 말해준다.

이 그림은 '고기잡이 기적'에 '호수 위를 걸으시는 예수님'에 관한 마태의 본문(마 14:22-33)의 흔적이 뒤섞여 남아 있다. 비츠가 본 바다는 잎새 하나 흔들림 없을 정도로 바람 없이 고요하고 잔잔하다. 스위스의 유리구슬처럼 투명한 호수를 보는 것 같다. 호수의 수면은 제자들과 배를 그대로 투과할 정도로 맑고 고요하다. 비츠는 이 사건이 일어난 시간은 어둑한 밤이 아니라 구름 낀 대낮으로 그린다.

베드로는 다른 제자 5명과 함께 "깊은 데로 가서 그물을 내려 고기를 잡으라"(눅 5:4)는 그리스도의 지시를 받들어 그물을 내리고, 이어 정녕 그물이 찢어지도록 고기가 잡혀 올라온다. 네 명의 제자가 안간힘을 다해 고기로 가득 찬 그물을 호수에서 들어올린다.

> 주님! 겐네사렛 호수에서
> 당신의 제자들이
> 많은 물고기를 잡은 것처럼
> 저는 날마다
> 마음의 호수에서
> 많은 물고기를 낚아 올립니다
> (…)
> 당신 말씀대로 호수 깊은 곳에 그물을 쳐
> 그물이 찢어질 만큼 많이 잡힌 물고기에
> 제자들이 놀란 것처럼
> 저도 당신의 크신 사랑과 능력에

할 말을 잃어버린 작은 어부입니다

주님! 때로는 어찌 할 바를 모르고
제가 절망의 한가운데서
빈 그물을 씻을 때마다
당신은 조용히 말씀하셨습니다
"깊은 데로 가서 그물을 쳐라"

그리고 당신 말씀대로
마음 깊은 곳에 기도의 그물을 치면
비늘이 찬란한
희망과 기쁨의 고기가 잡혔습니다
삶에 필요한
겸손과 인내도 많이 얻었습니다

이제는 더 이상
저의 뜻을 따라 살지 않고
멀리 떠날 준비를 하게 하소서
배와 그물조차 버리고
당신을 따라나선 제자들처럼
모든 정든 것을 버리고도 기쁠 수 있는
사랑의 순명만이 승리할 수 있도록

　　　　　　—이해인, 「깊은 데로 가서 그물을」(누가 5:1-11) 전문

제자들이 호숫가에서 자기들을 향해 걸어오시는 그리스도를 발견한다. 그리스도께서 물 위를 걸어 움직인다. 걷는다는 표현보다 돛단배가 바람에 의해 움직이는 것처럼 조금의 요동도 없이 미끄러지는 것 같다. 배 안에 있던 제자들이 눈앞에서 벌어진 이해할 수 없는 사태를 보고 모두 기겁하여 소리 지른다.

베드로는 그분이 그리스도임을 알아차리고 배에서 뛰어내려 몇 걸음 잘 걸어온다. 그렇지만 어느새 자신의 서툰 용기에 스스로 질식한다. 베드로는 바람이 불고 호수가 우는 것을 느낀다. 그는 그예 두려움에 사로잡혀 호수 속으로 풍덩 빠져 순식간에 물속으로 잠겨 들어간다. 허우적거리지만 소용이 없다. 그리스도께서 그에게 다가가 그의 손을 잡는다. 그 순간 바람이 잔잔해지고 호수와 주변 풍경은 다시 유리알처럼 투명해진다.

콘라드 비츠는 당시 제네바 추기경의 위탁을 받아 제네바 주교좌성당 제단화로 이 그림을 그렸다. 이 그림은 제단화의 왼쪽 날개로 그린 그림이기 때문에 제단화가 닫혔을 때 볼 수 있는 그림이다. 작가는 매우 사실적으로 인물들을 묘사했다. 후광이 나타나긴 하지만 어부인 사도들의 고된 노동을 사실적으로 표현했다. 그물에는 신기할 정도로 물고기가 가득 차 곧 터질 것만 같다. 베드로는 예수님에게 다가가기 위해 호수 위를 걸었지만 곧 물에 빠진다. 예수님은 마치 무게가 없는 공기처럼 물 위로 미끄러져 베드로에게 다가간다. 다른 인물이 호수에 비쳐 보이는 것과는 달리 예수님의 붉은 망토는 수면에 반사되지 않는다. 구주이신 그리스도는 현실과 초현실을 이어주며 넘나드는 존재이기 때문이다.

물고기를 표기하는 그리스어 문자 ICTHUS(ιχθύς)의 첫 문자를 죄

도미틸라 카타콤(Catacomb of Domitilla)의 물고기 형상

다 풀어쓰면 IESOUS CHRISTOS THEOU HUOS SOTER(Ἰησούς Χρι στός Θεού Υἱός Σώτηρ)가 되는데, 이것은 예수 그리스도, 하느님의 아들, 구주를 의미한다. 그러나 예수님께서 그의 제자들에게 "사람을 낚는 어부"가 되라고 말씀하셨고, 그리스도인은 세례의 물을 통해 구원을 향해 헤엄쳐가는 "물고기"가 되었음을 암시할 수도 있다.

2세기의 교부 테르툴리아누스는 세례에 대하여 이렇게 썼다. "우리는 큰 물고기(ICTHUS)인 예수 그리스도를 따라 물 안에서 태어났고 물 안에 머물러 있음으로만 살 수 있습니다." 그렇기 때문에 사랑으로 연결된 그리스도인 공동체는 그리스도 신앙을 통해 그리스도 십자가로 말미암아 구원받은 물고기임을 고백한다. 왜 물고기 한 마리가 아니라 두 마리를 그렸을까? 물고기 두 마리가 십자가를 중심으로 분리가 아닌 연결, 싸움이 아닌 화해와 평화, 우리가 공동체와 사회 안에서 걸어야 할 참 바람직한 해석이라고 본다.

그리스도의 십자가는 죽음의 바다를 헤엄쳐 통과할 때 우리가 붙잡아야 하는 구원의 소망으로서 "튼튼하고 견고한 영혼의 닻"(히 6:19)이다. 바다의 파도에 밀려가지 않도록 정박할 때 육지에 묶여 있는 닻을 내린다. 바다는 험한 세상, 고기는 그리스도인, 십자가는 바로 험한 세상에서 그리스도인이 자신을 잇는 닻이다.

이 그림에서 무엇보다 중요한 것은 이 작품 속에는 신약성경의 이야기만이 아니라 스위스 출신이었던 화가가 잘 알고 있던 제네바 호수 근처의 시골 풍경이 나타나 있으며, 저 멀리에 몽블랑의 설산(雪山)이 보인다는 사실이다. 호수 근처의 풍경은 마치 지도처럼 그려져 있다. 목장과 밭, 숲과 나무, 집과 담장, 탑과 길들이 고스란히 그려져 있다. 화가들은 어렵지 않게 본문을 자신의 삶의 자리로 옮겨놓고 지금 현실에서 벌어지는 일처럼 말하게 한다. 붉은색 겉옷을 입어 눈에 분명하게 들어오는 예수님은 청색 옷을 입은 베드로와 확연히 대조된다.

비츠는 배 안에서 잡힌 고기로 넘치는 그물을 잡고 감격하여 하늘을 바라보는 베드로와 그리스도에게 다가오다가 바다 위에서 허우적거리는 베드로, 두 명의 베드로를 그렸다. 인생은 감격과 허우적댐 사이에서 살아간다. 또한 서 계시는 예수님의 몸에 흐르는 고요한 정적의 거룩한 힘과 배 안에서 허우적거리거나 분주하게 일하는 제자들의 요란함이 대조된다.

하늘을 손짓하는 예수님의 머리 위로 후광이 빛나고, 그 머리는 바로 위 수직선상에 방파제와 같은 산 몽블랑에 가닿는다. 몽블랑 뒤에는 태고의 빙하가 희미하게 눈에 들어온다. 헤엄치는 베드로 위에는 흰 탑이 작은 크기로 강조되어 있다.

이 그림은 아래로 깊고 위로 높지만, 환히 들여다보이고 밖으로 발현한다. 구원의 깊고 높은 신비는 그리스도 안에서 환하게 드러나는 것이기 때문이라고 생각해도 좋을 것이다.

피터 포르부스(Pieter Pourbus), 〈호수에서의 베드로의 변화〉, 1576.

²²예수께서는 곧 제자들을 재촉하여 배에 태워서, 자기보다 먼저 건너편으로 가게 하시고, 그동안에 무리를 헤쳐 보내셨다. ²³무리를 헤쳐 보내신 뒤에, 예수께서는 따로 기도하시려고 산에 올라가셨다. 날이 이미 저물었을 때에, 예수께서는 홀로 거기에 계셨다. ²⁴제자들이 탄 배는, 그 사이에 이미 육지에서 멀리 떨어져 있었는데, 풍랑에 몹시 시달리고 있었다. 바람이 거슬러서 불어왔기 때문이다. ²⁵이른 새벽에 예수께서 바다 위로 걸어서 제자들에게로 가셨다. ²⁶제자들이, 예수께서 바다 위로 걸어오시는 것을 보고, 겁에 질려서 "유령이다!" 하며 두려워서 소리를 질렀다. ²⁷[예수께서] 곧 그들에게 말씀하셨다. "안심하여라. 나다. 두려워하지 말아라." ²⁸베드로가 예수께 말하였다. "주님, 주님이시면, 나더러 물 위로 걸어서, 주님께로 오라고 명령하십시오." ²⁹예수께서 "오너라!" 하고 말씀하셨다. 베드로는 배에서 내려, 물 위로 걸어서, 예수께로 갔다. ³⁰그러나 베드로는 [거센] 바람이 불어오는 것을 보고, 무서움에 사로잡혀서, 물에 빠져 들어가게 되었다. 그 때에 그는 "주님, 살려 주십시오" 하고 외쳤다. ³¹예수께서 곧 손을 내밀어서, 그를 붙잡고 말씀하셨다. "믿음이 적은 사람아, 왜 의심하였느냐?" ³²그리고 그들이 함께 배에 오르니, 바람이 그쳤다. ³³배 안에 있던 사람들은 그에게 무릎을 꿇고 말하였다. "선생님은 참으로 하나님의 아들이십니다."

〈묵상본문: 마 14:22-33〉

32장

두려움과 믿음 사이에서

마태복음의 이 말씀은 우리의 삶 전체가 두려움과 믿음 사이에서 선택에 따라 어떻게 변하는지 상징적인 이야기를 통해 분명히 보여준다.

예수님께서는 오천 명을 먹이신 후 제자들을 먼저 배에 태워 갈릴리 바다를 건너게 한 후 기도하시러 따로 산에 올라가신다. 새벽, 풍랑이 몹시 불어 배가 시달리고 있던 즈음에 예수님께서 바다 위로 걸어 배에 다가가신다. 제자들이 예수를 보고 유령인 줄 알고 기겁을 할 때 예수님께서 그들에게 말씀하신다. "안심하여라. 나다. 두려워하지 말아라"(θα ρσεῖτε, ἐγώ εἰμι- μὴ φοβεῖσθε, 마 14:27). "나다"(ἐγώ εἰμι)라는 이 말씀은 모세에게 계시하신 하느님의 이름으로(출 3:14) 하느님이 우리를 창조하고 해방하고 구원하실 때, 불가능한 것을 가능하게 하실 때 사용하는 기표다. 하느님의 이름은 실재의 이름이 아니라 사건의 이름이고, 삶의 이름이다. 그것을 부를 때 하느님의 삶에 꼭 맞는 실재를 부르는 것이다.

앞의 그림은 포르부스(Pieter Pourbus)가 1576년 벨기에 브뤼게 어부들의 요청으로 크리스도포러스 성당에 그린 것이다. 해변의 사람들은 마치 아무 일도 없는 것처럼 다정하고 한가하게 대화를 나누면서 걷기도 하고, 뒤의 배경에는 그물을 당기는 사람도 보인다. 그들은 다른 사람들의 마음속에 일고 있을 위험한 파도를 느끼지 못한다.

베드로는 바다 위를 걸어오시는 스승을 알아보고 그도 물 위를 걸어

스승에게 갈 수 있도록 해달라고 간청한다. 예수님께서 "오너라" 하신다. 베드로는 배에서 내려 예수께로 간다. 그 모습이 어린아이가 엄마를 발견하고 엄마의 얼굴만 쳐다보고 방글방글 웃으며 빨리 안기기 위해 달려가는 모습과 같다. 그러나 베드로는 어린아이가 아니었다. 그는 순간 거센 바람이 불어오는 것을 보자, 무서움에 휩싸여 물에 빠져들게 된다. 그때 그는 "주님, 살려 주십시오" 하고 외친다. 예수님께서 곧 손을 내밀어 그를 붙잡고 말씀하신다. "믿음이 적은 사람아, 왜 의심하느냐?" 하느님은 사람이 아니기 때문에 거짓말을 하거나 변덕을 부리지 않으신다는 것을 알지 못하느냐? 하느님이 "어찌 말씀하신 대로 하지 않으시랴? 어찌 약속하신 것을 이루지 아니하시랴?"(민 23:19).

그림에서 예수님께서는 바닷가에서 거니는 사람들과 달리, 맨발로 휘날리는 붉은색 두루마기 옷을 걸치고 오른쪽 상체와 등을 드러낸 채 바다에서 불어오는 거센 바람에 몸을 맡기며 바닷가로부터 익사할 위험에 처한 베드로를 향해 급하게 몸을 움직이신다. 성경대로라면 예수님께서 바다 위를 걸으셔야 한다. 배 안에는 거센 바람에 찢어질 듯 날리는 돛과 바람에 맞서 싸우는 제자들이 보인다.

우리의 삶의 밑바닥 실상은 바다와 같다. 우리가 딛고 서 있는 삶의 발밑에는 흔들리지 않는 단단한 땅이 없다. 우리의 삶의 터전은 늘 흔들리는 터전이고 출렁거리는 파도와 같다. 언제 어디서 허무와 무상함이, 사건과 사고가 우리를 덮칠지 모른다. 영허(盈虛)와 부침(浮沈)의 세계다. 인간이 인간으로서 인간의 유한성을 자각하며 '실존'(existence)한다는 것은 유한성의 헛된 보증을 단단한 땅이라고 착각하지 않고 벗어나는 것(ex)이며, 부서질 위험에 처한 배에서 밖으로 나오는 것(ex)이다.

우리는 흔들리는 삶의 터전인 생의 한계상황에서, 뿌리를 뽑히는 고통 속에서 어느 날 실존적으로 엄습하는 절대적 사랑인 그분의 '부르심'의 소리를 듣는다. 그때 베드로처럼 우리는 자기 자신을 부르심을 받은 귀한 존재, "하느님의 사람"(ἄνθρωπος θεοῦ, 딤전 6:11), "하느님을 사랑하는 사람, 곧 하느님의 뜻대로 부르심을 받은 사람"(롬 8:23)으로 인식하게 된다. 우리는 그분을 하느님의 아들로 알아보면서 우리 자신도 하느님의 자녀가 되는 것이다. 다시 그분과 함께 삶의 배에 오를 때 바람이 그쳐 고요하고 맑아진다.

바다와 육지에서 벌어지는 상징적 장면들을 통해 표현된 믿음의 변화가 그림에서보다 더 적나라하게 표현될 수는 없을 것이다. 키르케고르는 이러한 변화를 "무한의 쌍방 움직임"이라고 말하면서 기독교인의 참된 존재양식이라고 했다. 즉 무한의 빛에 비추어 유한한 것을 그냥 흘러가도록 내버려두고, 그것을 다시 무한의 힘에 의지하여 받아들이는 것이다.

복음서에는 어부 출신 베드로가 바다와 연관된 본문들이 여러 개 있다. 예수님을 처음 만날 때와 부활 후 다시 만나 많은 물고기를 잡게 된 베드로(눅 5:1-11; 요 21:1-14), 폭풍이 몰아치는 바다(막 4:35-41), 바다 위의 베드로(마 14:22-33). 이 같은 장면들은 일상적 인간이 생사기로(生死岐路)의 위기에 처해 허우적대다가 그분을 만나 본래적 실존으로 변하는 모습을 비추는 장면들이다.

〈중풍병자를 고치신 예수〉, 6세기, 라벤나 아폴리나리스 성당 모자이크

^{1}며칠이 지나서, 예수께서 다시 가버나움으로 들어가셨다. 예수가 집에 계신다는 말이 퍼지니, ^{2}많은 사람이 모여들어서, 마침내 문 앞에조차도 들어설 자리가 없었다. 예수께서 그들에게 말씀을 전하셨다. ^{3}그 때에 한 중풍병 환자를 네 사람이 데리고 왔다. ^{4}무리 때문에 예수께로 데리고 갈 수 없어서, 예수가 계신 곳 위의 지붕을 걷어내고, 구멍을 뚫어서, 중풍병 환자가 누워 있는 자리를 달아 내렸다. ^{5}예수께서는 그들의 믿음을 보시고, 중풍병 환자에게 "이 사람아! 네 죄가 용서받았다" 하고 말씀하셨다. ^{6}율법학자 몇이 거기에 앉아 있다가, 마음 속으로 의아하게 생각하기를 ^{7}'이 사람이 어찌하여 이런 말을 한단 말이냐? 하나님을 모독하는구나. 하나님 한 분 밖에, 누가 죄를 용서할 수 있는가?' 하였다. ^{8}예수께서, 그들이 속으로 이렇게 생각하는 것을 곧바로 마음으로 알아채시고 그들에게 말씀하셨다. "어찌하여 너희는 마음 속에 그런 생각을 품고 있느냐? ^{9}중풍병 환자에게 '네 죄가 용서받았다' 하고 말하는 것과 '일어나서 네 자리를 걷어서 걸어가거라' 하고 말하는 것 가운데서, 어느 쪽이 더 말하기가 쉬우냐? ^{10}그러나 인자가 땅에서 죄를 용서하는 권세를 가지고 있음을 너희에게 알려주겠다." -예수께서 중풍병 환자에게 말씀하셨다. ^{11}"내가 네게 말한다. 일어나서, 네 자리를 걷어서 집으로 가거라." ^{12}그러자 중풍병 환자가 일어나, 곧바로 모든 사람이 보는 앞에서 자리를 걷어서 나갔다. 사람들은 모두 크게 놀라서 하나님을 찬양하고 "우리는 이런 일을 전혀 본 적이 없다" 하고 말하였다.

〈묵상본문: 막 2:1-12〉

33장

지붕을 뚫고 내려온 믿음

성경에는 환자들의 치유 이야기가 가득하다. 귀신 들린 사람, 문둥병 환자, 중풍병, 손이 오그라든 사람, 혈루증 걸린 여자, 귀먹고 말 더듬는 사람, 눈먼 사람… 성경은 이들을 통틀어 "온갖 병에 걸린 사람들"(막 1:34)이라고 말하고 예수님께서는 이들의 "온갖 질병과 온갖 아픔"(마 9:35)을 모두 고쳐주신다.

마가복음 2장에는 아주 특이한 풍경이 펼쳐진다. 예수님께서 가버나움의 한 집에서 말씀하고 계실 제 갑자기 너무 많은 사람이 몰려든다. 그때에 한 중풍병 환자를 네 사람이 들것에 뉘여 들고 온다. 그러나 이들은 무리 때문에 집 안에 계신 예수에게로 접근할 수 없다. 그때 그들은 중풍병자를 그림에서처럼 침대에 누워 있는 그대로 나뭇가지로 덮인 지붕을 뚫고 침대를 달아 그 아래로 내린다. 성경을 처음 읽었을 때 이러한 풍경이 가옥구조가 전혀 다른 한국인의 경험으로는 너무 신기하고 놀라워 본문을 여러 번 읽으면서 이해하려고 집의 구조와 그들의 행동을 오랫동안 상상해본 기억이 난다.

6세기에 이탈리아 라벤나의 아폴리나리스 성당에 새겨진 모자이크 그림은 이 광경을 사실적으로 묘사하고 있다. 치유 받고 싶어 하는 환자의 절박한 심정이 그림에 잘 나타나 있다. 그는 눈을 크게 홉뜨고 힘들게 상체를 일으키려 하며 두 팔을 예수께로 향하여 뻗고 있다.

집의 외벽이 환자와 예수님 사이를 가르고 있다. 그림 오른쪽, 마치 꽉 막힌 감옥과 같은 곳으로부터 예수님의 말씀과 도움을 얻고자 하는 그의 강력한 의지가 돋보인다. 왼쪽 예수님께서 축복하는 손의 모습으로 서둘러 환자를 향하여 가고 있다. 뒤에는 한 제자가 같은 모습으로 손을 들어 이분 구원자 예수를 가리킨다.

예수님은 침대에 누운 중풍병자에게 먼저 완전한 용서를 선언한다. "이 사람아! 네 죄가 용서받았다"(막 2:5). 네 사람의 도움으로 기상천외의 방법을 동원하여 절박하게 도달한 지점에서 선언되는 단순한 한 마디, "네 죄가 용서받았다." 교회와 신학은 '죄'와 '죄의 용서'에 대한 어려운 이론과 복잡한 교리를 많이도 발전시켰다.

그러나 복음서는 '죄의 용서'에 대하여 예수님의 입을 통해 그토록 간결하게 선언한다. '죄의 용서'는 복음의 핵심 중 핵심인데 이토록 헐겁고 수월할 수 있을까, 생각한다. 생각하면 생각할수록 들어가지 못할 높고 거대한 궁궐이 되는 것이 아니라 작디작은 영롱한 이슬이 되어 마음속에 맑고 서늘하게 반짝거린다.

예수님께서는 "나는 의인을 부르러 온 것이 아니라 죄인을 부르러 왔다"(막 2:17)라고 말씀하신다. 그 말씀은 의인을 제외시킨다는 말씀이 아니라 의인이 없다는 것을 의미한다. 자기 의를 성화로 착각하는 자칭 의인들 앞에서 바울의 이 말씀이 참으로 옳다. "의인은 없다. 한 사람도 없다"(롬 3:10).

그러므로 예수님에게 죄의 용서는 병의 치료를 위한 유기적 바탕이다. 의학적 병의 치료와 상담과 심리를 통한 마음의 치유라는 효과적이고 실용적 단계로 만족할 수 없다. '죄의 용서'라는 근원적 믿음의 지평을 희석하거나 상실하지 말아야 한다.

그렇지만 예수님에게 죄의 용서를 위한 조건은 없다. 용서받기 위하여, 자비를 얻기 위해 구약에서 내건 조건도, 교회에서 교리로 발전시킨 자신에 대한 깊은 참회도, 죄의 고백도, 회개의 표현도, 개선하겠다는 마음의 다짐도 없다. 교회와 신학이 점점 강조하여 넘을 수 없는 장애물처럼 설치한 죄의 심각한 강조와 지나치게 강요된 죄책감을 예수님께서는 그 어디에서도 요구하지 않으신다. 그가 용서받을 만한 행동을 했기 때문에 용서하는 게 아니다. 예수님께서 아주 간결하면서도 통찰력 있게 하신 말씀은 의사가 건강한 사람에게 필요하지 않고 병든 사람에게 필요하듯이 용서는 의인을 위한 것이 아니라 죄인을 위한 것이다(막 2:17).

용서는 경제적 등가 교환이 아니라 주어지는 증여요 선물이다. 용서의 물질적 근거는 동족에게 준 빚을 면제하는 데 있다. 빚의 면제는 주님께서 선포하신 선물이다(신 15:2). 인색한 마음으로 가난한 동족에게 아무것도 꾸어주지 않고 있다가 그가 당신들을 걸어 주님께 호소하면 당신들은 죄인이 된다고 말한다(신 15:9). 가난한 자, 곤란한 자 그리고 궁핍한 자에게 항상 손을 너그럽게 펼쳐야 한다. 이러한 일들이 인간의 현실 사회에 어떻게 가능하겠는가? 빚의 면제, 곧 증여의 법으로서 나타난 주님의 용서는 인간 조건으로서는 불가능한 하느님의 가능성이다. 예수님에게는 환자의 간절한 눈빛과 몸짓으로 나타난 꾸밀 수 없는 간곡한 호소의 마음 하나면 충분하다. 이 눈빛이 그분의 마음에 꽉 차서 용서가 흘러넘친다. 그래서 하느님 나라의 선포인 용서는 계산할 수 없고 불가사의하다. 용서는 불가능한 가능성이다. 용서는 가장 놀라운 은총의 선물이다. 용서는 우리의 경제적 평형감각은 물론 도덕감각 및 법 감정을 흔들어놓는다. 용서는 하느님 나라의 무원칙의 원칙이다.

복되어라!

거역한 죄 용서받고

허물을 벗은 그 사람!

주님께서 죄 없는 자로

여겨주시는 그 사람!

마음에 속임수가 없는 그 사람!

그는 복되고 복되다!

(시 32:1-2)

세상에서는 죄를 벌로 다스리겠지만, 복음에서 죄는 벌과 상응(相應)하는 것이 아니라〔죄와 벌〕, 죄는 용서(은총)와 상응〔죄와 용서〕한다. 그래서 "죄가 많은 곳에, 은혜가 더욱 넘치게 되었습니다"(롬 5:20). 성경의 간결하고 수월한 용서의 의미는 하느님의 용서를 통해 그분의 거룩한 진리 앞에서 나는 더 이상 죄인이 아니며, 내 양심의 가장 깊은 내면 안에서 나는 지금 이후로 죄를 짓는 상태에 있지 않다는 것을 뜻한다. 용서의 경험은 불가능한 것에 대한 경험이다. 용서(forgive)는 과거의 사실을 망각(forget)하거나 삭제할 수 없을지 모르지만 과거의 의미를 바꾸고 새로운 해석을 선사한다. 과거의 허물이 삶을 옭아매는 발목이 되지 않고 새로운 삶을 위한 자산이 된다.

예수님께서 좌절한 사람들을 아무런 조건 없이, 어떤 전제도 없이, 무조건적으로 받아주는 일은 그들의 심신의 질병에서 구하는 치료약, 예수 말씀의 권능이다. 이 예수 말씀에 의지하여 오늘도 이렇게 기도한다. "우리의 죄를 용서하여 주시고… 악에서 구하여 주십시오"(마 6:12-13). 예수님의 가르침 가운데 용서는 가장 결정적인 사건이다. 역사적 예수는 용서의 주님이다.

용서는 새로운 창조를 가능하게 하는 새 창조의 시학이다. 창조는 하느님 보시기에 참으로 좋고 아름다웠다. 이제 용서를 통해 창조는 우리에게도 좋게 된다. 창조가 존재하지 않는 것을 만들어내는 간파할 수 없는 신비라면, 죄인을 용서하는 구원 행위는 새 창조이며 사랑의 창조다. 이게 복음적 진리다.

성경의 진리란 존재의 진리가 아니라 하느님의 부름에 응답하여 변화되고 새 마음을 얻고 성화되는 자유와 해방, 구원의 진리다. 구원은 하느님의 창조적인 사랑의 힘이 우리의 산 존재를 더욱 생동적이게 하는 것을 뜻한다. "사랑은 인간이 신에게서 빌려온 유일한 단어예요. 그러니 사랑 때문에, 우리는 할 수 없는 것을 하고, 말할 수 없는 것을 말하고, 쓸 수 없는 것을 쓰는 것이죠"(심보선 시인).

렘브란트, 〈야이로의 딸을 일으킴〉, 1655-1660

²¹예수께서 배를 타고 맞은편으로 다시 건너가시니, 큰 무리가 예수께로 모여들었다. 예수께서 바닷가에 계시는데, ²²회당장 가운데서 야이로라고 하는 사람이 찾아와서 예수를 뵙고, 그 발 아래에 엎드려서 ²³간곡히 청하였다. "내 어린 딸이 죽게 되었습니다. 오셔서, 그 아이에게 손을 얹어 고쳐 주시고, 살려 주십시오." ²⁴그래서 예수께서 그와 함께 가셨다. 큰 무리가 뒤따라오면서 예수를 밀어댔다. ²⁵그런데 열두 해 동안 혈루증을 앓아 온 여자가 있었다. ²⁶여러 의사에게 보이면서, 고생도 많이 하고, 재산도 다 없앴으나, 아무 효력이 없었고, 상태는 더 악화되었다. ²⁷이 여자가 예수의 소문을 듣고서, 뒤에서 무리 가운데로 끼여 들어와서는, 예수의 옷에 손을 대었다. ²⁸(그 여자는 "내가 그의 옷에 손을 대기만 하여도 나을 터인데!" 하고 생각하고 있었던 것이다.) ²⁹그래서 곧 출혈의 근원이 마르니, 그 여자는 몸이 나은 것을 느꼈다. ³⁰예수께서는 곧 자기에게서 능력이 나간 것을 몸으로 느끼시고, 무리 가운데서 돌아서서 "누가 내 옷에 손을 대었느냐?" 하고 물으셨다. ³¹제자들이 예수께 "무리가 선생님을 에워싸고 떠밀고 있는데, 누가 손을 대었느냐고 물으십니까?" 하고 반문하였다. ³²그러나 예수께서는 그렇게 한 여자를 보려고 둘러보셨다. ³³그 여자는 자기에게 일어난 일을 알므로, 두려워하여 떨면서, 예수께로 나아와 엎드려서 사실대로 다 말하였다. ³⁴그러자 예수께서 그 여자에게 말씀하셨다. "딸아, 네 믿음이 너를 구원하였다. 안심하고 가거라. 그리고 이 병에서 벗어나서 건강하여라." ³⁵예수께서 말씀을 계속하고 계시는데, 회당장의 집에서 사람들이 와서, 회당장에게 말하였다. "따님이 죽었습니다. 이제 선생님을 더 괴롭혀서 무엇하겠습니까?" ³⁶예수께서 이 말을 곁에서 들으시고서, 회당장에게 말씀하셨다. "두려워하지 말고 믿기만 하여라." ³⁷그리고 베드로와 야고보와 야고보의 동생 요한 밖에는, 아무도 따라오는 것을 허락하지 않으셨다. ³⁸그들이 회당장의 집에 이르렀다. 예수께서 사람들이 울며 통곡하며 떠드는 것을 보시고, ³⁹들어가셔서, 그들에게 말씀하셨다. "어찌하여 떠들며 울고 있느냐? 그 아이는 죽은 것이 아니라 자고 있다." ⁴⁰그들은 예수를 비웃었다. 그러나 예수께서는 그들을 다 내보내신 뒤에, 아이의 부모와 일행을 데리고, 아이가 있는 곳으로 들어가셨다. ⁴¹그리고 아이의 손을 잡으시고 말씀하셨다. "달리다굼!" (이는 번역하면 "소녀야, 내가 네게 말한다. 일어나거라" 하는 말이다.) ⁴²그러자 소녀는 곧 일어나서 걸어 다녔다. 소녀의 나이는 열두 살이었다. 사람들은 크게 놀랐다. ⁴³예수께서, 이 일을 아무에게도 알리지 말라고 그들에게 엄하게 명하시고, 소녀에게 먹을 것을 주라고 말씀하셨다.

〈묵상본문: 막 5:21-43〉

34장

달리다굼, 소녀야 일어나라

렘브란트의 이 드로잉 작품은 후기 드로잉 스타일을 고스란히 보여주는 작품이란다. 놀라울 정도로 적은 테크닉을 사용해 각 인물들의 위치와 얼굴의 표정이 확연하게 그려져 있다. 왼쪽에 침대에 죽음처럼 누워 있는 이제 열두 살 된 소녀, 오른쪽에 서서 구경하는 세 제자와 무릎 꿇고 간절하게 살아나기만을 기다리는 회장당 야이로, 그 중심에 다른 사람보다 크신 예수님께서 약간 구부린 모습으로 왼손은 가슴에 대고 오른손은 어린 소녀의 손을 잡기 위해 소녀에게 다가간다.

예수님의 사역에 항용 등장하는 세 제자, 베드로, 야고보, 요한. 이들 중에서 요한은 전통적으로 가장 어린 제자로 그렸다. 그래서 수염이 없는 동안이다. 반면 그 눈빛은 아주 진하다. 애잔한 동정심과 뭉클한 연민이 가득한 눈빛으로 가장 뒤쪽에서 이 광경을 지켜보고 있다.

예수님은 만나는 모든 사람, 친구가 된 모든 사람을 무성의하게 흘려보낸 적인 없다. 머리는 다른 생각을 하고, 가슴은 냉기를 안은 채, 손가락만 '좋아요!' 하고 누르는 법이 없다. 예수님은 친구 된 모든 사람에게 성의(誠意)와 정성(精誠)을 다해 만나고 맞이한다. 예수님은 사람의 본디 마음(本心)을 감심(感心)케 하고 분발(奮發)하게 하는 말솜씨를 가지고 계셨음이 분명하다.

처음에 회당장 야이로는 실망했으리라. 예수님을 보자마자 발아래 엎드려 간곡하게 자신의 어린 딸 살려주기를 간청했음에도 중간에 시름시름 혈루증을 앓는 한 여자에게 새치기 당했기 때문이다. 그러나 그것은 인간의 감정일 뿐, 예수님은 어떤 사람이든, 남녀노소 불문하고 사람이 온다는 것, 특히 가난한 자, 병든 자, 약한 자, 영혼이 쓰라린 자들이 온다는 것, 진실로 그 자체만으로도 어마어마하게 생각하신다.

정현종 시인의 「방문객」에서처럼 사람이 온다는 건, 그의 과거로부터 자라고 현재에서 형성되며 미래에서 이룩될 하느님의 형상이 오기 때문이다.

사람이 온다는 건
실은 어마어마한 일이다.
그는
그의 과거와
현재와
그리고
그의 미래와 함께 오기 때문이다.
한 사람의 일생이 오기 때문이다.
부서지기 쉬운
그래서 부서지기도 했을
마음이 오는 것이다 — 그 갈피를
아마 바람은 더듬어 볼 수 있을
마음,
내 마음이 그런 바람을 흉내낸다면
필경 환대가 될 것이다.

—정현종,「방문객」전문

　그리하여, 예수님은 소녀의 손을 꼭 잡고, 소녀야 일어나라 말씀하시는 것이다. "예수님께서는 인간을 다시 일으켜 세우시는 분이고, 인간의 타고난 아름다움을 회복시키시는 분이며, 하느님의 영광이 깃들 수 있도록 인간의 삶의 집을 지으시는 분이다"(그뢴,『예수, 인간의 이미지』, 63).

렘브란트, 〈예수와 가나안 여성〉, c.1660

²¹예수께서 거기에서 떠나서, 두로와 시돈 지방으로 가셨다. ²²마침, 가나안 여자 한 사람이 그 지방에서 나와서 외쳐 말하였다. "다윗의 자손이신 주님, 나를 불쌍히 여겨 주십시오. 내 딸이, 귀신이 들려 피로워하고 있습니다." ²³그러나 예수께서는 한 마디도 대답하지 않으셨다. 그 때에 제자들이 다가와서, 예수께 간청하였다. "저 여자가 우리 뒤에서 외치고 있으니, 그를 안심시켜서 떠나보내 주십시오." ²⁴예수께서 대답하셨다. "나는 오직 이스라엘 집의 길을 잃은 양들에게 보내심을 받았을 따름이다." ²⁵그러나 그 여자는 나아와서, 예수께 무릎을 꿇고 간청하였다. "주님, 나를 도와주십시오." ²⁶예수께서 대답하셨다. "자녀들의 빵을 집어서, 개들에게 던져 주는 것은 옳지 않다." ²⁷그 여자가 말하였다. "주님, 그렇습니다. 그러나 개들도 주인의 상에서 떨어지는 부스러기는 얻어먹습니다." ²⁸그제서야 예수께서 그 여자에게 말씀하셨다. "여자여, 참으로 네 믿음이 크다. 네 소원대로 되어라." 바로 그 시각에 그 여자의 딸이 나았다.

〈묵상본문: 마 15:21-28〉

35장

소라 껍데기 여인의 믿음

한 여자가 맨땅에 무릎을 꿇고 두 팔을 땅바닥에 댄 채 엎드려 있다. 두 손은 무엇을 간절히 바라는 듯 편 채로 말이다. 서 있는 다른 사람들보다 진하고 선명하게 그려진 눈, 코, 입은 무엇인가 애절한 열망을 드러내는 듯하다. 땅을 바라보고 있지만, 한 여자가 자기를 낳아준 어머니 땅(大地)에게 무언가 간절히 하소연하고 있다. 이 주제를 그린 렘브란트 이전의 다른 그림들(가령, 렘브란트의 스승, Pieter Astermann)은 개를 한두 마리 그려 넣었는데, 렘브란트는 직접 이 여자를 개처럼 사실적으로 그렸다.

한 명도 아닌 아홉 명이나 되는 남자들은 땅을 밟고 병풍처럼 서 있다. 남성들은 한 여성에 대해 인간의 벽을 친 듯하다. 렘브란트는 이 드로잉에서 예수님께서 자신을 애원하며 붙잡는 이 여자를 한사코 물리치다가 여자의 믿음을 끝내 인정하는 장면을 매우 인상적으로 묘사하고 있다.

이 여자는 누구인가? 이름도 없다. 가나안 여자다. 가나안은 유대인의 입장에서 보면 이방 땅이고, 따라서 이 여자는 이방의 여자, 우리와 사는 지역도 사뭇 다르고 게다가 성까지 다른, 다른 하느님의 형상, 다른 문화를 갖고 있는 아주 낯선 타자다. 그녀는 귀신 들린 한 어린 딸이 있는 30대 중반쯤 되어 보이는 여자다. 그는 가족도 가문도 연줄도 없이 홀로 남성들의 세계에 나타난다. 그 당시 가족이나 가문은 '남자-아들'로만 인정받을 수 있었다. 한 마디로 외롭고 아픈 영혼이다.

홀로 사는 것조차 버거웠을 여자에게 딸이, 그것도 귀신 들린 딸 한 명이 등에 업혀 있다. 땅 위에서 사는 인생이란 고된 종살이에 방불하단 말인가?(욥 7:1) 그녀는 무슨 영문인지 집에서 나와 거리를 방황하고 있다. 그때 예수님 일행이 지나간다는 소문을 듣고 그들이 도착하기가 무섭게 예수께 다가와 애면글면 간청한다.

① 주님, 우리를 불쌍히 여겨 주십시오!

겉보기에 모조리 타버린 삶의 검댕이 아래, 삶의 고단함으로 다 타버렸을 여성의 재투성이 속에서, 이와는 전혀 다른 삶, 참된 삶을 향한 내밀한 갈망이 꺼지지 않는 불꽃 나무처럼 이글거리고 있다. "주님, 우리를 불쌍히 여겨 주십시오!" 그러나, 아뿔싸! 예수님께서는 여자의 말에 어떤 반응도 하지 않으신다. 그냥 지나가신다. 당시의 보통 남성처럼 여자의 말을 무시한다. 마치 아무도 없고, 아무 일도 일어나지 않은 것처럼….

제자들이 와서 예수께 불평한다. 성가시니 어떻게 좀 하시라고…. 설령 제자들이야 그렇다 하더라도, 이 순간 예수님의 입에서 떨어진 말씀은 아연 황당하다.

② 나는 이스라엘 집의 잃어버린 양 외에는 다른 데로 보내심을 받지 않았다.

이 말씀을 액면 그대로 이해하면 외국인을 차별하는 편협하고 국수적이며 이기적인 말씀이다. 어떤 이는 이 대목에서 예수님의 마음속을 들어갔다 나온 사람처럼, 예수님을 여성이 진정 도움을 원하고 있는지

속마음을 시험하는 훌륭한 교육자로 만들 생각을 다 한다. 예수님의 이 태도에서 하느님의 어둡고 이해할 수 없는 측면을 감안하는 것이 마치 믿음이 좋은 태도인 양 우겨서는 안 될 것이다. 불안해하고 여러 번 흥분하고 피곤해 하시는 예수님 또한 우리 주님 예수님이시다.

일전에 예수님께서는 가버나움에 사는 백부장의 하인의 중풍병을 그저 '명령과 복종'(마 8:9)으로 고쳐주셨고 백부장의 믿음을 무지 칭찬하셨다. '명령–복종'이라는 문화문법에 익숙했기 때문인가? 여성의 간청도 칭찬까지는 아니더라도 단번에 들어주셨더라면 이런 딴 생각이 안 들 터인데. 귀찮으니까 어떻게 해달라는 제자들의 불평도 단호하게 부정하는 예수님의 태도는 도대체 무엇인가? 엄마가 딸이 아닌 아들의 병을 고쳐달라고 애원했더라면…. 엄마가 딸의 병을 고쳐달라는 가슴 저린 요청은 전혀 감지되지 않을 정도로 중요하지 않은 것인가?

이야기는 여기서 끝나지 않는다. 제2라운드가 시작된다. 이번에 여자는 예수께 "무릎을 꿇고 애원한다." 그림에서는 무릎만 꿇은 게 아니라 개처럼 거의 엎드린 판국이다. 무엇이 한 여자로 하여금 많은 남자들 앞에서 몸 전체를 엎드리게 만드는가? 자신의 생존과 직결된 딸의 건강, 딸의 생명. 여자는 이걸 얻기 위해 다른 모든 것을 포기한다. 이제 예수님께서 여자의 간청을 들어주실 것인가? 아직 아니다. 예수님께서 말씀하신다.

③ 자녀들의 입에서 빵을 빼앗아 개들에게 던져 주는 것은 옳지 않다.

이방의 여자와 딸을 개에 비유하다니, ②의 말씀보다 더욱 차별적이고 모욕적이다. 먹을 빵이 많은 배부른 주인 예수님과 배고픈 개의 신세로 비유된 여자가 처절하리만큼 섬뜩하게 대비된다. 인간의 얼굴을 지

킬 수 있는 마지막 자존감마저 참담하게 짓밟히는 무색한 순간이다. 그
래도 되는 것은 결코 아니다. 게임은 여기서 끝나지 않는다.

그러나 다시 여자가 흔들거리지만 뽑히지 않고 예수님의 말씀을 되
받는다.

④ **옳습니다. 주님, 하지만 구걸하는 개들도 주인의 상에서 떨어지는 부스
러기는 얻어먹습니다.**

치욕적인 위기의 순간에 눈물의 부스러기를 안으로 꿀꺽 삼키면서
밖으로 다시 터지는 옹골차고 야무진 말이다. 이런 말이 나오리라고는
아무도 상상하지 못했기 때문에 상대방의 허를 찌르는 날쌘 쨉이다. 어
떤 환멸이라도 참고 부대껴내는 오랜 기다림이고, 어떤 굴욕도 견디어
내는 불굴의 자존심이고, 외부적으로 사방의 우겨쌈에도 불구하고 포
기하지 않는 끈질기고 참을성 있는 희망이다. 여인의 답변은 오랫동안
말을 들어주는 이 없는 고독한 삶이며, 약자이기 때문에 겉으로는 고분
고분하고 잘 따르지만 아무도 눈치 채지 못하게 흐느껴 우는 울음 섞인
한 맺힌 강한 저항의 소리다. 여성의 마음은 아래의 시에서처럼 "이 노
여움과 분노, 곱지 않은 마음까지 바닷가 풍경을 가득 담을 수 있도록
모두 빼앗길 텅 빈 소라 껍데기" 마음이다.

> 알맹이 뺏긴 소라 껍데기처럼
>
> 허허로운 일일지라도
>
> 오늘 같은 날엔
>
> 나도
>
> 누군가에게 내 속마음을 빼앗기고 싶다

전부를 빼앗기고도

잔잔한 울림이 끊이지 않을

그 넓은 바닷가 풍경을

가득 담을 수 있도록

모조리 빼앗기고 싶다

이 노여움과 분노

곱지 않은 마음까지

모두 빼앗길

소라 껍데기이고 싶다

—이현미,「소라 껍데기」전문

    도대체 이런 최악의 순간에 어디에서, 어떻게 이런 말의 힘이 터져 나올 수 있을까? 피를 쏟고 뼈를 깎는 극한적인 삶의 독공(篤工)의 결과인가? "가난하지만 아첨하지 않는"(貧而無諂,『論語』, 學而, 15장) 본디 인간성의 진정한 힘이며, 예수님에 대한 무한 신뢰에서 나오는 믿음의 힘일 것이다. 밑바닥을 지탱해주는 여성의 자긍심은 믿음에서 나온다. 그래서 믿음은 가장 근원적인 힘, '밑힘'이다(유영모).

    이 순간 예수님은 식탁에 넘치는 밥이 있어도 이방인과는 나눌 수 없는 배타적인 하느님상을 말씀하시지만, 여성은 그의 아픔과 한 그리고 그의 분노를 몸에 녹이고 삼키면서 무한히 포용하는 하느님상을 대변한다. 그녀는 시편의 "원수의 목전에서도 상을 차려 주시는"(시 23:5) 이루 헤아릴 수 없고 가늠할 수 없는, 넓고 높고 빛나는 하느님상을 불러온다. 그녀는 '개'라는 조소와 치욕의 말을 받아들임으로써 유대인만을 위한 가난하고 참을 수 없는 편벽된 하느님상을 만민의 구원을 위한 헤아릴 수 없는 사랑이 흘러넘치는 살뜰한 자비의 하느님상으로 전환시킨다. 바울의 말로 하면, 하느님은 유대 사람만의 하느님이 아니라 이방 사람의 하느님도 되신다(롬 3:29).『논어』에도 "군자는 두루 사랑하고 편 가르지 않으며, 소인은 편 가르고 두루 사랑하지 않는다"(君子 周而不比 小人 比而不周, 爲政, 14장)는 말씀이 있다.

예수님께서는 소외와 고통과 무관심의 나락에 떨어진 한 여성의 모진 고통의 체험과 절규를 함께 느끼시고(共感) 이입(移入)하심으로써 다시 새롭게 말씀하신다. 예수님께서는 앞서 사람을 더럽히는 것은 밖에서 안으로 들어가는 것, 사회적 위치, 인종, 국적, 성, 출신, 외모, 먹는 습관 등에 의해 결정되는 것이 아니라 입에서 나오는 것들, 곧 마음에서 나오는 것들이 사람을 더럽힌다고 말씀하셨다(마 15:17-18). 외적인 상황은 아무것도 아니며 순수한 마음만이 중요하다. 하여, 비유대인 여자의 순수한 마음이 예수님의 마음과 통한 것이다.

⑤ 여자여, 참으로 네 믿음이 (내 믿음보다 더) 크다. 네 소원대로 되어라!

하느님을 주일무적(主一無適)의 성심(誠心)으로 체험한 사람은 마음이 너르고 해맑으며 늘 초록빛 삶으로 가득하다. 그 믿음은 "내가 곤궁에 빠졌을 때에, 나를 막다른 골목에서 벗어나게 해 주시는"(시 4:1) 분에 대한 믿음이며 "나를 넓은 곳에 세우시는 주님"(시 118:5)에 대한 믿음이다. 내 안에 또렷이 새겨진 하느님의 형상을 끝내 신뢰하는 인간의 신비에 대한 믿음이다. 그 믿음은 "가난하지만 아첨하지 않는"(貧而無諂) 수준을 넘어 "가난하면서도 즐거워하는"(貧而樂), 마음의 즐거움으로 외적 가난이 문제가 되지 않는 경지에 이른 믿음이다. 가르치는 스승 예수님과 배우고 치유 받는 제자가 서로 도움을 주고받는 교학상장(敎學相長)의 아름다운 만남임에 틀림없다.

로사노 사본(Codex Rosssanensis), 그림 신약성경, 550년경

³⁵날이 이미 저물었으므로, 제자들이 예수께 다가와서 말하였다. "여기는 빈 들이고 날도 이미 저물었습니다. ³⁶이 사람들을 헤쳐, 제각기 먹을 것을 사 먹게 근방에 있는 농가나 마을로 보내시는 것이 좋겠습니다." ³⁷예수께서 그들에게 말씀하셨다. "너희가 그들에게 먹을 것을 주어라." 제자들이 그에게 말하였다. "그러면 우리가 가서 빵 이백 데나리온 어치를 사다가 그들에게 먹이라는 말씀입니까?" ³⁸예수께서 그들에게 말씀하셨다. "너희에게 빵이 얼마나 있느냐? 가서, 알아보아라." 그들이 알아보고 말하였다. "빵 다섯 개와 물고기 두 마리가 있습니다." ³⁹예수께서는 제자들에게 명하여, 모두들 떼를 지어 푸른 풀밭에 앉게 하셨다. ⁴⁰그들은 백 명씩 또는 쉰 명씩 떼를 지어 앉았다. ⁴¹예수께서 빵 다섯 개와 물고기 두 마리를 들어서, 하늘을 쳐다보고 축복하신 다음에, 빵을 떼어서 제자들에게 주시고 사람들에게 나누어 주게 하셨다. 그리고 그 물고기 두 마리도 모든 사람에게 나누어 주셨다. ⁴²그들은 모두 배불리 먹었다. ⁴³빵 부스러기와 물고기 남은 것을 주워 모으니, 열두 광주리에 가득 찼다. ⁴⁴빵을 먹은 사람은 남자 어른만도 오천 명이었다.

〈묵상본문: 막 6:35-44〉

¹그 무렵에 다시 큰 무리가 모여 있었는데, 먹을 것이 없었다. 예수께서 제자들을 가까이 불러 놓고 말씀하셨다. ²"저 무리가 나와 함께 있은 지가 벌써 사흘이나 되었는데, 먹을 것이 없으니 가엾다. ³내가 그들을 굶은 채로 집으로 돌려보내면, 길에서 쓰러질 것이다. 더구나 그 가운데는 먼 데서 온 사람들도 있다." ⁴제자들이 예수께 말하였다. "이 빈 들에서, 어느 누가, 무슨 수로, 이 모든 사람이 먹을 빵을 장만할 수 있겠습니까?" ⁵예수께서 그들에게 물으셨다. "너희에게 빵이 몇 개나 있느냐?" 그들이 대답하였다. "일곱 개가 있습니다." ⁶예수께서는 무리에게 명하여 땅에 앉게 하셨다. 그리고 빵 일곱 개를 들어서, 감사 기도를 드리신 뒤에, 떼어서 제자들에게 주시고, 사람들에게 나누어 주게 하시니, 제자들이 무리에게 나누어 주었다. ⁷또 그들에게는 작은 물고기가 몇 마리 있었는데, 예수께서 그것을 축복하신 뒤에, 그것도 사람들에게 나누어 주게 하셨다. ⁸그리하여 사람들이 배불리 먹었으며, 남은 부스러기를 주워 모으니, 일곱 광주리에 가득 찼다. ⁹사람은 사천 명쯤이었다. 예수께서는 그들을 헤쳐 보내셨다. ¹⁰그리고 곧 제자들과 함께 배에 올라, 달마누다 지방으로 가셨다.

〈묵상본문: 막 8:1-10〉

³⁵예수께서 그들에게 말씀하셨다. "내가 생명의 빵이다. 내게로 오는 사람은 결코 주리지 않을 것이요, 나를 믿는 사람은 다시는 목마르지 않을 것이다.

〈묵상본문: 요 6:35〉

36장

생명의 빵

예수님께서는 돌로 빵을 만들라는 시험은 단호하게 거절하셨지만 마가복음에 따르면 배고픈 군중 앞에서 오병이어의 기적을 두 번이나 행하셨다(막 6:35-44, 8:1-10). 그는 빵 두 개와 물고기 다섯 마리로 한번은 5천 명, 또 한 번은 4천 명을 먹이셨다. 예수님께서는 소외된 자들, 세리와 죄인들과 즐겨 식사(막 2:16; 마 11:19; 눅 7:34, 15:1-2 참조)하셨으며 제자들과 최후의 만찬을 들기도 했다.

오늘날 지구상의 18억 명이 하루에 1달러도 벌지 못하는 극심한 가난에 처해 있고, 이로 인한 어린아이들의 굶주림은 잘 알려진 사실이다. 대한민국을 비롯하여 미국, 일본 등 서방의 많은 나라가 안보를 빙자한 무기 수출과 전쟁 준비를 평화 수립을 위한 노력으로 전환한다면 세계의 기아 문제를 30번도 해결하고 남는다는 것이다. 돌을 빵으로 바꾸는 것보다 더 어려운 기적은 돌같이 굳어진 인간의 강퍅한 마음을 부드러운 자애의 마음으로 바꾸는 것이다.

오병이어의 기적이 '진실'한지는 그것이 '실제 일어났는가' 하는 역사적 사실에 달린 것이 아니다. 우리가 그것을 진실한 것으로 만들어야만 그것은 역사적 진실이 된다. 성서의 기적을 입증할 책임은 교회와 그리스도인에게 넘겨진 것이다. 예수님께서는 제자들에게 배고픈 사람들에게 먹을 것을 주라고 말씀하신다. 이럴 때면 항상 반발이 생기기 마련이다. 그것은 불가능하다고 생각되는 일을 하라고 말씀하시기 때문이다. 그러나 우리 가운데 전혀 먹을 것이 없는 게 아니다. 예수님의 명을 듣고 제자들이 알아본 결과 무리들 가운데 그래도 "빵 다섯 개와 물고기 두 마리가 있음"을 찾아낸다. 그러나 수많은 무리를 먹이기에 턱없이 부족한 양이다.

6세기에 그려진 시리아의 성경책에 있는 그림에서 한 제자는 빵을 들고 있고, 다른 제자는 물고기를 들고 있다. 그러나 빵과 물고기보다 휘둥그레진 두 제자의 눈이 유난히 크고 강렬하게 보인다. 말을 잃고 놀라 심통 난 표정, 의심스러운 눈초리, 불만을 넘어 불가능한 것을 시키는 스승에 대한 불평과 원망의 마음이 눈을 통해 밖으로 분출되는 것 같다.

두 제자는 푸른색의 옷을 입고 있는데 이 색은 온유함과 자기부정을 나타낸다. 예수님은 홀로 황금색 외투를 입고 계시고 그의 머리로 거룩한 후광이 빛난다. 하느님의 아들이심을 그림을 통해 나타낸 것이다. 예수님의 자비로우면서도 진지한 눈빛은 어두운 세상에서의 동경을 의미하는 남보라색으로 칠해진 땅을 향해 빛을 비추게 한다. 그 땅에는 늘 배고픈 무리들이, 욕구의 덩어리가 꿈틀거리는 무리들이 떼를 지어 앉아 있을 것이다.

요한복음에는 기적 후에 꼭 아름다운 예수 말씀이 이어진다. "내가 생명의 빵이다. 내게로 오는 사람은 결코 주리지 않을 것이요, 나를 믿는 사람은 다시는 목마르지 않을 것이다"(요 6:35). 내가 생명의 빵이라는 말씀 외에도 요한복음에는 "나는 세상의 빛이다", "나는 생명수다"라는 말씀이 있다. 이 모든 말씀은 감각에 기쁨을 주고 관념적 초월의 욕망을 진정으로 충족시켜주는 언어다.

내가 주는 물을 마시는 사람은, 영원히 목마르지 아니할 것이다. 내가 주는 물은, 그 사람 속에서, 영생에 이르게 하는 샘물이 될 것이다.(요 4:14)

생명의 물을 마시고 생명의 빵을 먹는 사람은 예수님의 부름과 삶에 참여하는 사람이다. 내 살은 참 양식이요, 내 피는 참 음료이다. 내 살을 먹고, 내 피를 마시는 사람은 내 안에 있고, 나도 그 사람 안에 있다.(요 6:56)

강화도에 사는 함민복 시인의 「긍정적인 밥」은 굶주린 자들과 빵을 나누는 예수님의 마음을 꼭 닮은 듯하다. 예수님의 말씀이 정신적이고 영적인 것이라면 그 말씀이 생산하는 물과 빵은 지극히 물질적인 것이다. 시인의 시 한 편과 교환되는 쌀 두 말, 시집 한 권과 교환되는 국밥 한 그릇과 소금 한 됫박 사이에는 경제적으로 교환될 수 없는 무한한 가치가 푸른 바다와 같은 마음에서 생성된다.

시 한 편에 삼만 원이면
너무 박하다 싶다가도
쌀이 두 말인데 생각하면
금방 마음이 따뜻한 밥이 되네

시집 한 권에 삼천 원이면
든 공에 비해 헐하다 싶다가도
국밥이 한 그릇인데
내 시집이 국밥 한 그릇만큼
사람들 가슴을 따뜻하게 덥혀줄 수 있을까

생각하면 아직 멀기만 하네

시집이 한 권 팔리면
내게 삼백 원이 돌아온다
박리다 싶다가도
굵은 소금이 한 됫박인데 생각하면
푸른 바다처럼 상할 마음 하나 없네

　　　　　　　　　　　—함민복, 「긍정적인 밥」 전문

　맹자가 「양혜왕 上」에서 '유항산 유항심'(有恒産 有恒心), 떳떳이 먹고
살 수 있는 생업이 있어야 떳떳이 가지고 있는 善心이 생기는 것이 일
반 백성의 태도이나, 떳떳한 생업이 없으면서도 떳떳한 마음을 가지고
있는 것은 오직 선비[士]만이 가능할 수 있다고 했다. 시인을 통해 선비
의 마음을 읽고 선비의 마음을 통해 예수님의 마음을 가늠해본다.

에그버트 사본(Egbert-Kodex), 〈가버나움의 백부장〉, 980-993

⁵예수께서 가버나움에 들어가시니, 한 백부장이 다가와서, 그에게 간청하여 ⁶말하였다. "주님, 내 종이 중풍으로 집에 누워서 몹시 피로워하고 있습니다." ⁷예수께서 그에게 말씀하셨다. "내가 가서 고쳐 주마." ⁸백부장이 대답하였다. "주님, 나는 주님을 내 집으로 모셔들일 만한 자격이 없습니다. 그저 한 마디 말씀만 해 주십시오. 그러면 내 종이 나을 것입니다. ⁹나도 상관을 모시는 사람이고, 내 밑에도 병사들이 있어서, 내가 이 사람더러 가라고 하면 가고, 저 사람더러 오라고 하면 옵니다. 또 내 종더러 이것을 하라고 하면 합니다." ¹⁰예수께서 이 말을 들으시고, 놀랍게 여기셔서, 따라오는 사람들에게 말씀하셨다. "내가 진정으로 너희에게 말한다. 나는 지금까지 이스라엘 사람 가운데서 아무에게서도 이런 믿음을 본 일이 없다. ¹¹내가 너희에게 말한다. 많은 사람이 동과 서에서 와서, 하늘 나라에서 아브라함과 이삭과 야곱과 함께 잔치 자리에 앉을 것이다. ¹²그러나 이 나라의 시민들은 바깥 어두운 데로 쫓겨나서, 거기서 울며 이를 갈 것이다." ¹³그리고 예수께서 백부장에게 "가거라. 네가 믿은 대로 될 것이다" 하고 말씀하셨다. 바로 그 시각에 그 종이 나았다.

〈묵상본문: 마 8:5-13〉

37장

경계 잇기

그림에서 가운데 예수님은 성서를 팔에 안고 계신다. 그는 오른손 손가락을 세우고 하느님의 말씀을 어떻게 '해석'하는지 보여준다. 해석되길 원하는 것은 텍스트 뒤에 숨어 있는 어떤 것이 아니라 텍스트 앞에 발현된 하나의 가능 세계이다. 텍스트의 힘은 하나의 세계를 열어주는 것이며, 이것이 해석의 역동적인 의미다(폴 리쾨르).

예수님은 구약의 텍스트를 가지고 자신의 손가락을 통해 다른 편의 로마인(이방인)을 가리킴으로써 자신이 하나의 새로운 세계를 여는 새로운 텍스트가 되신다. 이 로마인들은 옷을 다른 방식으로 입는 데서 유대인과 확연히 차이가 난다. 겉옷은 목 부위에서 채워져 있고 속옷은 무릎 부분까지만 내려온다. 그들은 또 끈으로 동여맨 긴 가죽신을 신는다. 반면에 예수님의 제자들은 예수님과 마찬가지로 맨발이며 겉옷을 헐렁하게 두른 상태에서 속옷은 발목까지 내려온다. 그들의 옷차림과 외모에서 현격한 문화의 차이가 드러난다. 이 차이는 인간에게 오를 수 없는 장애물이고 넘나들 수 없는 벽이며, 높은 담장이고 건널 수 없는 철조망이며, 심지어 운명적인 죄로 작용할 때도 있다. 문명화되었다는 오늘날에도 이런 편견은 여전히 지배한다.

그림에서 보면 예수님을 경계로 왼쪽의 두루마리를 들고 있는 베드로를 위시하여 제자들은 손을 들고 거부 의사를 표시하는 것을 보아 넘나들 생각이 전혀 없어 보인다. 그러나 오히려 오른쪽 이방인들이 손을 들고 환영하는 모습이다. 예수님은 서로 다른 종족이나 문화의 차이로 생긴 담을 허물고 경계를 잇는 분이다. 예수님에게는 신분의 차이나 민족의 차이가 있을 수 없다.

예수님은 세리를 제자로 불렀고(막 2:13-17) 로마 백부장의 종이 앓고 있는 중풍을 고치셨다(마 8:5-13). 예수 사랑의 무차별적 보편성은 하늘 아버지의 무차별적 사랑의 보편성에서 나온 것이다. "아버지께서는, 악한 사람에게나 선한 사람에게나 똑같이 해를 떠오르게 하시고, 의로운 사람에게나 불의한 사람에게나 똑같이 비를 내려주신다"(마 5:45). 슬픔을 아프게 새김질하는 사람에게 아침마다 변함없이 떠오르는 밝은 태양은 무심(無心)하고 때로는 무자비(無慈悲)한 하늘처럼 무시무시하고 아득하지만, 햇빛이 자신의 살집을 드러내며 속살거리는 햇살로 피부에 사뿐사뿐 내려앉을 때면 틈새 없어 보였던 새파란 하늘이었지만, 그 하늘 오래오래 우두커니 바라보노라면 점점 아늑한 희망이 되어 나를 푸르게 물들이는 것 같기도 하다.

예수님의 보편적 사랑의 실천은 바울에게서 예수님을 만백성의 주님으로 모시는 근거가 된다. "유대 사람이나, 그리스 사람이나, 차별이 없습니다. 그는 모든 사람에게 똑같이 주님이 되어 주시고, 그를 부르는 모든 사람에게 풍성한 은혜를 내려주십니다"(롬 10:12). 바울은 그리스도의 세례 안에서 모든 인류가 인종, 신분, 성별 간의 차별이 사라지고 동등한 권리를 가지게 됨을 선언한다. "유대 사람도 그리스 사람도 없으며, 종도 자유인도 없으며, 남자와 여자가 없습니다. 여러분 모두가 그리스도 예수 안에서 하나이기 때문입니다"(갈 3:28).

바울의 제자들은 이러한 예수-바울 사상을 이어받아 평화와 화해의 메시지로 발전시킨다. "그리스도는 우리의 평화이십니다. 그리스도께서는 유대 사람과 이방 사람이 양쪽으로 갈라져 있는 것을 하나로 만드신 분이십니다. 그분은 유대 사람과 이방 사람 사이를 가르는 담을 자기 몸으로 허무셔서, 원수 된 것을 없애시고, … 이 둘을 자기 안에서 하나의 새 사람으로 만들어서 평화를 이루시고, 원수 된 것을 십자가로 소멸하시고 이 둘을 한 몸으로 만드셔서, 하느님과 화해시키셨습니다"(엡 2: 14-16; 겔 37:16-17 참조).

예수님은 서로 다른 것들의 경계선을 넘나들고 소통할 수 있는 물꼬를 터준 분이시다. 경계선을 넘는다는 것은 그 경계선을 지우고 경계를 전적으로 부정하는 것이 아니다. 생명체의 경계선은 몸이다. 몸을 없앨 수 없다. 기본적으로 경계선이 있어야 개체 생명이 보호되고 유지된다. 몸의 피부는 개체 생명을 환경으로부터 구분하고 보호하여 그 생명의 독자성을 유지하고 성장시킨다. 이러한 경계는 아름답다.

주님은 경계를 정하여 놓고
물이 거기를 넘지 못하게 하시며,
물이 되돌아와서
땅을 덮지 못하게 하십니다.

(시 104:9)

그러므로 경계선이 A와 B 사이의 막힌 담이 되지 않고 둘 사이를 연결하고 소통하는 여닫이문이 되는 것이 중요하다. 생명의 기본은 경계를 통해 안과 밖이 드나드는 호흡이고 신진대사이다.

넘는다는 것은 무시나 부정이 아니다. 만일 우리가 인종의 경계, 성의 경계, 계층의 경계를 무시하고 내 맘대로 경계를 친다면 우리는 인종차별과 성차별, 신분차별을 인정하는 꼴이 된다. 경계선을 넘는다는 것은 전에 무시되었던 타자를 만난다는 것을 의미하며, 전에 폄하했던 지역이나 삶의 방식의 진가를 인정함을 의미한다. 우리가 세상의 경계선을 넘는다고 할지라도 우리는 여전히 세상 안에 살고 있다. 그러나 우리는 모든 것을, 모든 사람을 영원의 빛 아래에서 새롭게 조명하고 관계 맺으며 존경하는 능력을 갖게 되는 것이다.

신학자 틸리히는 자신의 자서전을 『경계선 위에서』(On the Boundary)라는 이름을 붙여 출간했다. 그는 거기서 경계선이란 한계나 A와 B를 분리하고 차별하는 선이 아니라, 본래 풍부하게 인식할 수 있는 장소(der eigentlich fruchtbare Ort der Erkenntnis)라고 말했다. 철책 같은 사나운 경계선도 있지만, 대개 마음에 그어진 경계선은 보이지도 않고 만질 수도 없는 섬미한 선으로서 잘 지워지지 않고 때로는 질기디 질긴 편집적 옹고집으로 나타나기도 한다. 이 선이 풍부하게 인식할 수 있는 평화의 뜨락이 될 수 있다니, 멋진 상상력 아닌가.

경계는 틸리히의 개인적 삶과 정신적 삶의 발전을 표시하는 상징이다. 틸리히는 실존의 두 가지 가능성 중에서 어느 하나를 절대화하지 않으면서 그 둘을 연결하고 종합하려 했다. 틸리히 신학의 존재론은 실존적 갈등들의 차이를 종합하는 평화의 존재론이다. "내가 평화를 너의 감독자로 세우며, 의를 너의 지배자로 세우겠다"(사 60:17). 틸리히에게 사유란 새로운 가능성을 위한 개방성이다. 그러나 생은 그때그때마다 결단과 배제를 요청받았기 때문에 그만큼 어렵고 위험하기도 하다. 이러한 기회와 긴장은 운명이면서 동시에 하늘로부터 받은 천명이고 마음을 다해 해낼 수 있는 과제(Schicksal und Aufgabe)이다.

빈센트 반 고흐, 〈나사로의 부활〉(렘브란트를 따라), 1890년 5월

¹한 병자가 있었는데, 그는 마리아와 그의 자매 마르다의 마을 베다니에 사는 나사로였다. ²마리아는 주님께 향유를 붓고, 자기의 머리털로 주님의 발을 씻은 여자요, 병든 나사로는 그의 오라버니이다. ³그 누이들이 사람을 예수께로 보내서 말하였다. "주님, 보십시오. 주님께서 사랑하시는 사람이 앓고 있습니다." ⁴예수께서 들으시고 말씀하셨다. "이 병은, 죽을 병이 아니라 오히려 하나님의 영광을 드러낼 병이다. 이것으로 말미암아 하나님의 아들이 영광을 받게 될 것이다." ⁵예수께서는 마르다와 그의 자매와 나사로를 사랑하셨다. ⁶그런데 예수께서는 나사로가 앓는다는 말을 들으시고도, 계시던 그 곳에 이틀이나 더 머무르셨다. ⁷그리고 나서 제자들에게 "다시 유대 지방으로 가자" 하고 말씀하셨다. ⁸제자들이 예수께 말하였다. "선생님, 방금도 유대 사람들이 선생님을 돌로 치려고 하였는데, 다시 그리로 가려고 하십니까?" ⁹예수께서 대답하셨다. "낮은 열두 시간이나 되지 않느냐? 사람이 낮에 걸어다니면, 햇빛이 있으므로 걸려서 넘어지지 않는다. ¹⁰그러나 밤에 걸어다니면, 빛이 그 사람 안에 없으므로, 걸려서 넘어진다." ¹¹이 말씀을 하신 뒤에, 그들에게 말씀하셨다. "우리 친구 나사로는 잠들었다. 내가 가서, 그를 깨우겠다." ¹²제자들이 말하였다. "주님, 그가 잠들었으면, 낫게 될 것입니다." ¹³예수께서는 나사로가 죽었다는 뜻으로 말씀하셨는데, 제자들은 그가 잠이 들어 쉰다고 말씀하시는 것으로 생각하였다. ¹⁴이 때에 예수께서 그들에게 밝혀 말씀하셨다. "나사로는 죽었다. ¹⁵내가 거기에 있지 않은 것이 너희를 위해서 도리어 잘 된 일이므로, 기쁘게 생각한다. 이 일로 말미암아 너희가 믿게 될 것이다. 그에게로 가자." ¹⁶그러자 디두모라고도 하는 도마가 동료 제자들에게 "우리도 그와 함께 죽으러 가자" 하고 말하였다. ¹⁷예수께서 가서 보시니, 나사로가 무덤 속에 있은 지가 벌써 나흘이나 되었다. ¹⁸베다니는 예루살렘에서 오 리가 조금 넘는 가까운 곳인데, ¹⁹많은 유대 사람이 그 오라버니의 일로 마르다와 마리아를 위로하러 와 있었다. ²⁰마르다는 예수께서 오신다는 말을 듣고서 맞으러 나가고, 마리아는 집에 앉아 있었다. ²¹마르다가 예수께 말하였다. "주님, 주님이 여기에 계셨더라면, 내 오라버니가 죽지 아니하였을 것입니다. ²²그러나 이제라도, 나는 주님께서 하나님께 구하시는 것은 무엇이나 하나님께서 다 이루어 주실 줄 압니다." ²³예수께서 마르다에게 말씀하셨다. "네 오라버니가 다시 살아날 것이다." ²⁴마르다가 예수께 말하였다. "마지막 날 부활 때에 그가 다시 살아나리라는 것은 내가 압니다." ²⁵예수께서 마르다에게 말씀하셨다. "나는 부활이요 생명이니, 나를 믿는 사람은 죽어도 살고, ²⁶살아서 나를 믿는 사람은 영원히 죽지 아니할 것이다. 네가 이것을 믿느냐?"

²⁷마르다가 예수께 말하였다. "예, 주님! 주님은 세상에 오실 그리스도이시며, 하나님의 아들이심을, 내가 믿습니다." ²⁸이렇게 말한 뒤에, 마르다는 가서, 그 자매 마리아를 불러서 가만히 말하였다. "선생님께서 와 계시는데, 너를 부르신다." ²⁹이 말을 듣고, 마리아는 급히 일어나서 예수께로 갔다. ³⁰예수께서는 아직 동네에 들어가지 않으시고, 마르다가 예수를 맞이하던 곳에 그냥 계셨다. ³¹집에서 마리아와 함께 있으면서 그를 위로해 주던 유대 사람들은, 마리아가 급히 일어나서 나가는 것을 보고, 무덤으로 가서 울려고 하는 것으로 생각하고, 그를 따라갔다. ³²마리아는 예수께서 계신 곳으로 와서, 예수님을 뵙고, 그 발 아래에 엎드려서 말하였다. "주님, 주님이 여기에 계셨더라면, 내 오라버니가 죽지 않았을 것입니다." ³³예수께서는 마리아가 우는 것과, 함께 따라온 유대 사람들이 우는 것을 보시고, 마음이 비통하여 괴로워하셨다. ³⁴예수께서 그들에게 물으셨다. "그를 어디에 두었느냐?" 그들이 대답하였다. "주님, 와 보십시오." ³⁵예수께서는 눈물을 흘리셨다. ³⁶그러자 유대 사람들은 "보시오, 그가 얼마나 나사로를 사랑하였는가!" 하고 말하였다. ³⁷그 가운데서 어떤 사람은 이렇게 말하였다. "눈먼 사람의 눈을 뜨게 하신 분이, 이 사람을 죽지 않게 하실 수 없었단 말이오?" ³⁸예수께서 다시 속으로 비통하게 여기시면서 무덤으로 가셨다. 무덤은 동굴인데, 그 어귀는 돌로 막아 놓았다. ³⁹예수께서 "돌을 옮겨 놓아라" 하시니, 죽은 사람의 누이 마르다가 말하였다. "주님, 죽은 지가 나흘이나 되어서, 벌써 냄새가 납니다." ⁴⁰예수께서 마르다에게 말씀하셨다. "네가 믿으면 하나님의 영광을 보게 되리라고, 내가 네게 말하지 않았느냐?" ⁴¹사람들이 그 돌을 옮겨 놓았다. 예수께서 하늘을 우러러 보시고 말씀하셨다. "아버지, 내 말을 들어주신 것을 감사드립니다. ⁴²아버지께서는 언제나 내 말을 들어주신다는 것을 압니다. 그런데도 이렇게 말씀을 드리는 것은, 둘러선 무리를 위해서입니다. 그들로 하여금 아버지께서 나를 보내신 것을 믿게 하려는 것입니다." ⁴³이렇게 말씀하신 다음에, 큰 소리로 "나사로야, 나오너라" 하고 외치시니, ⁴⁴죽었던 사람이 나왔다. 손발은 천으로 감겨 있고, 얼굴은 수건으로 싸매여 있었다. 예수께서 그들에게 "그를 풀어 주어서, 가게 하여라" 하고 말씀하셨다.

〈묵상본문: 요 11:1-44〉

38장

부활과 생명

1889~1890년 빈센트 반 고흐는 생 레미 정신병원에 감금되는 시기가 끝나갈 무렵, 그림을 그리지 않는 시간에 자신의 삶에 대해 돌아보고 성찰할 시간을 가졌다. 정확히 말하자면 그는 그림을 그리면서 자신의 파란곡절(波瀾曲折)한 운명을 성찰하고 싶었다.

그림 〈나사로의 부활〉(1890년 5월)에 이러한 생의 과정이 명백히 새겨져 있다. 나사로의 얼굴에 자신의 얼굴을 그린 것을 보면 나사로는 바로 빈센트 자신의 모습이다. 오랜 투병생활 끝에 자신의 부활을, 새로운 삶을 목전에 그리고 있는 것이겠지. 무덤과 같은 정신병동에서 치유되어 건강한 모습으로 나올 것이라는 희망을 긴긴날 어찌 아니 품었을까.

이 희망은 빈센트가 망상에 젖어 빚어낸 꿈이 아니다. 그가 병원 근처의 올리브나무 숲속에서 그림을 그릴 때 종교적 주제를 발견한 것이라고 보아야 한다. 올리브 산은 예수님께서 최후를 맞이하시기 전 기도하시러 올라간 곳이기도 하다.

정신병을 앓고 있었던 빈센트는 그의 방을 떠나지 말라는 금령을 받았을지도 모른다. 그래서 그는 사랑하던 그의 선배 화가들, 렘브란트, 들라크루아, 밀레의 그림을 방 안에 놓고 그렸을 것이다. 앞의 그림은 렘브란트가 1632년에 그린 동판화를 앞에 놓고 그린 그림으로 밝혀졌다. 〈나사로의 부활〉은 렘브란트의 흑백 동판화를 모사한 것이다.

빈센트는 그 그림을 생 레미 정신병원을 떠나기 몇 주 전에 완성했다. 빈센트는 이 그림에서 기적을 일으키는 주인공으로 그리스도를 그리지 않고 그 자리에 태양을 그렸다. 그렇다고 해서 빈센트가 신앙이 없다거나 이상하다고 판단해서는 안 될 것이다. 화가는 기성의 틀에 따라 그림을 그리지 않는다. 고흐의 그림에서는 실재의 깊은 차원과 실재에 대한 깊은 체험이 기존의 틀을 깨고 뒤틀려 올라온다. 이 그림과 함께 소위 말년의 종교화 3부작이라 일컫는 〈피에타〉와 〈선한 사마리아인〉에서 빈센트는 그리스도의 형상을 그려 넣기도 한다.

예술의 세계에서 꼭 그리스도의 형상을 가시적 형태로 그리지 않았을지라도 문자에 집착하는 근본주의자들처럼 신앙을 의심할 바는 아니다. 빈센트가 좋아했던 빅터 휴고의 "종교는 지나가지만 하느님은 머물러 계십니다"(Religions pass away, God remains)는 말이 이 경우에도 해당될 것이다. 그에게 원초적인 종교적 욕망이 없었다면 그는 그 이전의 예술사의 빛나는 많은 작품 중에서 다른 작품을 모사했을 것이다.

빈센트가 이 그림을 시작했을 때 그는 피할 수 없었던 현실에서 출발했고, 그 현실을 가슴에 안고 갔음이 틀림없다. 그가 야외에서 그림을 그릴 수 없게 되었을 때 그 앞에 놓여 있는 그의 선배 작가들 들라크루아, 밀레 혹은 렘브란트의 복사 작품들이 바로 그의 현실이었다. 고흐가 동생 테오에게 보낸 편지에도 이런 암시가 적혀 있다.

지금은 건강도 좋지 않고 해서 나 자신에게 위로가 되고 기분이 좋아지게 하는 작업을 하고 있다. 들라크루아와 밀레가 그린 그림을 흑백으로 인쇄한 것을 놓고 모델 삼아 그림을 그리는 것이지. 그러고 나서 즉흥적으로 채색을 한다. 짐작하다시피 순전히 내 마음대로 색을 칠하는 건 아니고 완성작을 봤던 기억을 더듬어….

렘브란트의 〈나사로의 부활〉 동판화는 예수님께서 늠연한 모습으로 서서 수척해진 나사로를 향해 손을 들고 계시는 장면이다. 손을 올리는 동작은 나사로를 아뜩한 절망의 어두운 무덤에서 희망의 새싹을 움틔우는 그리스도의 능력을 암시한다.

> 주님께서 비록 많은 재난과 불행을
> 나에게 내리셨으나,
> 주님께서는 나를 다시 살려 주시며,
> 땅 깊은 곳에서,
> 나를 다시
> 이끌어내어 주실 줄 믿습니다
>
> (시 71:20; 겔 37:12-13 참조)

나사로를 비롯하여 기적을 목격하고 있는 모든 등장인물이 성스럽고 신비로운 빛을 듬뿍 받고 있는 모습은 렘브란트 종교화의 전형적인 특징이다.

빈센트는 렘브란트의 그림 오른쪽에 위치한 인물 한 장면(마리아)을 모사했다. 그러나 전체적인 인물들의 배치나 분위기는 렘브란트의 판화와 전혀 다르다. 빈센트는 그리스도의 모습조차 간단히 삭제해버렸다. 그는 그리스도를 지우고 그 빈자리가 생겨나는 것을 막고 나사로를 다시 살린 엄청난 힘을 표현하기 위해 화면의 중앙 뒤쪽에 초록빛 언덕

렘브란트, 〈나사로의 부활〉, 1632

으로 이루어진 전원 풍경이 펼쳐지는 가운데 작열하는 지중해의 강렬한 노란 태양을 그려 넣었다. 기적을 일으킨 것이 저 태양이라는 생각은 유치하다. 그림과 시는 그 자체 은유와 상징이다. 태양은 사람과 생명을 살리는 그리스도를 상징한다.

그림 안에는 오직 세 사람만이 있다. 아치 모양의 동굴 안에 깊은 잠에 빠져 있다가 방금 부스스 일어난 베다니의 나사로와 그의 누이들 마리아와 마르다이다. 금발의 머리를 하고 놀란 모양으로 양손을 높이 들고 오라버니 나사로를 일으키고 싶어 하는 것 같은 행동을 취한 마리아, 그녀는 이 기적에 정신을 송두리째 빼앗긴 모습이다. 마리아는 행위 속에 말이 발분(發憤)한 믿음의 여성이다.

마리아는 나사로의 죽음의 소식을 듣고 적시에 갈 수 없음을 알고 눈물 흘리시는 예수님의 진실한 사랑을 느낀 사람이다. 그녀는 눈물과 헌신으로써 예수님과 일치하고 있음을 알고 있고, 목전에 다가온 예수님의 죽음을 감지하고 있다. 그림에서 그녀는 오른손에 수건을 쥐고 있다. 방금 그의 오라버니 나사로의 얼굴에서 벗긴 것이다. 나사로의 "손발은 천으로 감겨 있고, 얼굴은 수건으로 싸매여"(요 11:44) 있었기 때문이다.

빈센트가 모사한 자신 앞에 있는 렘브란트의 동판화는 흑백이다. 그러나 색채만큼은 빈센트의 고유한 창작이다. 색채는 빈센트 자신의 발견이면서 동시에 이 색채 안에서 그는 자신을 발견한 것이다. 색채는 천변만화를 가져온다. 색채는 강렬한 빛을 표현한다.

노란빛은 하느님의 영광의 현존을 상징한다. 노란색은 하느님의 거룩한 사랑을 표현할 때 자주 썼던 색으로 천상의 빛을 상징한다. 이 그림에서는 치유와 부활(재생)의 의미를 갖는다고 말할 수밖에 없다. 빛은 화면 전체를 가득 채우고 있다. 특히 나사로의 얼굴과 몸에 물들어 스며

들고 있다.

노란색은 빈센트가 즐겨 그린 해바라기에 나타난 전용 색채이며 밝고 찬연한 빛을 의미한다. 물대신 이 노란빛으로 삼라만상이, 나사로뿐 아니라 마리아와 마르다도 세례를 받는다. 마리아의 초록빛 옷은 노란색의 인상을 더욱 도드라지게 하기 위해 고안된 것이다. 오른쪽 한쪽 구석에 검은색 머리와 녹색과 분홍색 줄무늬가 들어간 약간 어둡게 그려진 마르다는 밝은 노란색 빛과 대조를 이루면서 노란빛을 더욱 눈에 띄게 한다.

나사로에게, 더욱이 빈센트에게 "이 병은 죽을병이 아니라 오히려 하느님의 영광을 드러낼 병"(요 11:4)이다. 예수님의 지체하심이 자매의 원망을 샀으나 나사로에게 죽을 기회를 준 것이며, 그의 죽음은 하느님의 아들을 영화롭게 할 수 있었다. 빈센트는 노란색을 통해 하느님의 영광(빛)을 드러낸다.

예수님은 "부활이요 생명"(ἡ ἀνάστασις καὶ ἡ ζωή, 요 11:25)이며 영광을 받게 될 분이다. 그리스도를 믿는 자는 그리스도 안에 들어가고 그리스도 안에서 살 것이다. 형용할 수 없는 그리스도의 실재 안에서 사는 사람은 죽음이 없다. 그는 예수님을 삶에서 만나고 믿음에서 만난다.

영생은 살아 있는 믿음(living belief)과 믿는 살아 있음(believing Living) 속에 있다(요 11:26 πᾶς ὁ ζῶν καὶ πιστεύων εἰς ἐμὲ οὐ μὴ ἀποθάνῃ εἰς τὸν αἰῶνα - Everyone who lives in me and believes in me will never die). 부활은 지금 여기서 누리는 완전히 새로운 실존 방식을 뜻한다. 나사로의 소생은 슬픔의 깊은 심연에 빠져 있던 마르다와 마리아를 구출한다.

살아 있는 신앙이란 좌절과 죽음의 어두운 무덤에서 일어나는 일, 환

상의 잠에서 깨어나는 일, 깊은 슬픔과 가뭇한 절망의 늪에서 나와 기쁨
과 희망의 꽃밭으로 나비가 되어 너울너울 넘놀며 춤을 추며 들어감을
의미한다.

다시 태어남과 부활은 시간을 넘어선 영원에, "마지막 날 부활 때에
그가 다시 살아나리라는 것"(요 11:24)이 아니라 지금 여기서 자신의 영
혼을 덮고 있던 육중한 돌이 산들바람처럼 경쾌하게 치워지고, 자신의
손발에 감겨 있던 천이 발랄 상쾌하게 풀리고, 자신의 얼굴을 가리고
있었던 수건이 통쾌하게 벗겨진 사건의 시간이다. 그러므로 나사로가
다시 살아나는 새로운 시간은 어질고 환하며 눈부시다.

> 주님께서 나를
> 멸망의 구덩이에서 건져 주시고,
> 진흙탕에서 나를 건져 주셨네.
> 내가 반석을 딛고 서게 해주시고
> 내 걸음을 안전하게 해주셨네.
>
> (시 40:2)

마리아가 예수님에게 요구한 희망은 시간을 도피하기 위한 희망이
아니라 새로운 시간, 새로운 날, 새로운 탄생에 대한 희망이다. "(예수님
께서) 큰 소리로 '나사로야, 나오너라' 하고 외치시니, 죽었던 사람이 나
왔다. 손발은 천으로 감겨 있고, 얼굴은 수건으로 싸매여 있었다. 예수
님께서 그들에게 '그를 풀어 주어서, 가게 하여라' 하고 말씀하셨다"(요
11:43-44). 구원은 천상의 기쁨 속에서가 아니라 현재의 고통 속에, 고
통의 모든 순간 속에서 일어난다. 죽음은 시간을 줄 수 없고, 미래를 줄

수 없다.

부활이란 시간으로부터 영원으로의 도피가 아니라 시간을 변형시키는 힘이며, 새로운 시간이 도착하는 사건이다. 부활은 시간으로부터의 구원이 아니라 구원의 시간이며 거듭남과 구원으로서의 시간, 곧 사건으로서의 시간이다. 부활이란 묶임과 가면 없이 자유로운 몸, 열린 눈으로 사는 일이다.

하느님 나라는 부활로부터 시작된다. 그러므로 하느님 나라의 최대 관심 사안은 부활이다. 부활이란 우리를 늘 다시 살리시는 하느님의 사랑 안으로 부단히 들어가는 일, 신선한 시작, 신박한 삶이다. 야훼 하느님이 생명이 없는 혼돈과 공허 속에서 생명을 창조하셨듯이 부활의 예수님은 죽음의 세력이 지배하는 곳에서 생명을 일으킨다.

부활은 새 창조이며, 그분은 창세기에서처럼 좋다(아름답다), 좋다(아름답다), 좋다(아름답다), 좋다(아름답다), 매우 좋다(아름답다)고 감탄할 것이다. 부활의 그때가 오면 우리는 거리에서 환상적인 봄꽃을 보듯 아름다움 자체이신 주님을 "얼굴과 얼굴을 마주하여 볼 것"이기 때문이다.

그리스도의 자리에 태양을 그려 넣은 고흐, 그는 그저 믿기만 하지 않고 태양 자체를 원했고, 태양을 보고 싶어 한 것처럼 참 선한 아름다움이신 "보이지 않는 하느님의 형상"(εἰκὼν τοῦ Θεοῦ τοῦ ἀοράτου, 골 1:15)인 그리스도를 보고 싶었던 것은 아닐까.

라파엘로, 〈예수의 변모〉(상), 1518-1520

²⁸이 말씀을 하신 뒤에, 여드레쯤 되어서, 예수께서는 베드로와 요한과 야고보를 데리고, 기도하러 산에 올라가셨다. ²⁹예수께서 기도하고 계시는데, 그 얼굴 모습이 변하고, 그 옷이 눈부시게 희어지고 빛이 났다. ³⁰그런데 갑자기 두 사람이 나타나 예수와 더불어 말을 하고 있었다. 그들은 모세와 엘리야였다. ³¹그들은 영광에 싸여 나타나서, 예수께서 예루살렘에서 이루실 일 곧 그의 떠나가심에 대하여 말하고 있었다. ³²베드로와 그 일행은 잠을 이기지 못해서 졸다가, 깨어나서 예수의 영광을 보고, 또 그와 함께 서 있는 그 두 사람을 보았다. ³³그 두 사람이 예수에게서 막 떠나가려고 할 때에, 베드로가 예수께 말하였다. "선생님, 우리가 여기서 지내는 것이 좋겠습니다. 우리가 초막 셋을 지어서, 하나에는 선생님을, 하나에는 모세를, 하나에는 엘리야를 모시겠습니다." 베드로는 자기가 무슨 말을 하는지도 모르고, 그렇게 말하였다. ³⁴그가 이렇게 말하고 있는데, 구름이 일어나서 그 세 사람을 휩쌌다. 그들이 구름 속으로 들어가니, 제자들은 두려움에 사로잡혔다. ³⁵그리고 구름 속에서 소리가 났다. "이는 내 아들이요, 내가 택한 자다. 너희는 그의 말을 들어라." ³⁶그 소리가 끝났을 때에, 예수만이 거기에 계셨다. 제자들은 입을 다물고, 그들이 본 것을 얼마 동안 아무에게도 알리지 않았다.

〈묵상본문: 눅 9:28-36〉

39장

영광. 예수님의 변모(1)

교회력으로 목하 주현절 기간을 지내고 있다. 금년 주현절 마지막 주간인 2월 27일은 변모(변화)주일이기도 하다. 예수님의 변모를 기리는 날이다. 정교회는 예수님의 변모를 가장 좋아한다. 정교회 예배당에 가면 〈예수님의 변모〉 성화(이콘)를 항상 보게 된다. 성지 순례시 정교회를 방문하게 되면 예배당 벽과 심지어 바닥에까지 그려진 이 이콘을 유심히 보고 자세히 완미(玩味)하시길 바라는 마음이다. 성탄이나 수난보다 부활을 가장 큰 축일로 기리는 교회답다.

예수님의 공생활 직전의 세례는 부활 직전의 거룩한 변모와 상응한다. 예수님의 세례가 우리의 세례인 첫 번째 거듭남의 신비를 드러냈다면, 거룩한 변모는 우리 자신의 부활인 두 번째 거듭남의 거룩한 사건(성사)을 말한다. 예수님의 변모 이야기는 죽음 이후의 부활이 아니라 매일의 삶 속에서의 부활이 무엇인지, '부활절적 실존'(easter existence)의 모습, 곧 주님을 모시고 사는 삶, 그리스도인의 삶의 진면목(vera vita christiana)을 상징적으로 보여준다고 생각한다.

변모 이야기는 마태복음 17장과 마가복음 9장에도 수록되어 있다. 그러나 두 가지 이유에서 누가복음에 기록된 변모 이야기(눅 9:28-36)를 라파엘로의 그림과 함께 묵상하련다. 첫째, 두 복음서에는 변화산에서 내려오는 도중 제자들 사이에서 일어난 예수님의 죽음과 부활에 대한 대화가 기록되어 있다. 누가복음서는 이러한 중간 기록 없이 직접 마을로 내려와 귀신 들린 아이와 대면한다. 둘째, 누가복음서에는 예루살렘을 향한 긴 순례의 길(9:51-19:27) 모두에 변모 이야기가 나온다. 변모 이야기는 순례의 목적을 예고하는 것이 아닌가 생각한다.

라파엘로는 "예수님의 변모"와 그의 제자가 완성했다는 "귀신 들린 소년의 치유" 이야기를 각각 위아래 두 개의 그림으로 그린 것을 하나로 연결했다. 그림의 상단은 베드로, 야고보, 요한과 함께 그리스도의 변모를 보여준다. 모세가 홀로 시내산에 올라간 반면(출 24:12ff) 예수님은 제자들과 함께 변화산(다볼산)에 올라가 그들 앞에서 변모하신다. 그리스도의 오른쪽(관람자의 위치에서)에는 율법판을 심장에 품고 있는 모세와 왼쪽에는 예언자 엘리야가 공중에 떠서 가운데 변모하신, 영광(榮光) 중에 계신 예수님을 우러러보고 찬미한다. 거룩한 변모는 하느님의 영광이 예수님에게 투과되는 것을 뜻한다.

모세는 율법〔眞〕을 대표하고, 예언자 엘리야는 옳음〔善〕을 대표하며 가운데 변모하신 영광 중에 계신 예수님은 복음〔美〕 자체를 대변한다고 생각한다. 맨 왼쪽 구석에는 두 수호성인이 이 광경을 바라보고 있고, 제자들은 땅에 엎드려 잠에 흠씬 빠져 있는 모습이다.

"예수님께서 기도하고 계시는데, 그 얼굴 모습이 변하고, 그 옷이 눈부시게 희어지고 빛이 났다"(눅 9:29). 모세도 시내산에서 증거판을 손에 들고 내려올 때 얼굴에서는 빛이 났다. 주님과 함께 말씀을 나누었기 때문이다(출 34:29-35). 그 빛은 밖에서 그에게 비추어 그의 얼굴을 빛나게 하는 빛이다. 그러나 예수님의 경우 그 빛은 안에서 발하는 빛이다. 그는 빛에서 온 빛이다. '변모'(transfiguration)란 예수님 안에서 하느님의 고유한 본래 모습이 빛나는 것을 뜻한다.

이때 갑자기 예수님 옆의 두 사람, 모세와 엘리야가 나타나 그리스도와 함께 무슨 말을 하기 시작한다. 천 년의 세월이 일순간 한자리에 모인다. 그 대화의 초점은 예루살렘에서 일어날 일, 곧 "떠나가심"(ἔξοδος, Exodos), 이 생으로부터 나와 고난과 십자가의 죽음이라는 홍해를 건너 상흔이 새겨진 영광으로 건너가심이다. 십자가가 빛과 자유와 기쁨으로 변화될 부활 속에서 상기되는 형국이다. 세 인물 모두 형언할 수 없이 밝게 빛나는 빛에 포위되어 휘감겨 있고, 가운데 그리스도의 형상이 떠 있으며, 두 손은 축복하기 위해 들고 있고, 입은 옷은 광채가 희게 빛난다.

이스라엘의 위대한 지도자 모세와 엘리야는 하느님의 백성을 신약의 약속된 땅으로 인도할 제자들을 바라본다. 그러나 제자들은 예수님께서 부활하시기 전까지는 이러한 사명을 자각하지 못한다. 그것은 다볼산과 갈보리의 차이에서도 암시적으로 드러난다. 다볼산의 예수님 좌우에는 모세와 엘리야라는 이스라엘의 두 지도자가 있는 반면, 갈보리에는 두 명의 강도가 예수님 좌우에 있다. 변모에서 예수님의 옷은 흰 광채로 빛나지만, 십자가형에서 예수님의 옷은 모두 벗겨져 병정들의 놀잇감이 된다. 갈보리에서 사람들은 예수님이 엘리야를 부른다고 생각하지만, 다볼산에서는 엘리야와 앞으로 곧 일어날 일에 대하여 이야기하고 있다. 다볼산은 밝고 맑은 빛으로 찬연하게 빛나지만, 갈보리산은 어둠이 뒤덮는다.

우리도 주님처럼 규칙적으로 일상의 삶에서 물러나 기도하는 삶이 필요하다. 기도 중 평상시에는 은닉된 자신의 참된 존재와 접(接)하게 되는 일이 생긴다. 자신의 모든 외적인 것이 툭툭 떨어져나간다. 우리가 진정한 존재를 감추기 위해 쓰고 있던 무의식적인 가면(페르조나)들이 부서지고 벗겨진다. 기도는 정화의 길, 거룩한 변모의 길이다. 기도할 때 하느님께서 나에게 베풀어주신 은총이 내 안에서 영화롭게 빛나며 나에 대한 새로운 체험을 한다. 곧 더 밝고 더 단순하며, 더 빛나고 더 깨끗하며 순수한 존재인 나를 체험한다. '변모'란 본디 모습, 즉 우리의 아름다움이 발하는 형체(Gestalt = form)를 뜻한다. 예수님의 변모는 빛나는 하느님의 영광의 광채가 예수님에게 나타났듯이 우리의 마음과 몸을 통해 그리고 우리의 얼굴에서 빛날 수 있음을 말해준다. 우리도 예수님처럼 하느님의 영광의 형체라는 사실을 기도 중에 알게 된다.

위 그림에서 중요한 초점은 "예수님의 영광"(눅 9:32)이다. '영광'(δόξα, doxa)이란 하느님의 광채, 하느님의 찬란한 빛, 하느님의 본질을 뜻한다. 자고 있던 제자들이 돌연 "온전히 깨어나 예수님의 영광과 및 함께 선 두 사람을 보는" 사건이 발생한다. 순간적으로 일어난 뜻밖의 예수님의 황홀한 영광의 변모를 보고 제자들의 존재가 홀연 깨어난다. 그들이 본 것이 도대체 무엇이기에 그토록 정신이 밝아지고 모든 감각이 화들짝 깨어 활짝 열렸을까?

시간 안으로 영원이 들어오는 순간은 위험한 고비의 순간, 위급한 순간이다. 시네 아티스트 장-뤽 고다르(Jean-Luc Godard)는 다음과 같은 아주 사랑스러운 이야기를 전한다. 고다르가 카메라맨과 스위스 고속도로를 달리고 있었는데 마침 매혹적인 하늘을 보았다. 그는 차를 세우고 그 하늘을 카메라에 담기 시작했다. 그런데 경찰이 와서 위급한 상황에 사용하는 갓길에 차를 세워서는 안 된다고 경고했다. 고다르는 이렇게 대답한다. "당신 말이 맞습니다. 그런데 지금이 바로 그런 위급한 상황이죠. 하늘을 한번 보세요."

제자들에게 이런 위급한 상황이 도래한 것이다. 그림에서 한 제자는 너무 두려워 얼굴을 가리고 땅을 향하여 있고, 다른 제자는 상체는 들었으나 아직 변모하신 주님을 보지 못하는데, 가운데 있는 제자만이 아스라이 주님의 영광을 직접 바라보고 있다. 역시 요한일 것이다. 그들은 순간 속에서 영원을 경험한다. 영원은 아주 오랜 시간을 의미하는 것이 아니라 시간에서 벗어난 사건을 말한다.

제자들은 별안간 깊은 잠에서 깼다. 무엇이 그들을 깨어나게 했을까? 무슨 힘이 그들을 깊은 잠에서 일깨웠을까? 아름다움의 힘이다. 제자들은 그리스도의 아름다움을 보고 감각이 온전히 깨어나 의식이 고양된 형국에 올라와 있다. 감각의 초월이며 초월자의 감각이다. 베드로는 여기에 있는 것이 좋다(아름답다, καλός)고 말하면서, 여기에 장막 셋을 지어 예수님, 모세 그리고 엘리야를 모시고자 한다. 베드로는 자기가 무슨 말을 하는지도 모르고 말했다는 성경의 코멘트는 베드로의 의식 상태를 폄하하는 데, 이를테면 무의식적인 반(半)수면 상태가 특수한 경험의 모체였다는 등의 설명은 사태에서 벗어나기 때문이다. 오히려 베드로의 발언은 모세가 장막 안에서 하느님과 얼굴을 마주하고 말씀한 장면과 연동된다(출 33:11). 장막절의 제의는 요한복음에서 "그 말씀은 육신이 되어 우리 가운데 사셨다"(1:14)는 예수의 신비에 집약된다. 주께서 몸의 장막을 우리 가운데 펼치신 것이며 은혜와 진리의 영광이 여기에 머문다.

영광의 아름다움이 졸고 있던 제자들의 감각을 깨운 것이다. 아름다움은 우리를 깨워 부르고 끌어당기는 기이하고 강력한 힘이다. 그리스어의 아름다움을 뜻하는 'to kalos'는 어원상 이 의미를 알고 있었다. 동사 'kaleo'는 부르다, 손짓으로 사람을 부른다는 뜻이다. 우리를 위한 참(眞)된 선(善)의 끄는 힘이 참된 아름다움(美)이다. 사실 아름다움은 모든 인간의 동기부여와 결단과 행위의 심장에 있다. 특정한 善의 매력에 이끌리거나 움직임 없이 결단하거나 행위하지 않는다. 모든 소명은 우리를 당겨 부르고 세우며 보내는 '선하고 참된 아름다움'의 고혹적 매력이다. 아름다움은 존재의 근본적 규정성이며 미적 비전은 존재하는 모든 실재의 비전이다.

베드로의 의식은 빛나는 영광을 보고 감각이 날개를 단 초의식 상태에 이른 것이다. 감각이 늘 깨어 있으면(常惺惺) 만나는 사람마다, 대하는 사물마다 무관심하게 그냥 지나치는 법 없이 늘 다르게 체험하고, 더 나아가 거기 머물러 눈여겨보고, 귀여겨들으면서 농밀하게 교류하고 공감한다. 남들이 보지 못하는 사물이 손짓함을 보고, 말 건넴을 듣는다. 보이지 않는 하느님의 참 선한 아름다움을 모든 것 안에서 보고 듣고 맛보며 냄새 맡고 접촉하며 즐기게 된다. 부활절의 삶은 부활하신 그리스도의 영광으로 온 감각이 깨어 순간순간을 충만하게 살고, 자신과 세상을 깨어 있는 감각을 통해 다채롭고 생동적으로 인지하게 되면서 시작된다.

제자들이 본 것은 아래에서 하얗게 피어올라 동실동실하게 원을 그려 구름의 아우라로 표현된 예수님의 영광, 곧 하느님의 참(眞)되고 선(善)한 아름다움(美)이다. 영광은 신령한 아름다움, 극치에 도달한 아름다움으로서 아름다움의 본질적 차원이다. 제자들은 쏟아지는 영광에 황홀하게 매료되고 사로잡혀, 꽉 차 틈이 없다. 그들을 깊은 잠에서 화들짝 깨게 한 힘은 이 찬연(燦然)한 영광의 아름다움이다.

> 내가 주의 권능과 영광을 보려 하여
> 이와 같이 성소에서 주를 바라보았나이다 (시 63:2)

아름다움의 힘은 권능(might)의 힘보다 훨씬 매력적이다. 아름다움은 아름다움의 현존, 그것이 얼마나 우리에게 유익을 줄 것인가를 생각할 틈도 주지 않고, 우리가 지불해야 할 대가를 계산할 시간도 앗아가면서 우리를 끌어당긴다.

아우구스티누스는 『고백록』에서 "아름다운 것이란 무엇이고 그 아름다움이란 무엇일까?" 수시로 묻고 한 군데서 이렇게 답한다. "우리를 끌어당기어 우리가 사랑하는 대상과 하나 되게 한 것은 대관절 무엇일까? 그것들에게 어떤 아름다움과 우아함이 없다면 결코 우리를 끌어당기지 못할 것이라"(『고백록』, 4, 13, 20). 아름다움은 우리를 끌어당기는 우아한 힘이며 궁극적으로 대상과 하나가 되게 하는 신비한 힘이다.

정교회 전통에 따르면 예수님의 영광은 조명(illumination)이며 신의 은총이고 인간을 신성화하는 은총으로서 하느님의 에너지이고 삼위일체 하느님의 능력이며 보편적인 역사다. 우리의 경험 세계에서도 아름다움을 보면 분열되었던 의식이 하나의 초점을 중심으로 모아진다. 최근의 각종 예술치료에서 보듯이 아름다움을 통해 우리의 상처받은 서러운 삶이 치유되고 분열된 감정이 위로받고 통일되는 것이다. 자기의 몸과 마음을 순전히 받아들이는 희열과 만족뿐 아니라 자신의 경계를 넘어 타자이신 예수님과 하나 되는 경지인 황홀(ecstasy)감에 도달한다. 주님은 "나를 이렇게 황홀하게 하시는 그대!"(아 1:16)이다. 하느님의 거룩한 신성을 보고 신성화되어가는 과정이라고 생각해도 좋을 것이다. 그리스도께서 변모의 시간에 빛나신 것처럼 우리도 빛날 수 있게 될 것이다. "그때에 의인들은 그들의 아버지의 나라에서 해와 같이 빛날 것이다"(마 13:43). 그리고 바로 거기가 하느님 현존의 장소인 것을 알게 된다.

"구름이 와서 저희를 덮는지라." 거룩한 구름은 하느님 현존(Sche-china)의 표징이다. 구약의 성전은 이스라엘 종교의 반(反)형상 전통 때문에 신상을 모신 집이 아니다. 그들은 야훼가 거룩한 구름의 형상으로 내려와 성전을 가득 채우며 현존한다고 믿었다. 하느님은 한 인격이신 예수의 모습으로 성육신하여 거룩한 장막이 되고 그리스도 안으로 들어가 찬란한 영광을 발산한다. 그곳에 하느님은 빛과 사랑으로 머무신다. 그리고 예수님의 세례시 들렸던 하느님의 소리가 하늘에서 크게 울린다(벧후 1:16-18 참조).

이는 나의 아들 곧 택함을 받은 자니 너희는 그의 말을 들으라.

모세가 시내산에서 내려올 때 토라를 받았지만 예수님은 토라 자체이다. 그러니 제자들은 그의 말을 들으면 된다. 제자들이 본 그리스도의 영광의 경험은 말씀을 통해 그 경험한 의미가 해석된다. 마지막 단계에 가서는 구름이 사라지고 그들은 오직 영광의 예수님만 보게 된다. 그들은 그리스도 안에서 도래하는 하느님 나라의 권능을 본 것이다. 이 영광의 권능은 이제와 영원히 그리스도에게서 빛날 것이다(벧후 3:18).

본다는 것은 감탄 속에서 교류하고 교감하면서 참여하고 변형된다는 것이며 사랑 안에서 하나가 된다는 것이다. 그들은 하느님의 바로 그 참 영광의 아름다움을 말없이 사랑의 눈으로 바라본다. 예수님은 모든 인간을 신성에로 이끄는 아버지의 신비한 아름다움과 매력을 제자들에게 전달하고 제자들은 거룩하고 아름답게 변한다. 라파엘로의 〈예수님의 변모〉는 얼마나 눈부시게 아름다운가!

영광스러운 그 이름을

영원토록 찬송합니다.

그 영광을

온 땅에 가득 채워 주십시오.

아멘, 아멘.

(시 72:19)

라파엘로, 〈예수의 변모〉(하)

³⁷다음날 그들이 산에서 내려오니, 큰 무리가 예수를 맞이하였다. ³⁸그런데 무리 가운데서 한 사람이 소리를 크게 내서 말하였다. "선생님, 내 아들을 보아주십시오. 그 아이는 내 외아들입니다. ³⁹귀신이 그 아이를 사로잡으면, 그 아이는 갑자기 소리를 지릅니다. 또 귀신은 아이에게 경련을 일으키고, 입에 거품을 물게 합니다. 그리고 아이를 상하게 하면서 좀처럼 떠나지 않습니다. ⁴⁰그래서 선생님의 제자들에게 귀신을 내쫓아 달라고 청하였으나, 그들은 해내지를 못했습니다." ⁴¹예수께서 대답하셨다. "아! 믿음이 없고, 비뚤어진 세대여! 내가 언제까지 너희와 함께 있어야 하며 너희를 참아 주어야 하겠느냐? 네 아들을 이리로 데려오너라." ⁴²아이가 예수께로 오는 도중에도, 귀신이 그 아이를 거꾸러뜨리고, 경련을 일으키게 하였다. 예수께서는 그 악한 귀신을 꾸짖으시고, 아이를 낫게 하셔서, 그 아버지에게 돌려주셨다. ⁴³사람들은 모두 하나님의 위대한 능력을 보고 놀랐다.

〈묵상본문: 눅 9:37-43〉

40장

영광. 예수님의 변모 (2)

예수님께서 다음날 산에서 내려오시고 거리에서 곧 귀신 들린 아이를 고치신다. 그림의 하단은 바로 이 치유 이야기를 주제로 그려졌다. 라파엘로의 제자가 예수님의 변모 그림 아래에 이 그림을 그려 완성했다. 아래 그림의 우측에 소년의 아버지가 황망한 눈으로 귀신 들린 외아들을 앞세우고 황급히 제자들 앞에 나타나 예수님께 성급히 말한다. "귀신이 그 아이를 사로잡으면, 그 아이는 갑자기 소리를 지릅니다. 또 귀신은 아이에게 경련을 일으키고, 입에 거품을 물게 합니다. 그리고 아이를 상하게 하면서 좀처럼 떠나지 않습니다"(눅 9:39).

아이의 귀신 들림을 현대의 정신분석학을 따라 '이상화 전이'로 설명할 수 있을까? 이상화 전이란 "일차적인 자기애(自己愛)가 필요로 하는 심리적 평정이 방해받은 후에, 정신이 상실한 자기애적 우주적 완전함의 요소를 이상화된 원초적인 자기-대상에게 부과함으로써, 자기애적 완전함의 일부를 남겨 놓고자 하는 데서 기인하는 현상이다"(하인츠 코헛, 『자기의 분석』, 49). 귀신, 지나치게 이상화된 자기애의 전이가 일어나지 못하고 정신적 외상을 입어 일탈한 리비도일까? 이 아이는 심리구조의 핵이 형성되지 못하고 그 안에 생긴 결함으로 이상화 자기-대상이 귀신으로 대체된 것일까?

귀신, 저주와 살(煞)이
순진무구한 이 아이의 몸과 마음을
얼마나 망가트리는지 보라!
획 돌아간 눈빛,
헤벌려진 입,
뒤틀린 몸,
나무통 같이 굵은 팔과 다리.
오른 팔은 하늘을 향해, 왼팔은 땅을 향해 수직으로
뻗쳐 있다.
하늘(전능한 대상 영역)과 땅(과대 자기 영역)을 잇
고 싶은 무의식적 욕동이
어리되 작지 않은 몸을 통해
사납고 거칠게 표정(表情)하는 듯하다.

라파엘로, 〈예수의 변모〉(하),
어린아이 부분 확대

아이의 왼쪽에 무릎 꿇은 한 여성과 소년의 엄
마로 보이는 다른 한 여성이 제자들이 우왕좌왕하고 딴청을 피우는 태
도에 항거하려는 듯이 강한 눈빛으로 그들을 쏘아보면서 이 어린아이
를 가리킨다. 사실 제자들 중에는 예수님께서 당도하기 전까지 성경을
엉덩이에 깔고 있는 놈이 없지 않나, 허둥대기만 했지 귀신 들린 아이를
살피지도 치유하지도 못했다.

라파엘로의 이 그림은 상단과 하단을 분리해도 그 자체로 각각 한편
의 완성된 토실한 그림이다. 위의 것은 영광(美)의 하늘세계, 아래 것은
귀신(醜) 들린 이 땅의 세계를 보여준다.

변모를 주제로 그린 그림은 매우 많다. 그러나 두 이야기를 함께 그린

그림은 라파엘로가 유일하다. 한 쪽만 그려도 되었을 텐데, 왜 서로 상반되는 두 세계를 그려 함께 이었을까, 생각해본다. 예술가는 두 세계의 현실을 혼연(渾然)하게 드러낸다. 아래 그림 좌측 한가운데를 보면 빨간 외투를 입은 제자 마태가 왼손을 높이 치켜들어 위 그림의 변모한 예수님을 가리킨다. 예수 그리스도만이 이 고통의 현실을 치유하고 구원할 수 있다는 메시지라고 보아도 좋다.

라파엘로가 서로 대립하는 두 사건을 표현한 그림을 하나로 묶으면서 참된 신적 美의 세계를 상상한 것은 아닐까 생각한다. 하느님의 참 선한 아름다움(영광)이 당면한 세계는 위와 아래, 높음과 낮음, 흑과 백, 밝음과 어둠, 고통과 기쁨, 삶과 죽음이 엇섞이고 갈등하며 병존하는 세계이며 그 갈등의 과정에서 그리스도의 영광(아름다움)을 통해 온전한 치유가 일어나는 세계가 아닐까.

아름다움은 카오스 안에서 카오스를 통해 세상을 구원하며 완성한다. 하느님의 참 선한 아름다움은 슬픈 세상을 기쁨으로 변형한다. 그 아름다움은 세상을 신적 에너지로 채운다. 우리는 그 안에서 심장이 뛰는 세상의 박동소리를 감지하고 모든 것 안에서, 하찮은 미물 안에서도 아름다움을 발견한다. 교회와 신학이 아름다움을 강조한다고 해서 세상의 윤리적 이슈들이 약화되거나 4차 산업혁명의 발전이 저해되지 않는다. 그러므로 교회의 미적 비전은 선택지가 아니라 신앙의 출발이며 목표다. 미적 비전이 없는 교회와 신학은 차가운 얼음덩어리가 될 것이고 과도한 도덕주의로 퇴행할 것이다.

예수님의 영광은 단지 홀로 예수님만이 영화롭게 되는 곳에서가 아니라 그의 딸·아들이 겪는 고통이 치유되는 사건에서 빛난다는 것을 그림은 보여준다. 교부 이레니우스의 유명한 말 "하느님의 영광은 살아

라파엘로, 〈예수의 변모〉(전체), 1518-1520

있는 인간이다"(Gloria Dei vivens homo)가 여기서는 "하느님의 영광은 깨끗이 나은 어린 소년이다"가 되어야 할 것이다.

어스름 그늘이 없는 아름다움이란 존재하지 않을뿐더러, 오히려 어둠이 밝음을 읽는 해석학적 열쇠가 되곤 한다. 프리드리히 니체(F. Nietzsche)는 위 그림을 아폴로적인 속성이 발현(發現)된 그림으로, 아래 그림을 디오니소스적인 속성이 발현된 그림으로 극찬했다. 니체는 예술의 발전을 '아폴로적인 것'과 '디오니소스적인 것'의 이중성과 관련이 있는 것으로 보기 때문이다.

> 세상을 만들고 나서도
> 하늘 뒤에 숨지 아니하시고
> 햇빛처럼 혹은 빗줄기처럼
> 끊임없이 땅으로 내려오시는 하느님
> 고맙습니다. 이 세상을
> 우리들의 손에 아주 맡기시지도 않고
> 그렇다고 인간의 손이 닿지 못할
> 어디 높은 곳에 두지도 않으시는 하느님
> 고맙습니다, 우리의 영원한 동역자여
> 당신 하늘나라를 이 땅 나라에 어서 이룩합시다.
> ─이현주, 「땅으로 내려오시는 하느님」 전문

낮아진다는 것은, 말 없는 육신이 되고 살이 된다는 것은, 위선과 허위를 떨치고 그런 세상에 저항하기 위해 몸소 개털이 된다는 것은, 땅끝까지 간다는 것은, 죽음의 세계에까지 내려간다는 것(벧전 3:18-19,

4:6)은 자신의 존재 전체를 우주에 걸고 천지 사이를 채우는 비상한 호연지기(浩然之氣)다.

예수님의 변모를 기리는 주간, 부활절적 실존, 곧 그리스도인의 아름다운 삶이 무엇인지 곰곰이 새겨본다. 요한복음은 "나는 부활이요 생명이니, 나를 믿는 사람은 죽어도 살고, 살아서 나를 믿는 사람은 영원히 죽지 아니할 것이다"(요 11:25-26)라고 말한다.

나를 믿는 자는 내 안에 들어가(εἰς ἐμὲ) 오래도록 사랑의 넓은 바다에서 함영(涵泳)하며 살 것이다. 그리스도의 형용할 수 없는 역설적 실재 안에 사는 사람에게는 죽음이 오지 않는다. 부활은 바야흐로 죽음을 통과하여 컴컴한 절망의 무덤을 여는 새로운 환한 희망의 실존 방식이다. 그리스도인의 아름다운 삶, 곧 영광은 새로운 창조의 사건인 부활에서 눈부시게 드러난다. 그리스도의 변모에 힘입어 보다 큰 아름다움을 만들어나가는 것이 지금 나의 영성이고 이것이 기독교 신앙의 아름다움일 것이다.

교회력에 따른 감각적 성경 읽기 | 01

초월자의 감각

2021년 12월 20일 인쇄
2021년 12월 25일 발행

지 은 이 | 심광섭
펴 낸 이 | 조성진
펴 낸 곳 | 도서출판 예술과영성
등   록 | 제2017-000147호(2017년 11월 13일)
주   소 | 서울시 중구 퇴계로 30길 29. 4층 407
전   화 | (02) 921-2958
홈페이지 | www.artmin.org

ISBN 979-11-962443-7-8 03200